师说心语

SHISHUO
XINYU

曾爱莉

著

甘肃人民出版社

图书在版编目（ＣＩＰ）数据

师说心语 / 曾爱莉著. -- 兰州 ：甘肃人民出版社，
2022.12（2024.1重印）
　ISBN 978-7-226-05855-8

Ⅰ.①师… Ⅱ.①曾… Ⅲ.①心理健康 —健康教育 —
通俗读物 Ⅳ.①G444-49

中国版本图书馆CIP数据核字（2022）第158798号

责任编辑:李依璇
封面设计:韩国伟

师说心语

曾爱莉　著

甘肃人民出版社出版发行

（730030　兰州市读者大道 568 号）

河北浩润印刷有限公司印刷

开本 710 毫米×1020 毫米　1/16　印张 18.75　插页 2　字数 290 千
2022 年 12 月第 1 版　2024年1月2次印刷
印数:1001～3000

ISBN 978-7-226-05855-8　　定价:49.00 元

前　言

中小学心理健康教育是一个系统工程，需要全体教师的参与。对心理老师来说，既要上好心理课，还要做好个案辅导和团体辅导，也要具备开展心育实践研究的能力；对班主任和其他学科的教师来说，要具有心理学的视角，在班级管理和学科教学中渗透心理健康教育。

教育是复杂而又细腻的。从某种程度来说教育是成人与儿童相处的学问。长大了的成人往往忘记了自己曾经也是孩子，从而用成人的视角和标准看待孩子。每个孩子都是一个世界，每个孩子都是独特的。每一位关心儿童成长的老师与家长都需要教育的"机智和敏感"，具备理解儿童的能力，能走进孩子的内心世界。

没有哪个孩子的成长是一帆风顺的，在孩子们成长的过程中会遇到各种各样成长中的问题。面对儿童成长的关键事件，倾听、观察，用同理心感受儿童、理解儿童，用积极心理学去激励儿童和关照儿童的"私密空间"。这样成人就找到了打开儿童世界之门的钥匙，儿童就能感受到父母、老师对他的爱、理解、呵护与引领，从而满足儿童生命成长的需要，儿童的成长也就有了更丰富的可能性。

处在社会转型期的"00后"们面临着更大的压力和不确

定性。现在的孩子从小被家长寄予各种厚望，不是在上学就是在学习各种才艺；他们有优越的物质环境，却缺乏和父母、兄弟姐妹以及同伴的情感交流；新冠疫情反复，促进了在线学习的发展，孩子们上网、使用电子产品的时间大大增加，面对海量信息的冲击，孩子们掌握的知识远远超出了他们的年龄，但也有一些孩子过度依赖电子产品，甚至沉溺于游戏。

正因为如此，对于孩子们正在经历的成长和变化，对于他们内心深处的感受和困惑，父母、教师需要付出更多的努力理解和引导。

2020版"心理健康蓝皮书"《中国国民心理健康发展报告（2019~2020)》指出：青少年抑郁检出率24.6%，其中轻度抑郁17.2%，重度抑郁7.4%，抑郁随着年级的升高而升高，一成多高中生重度抑郁。人际关系、生活习惯和个人心理素养水平是心理健康的保护因素，表现为人际关系越好，饮食习惯越健康，运动频率越高，心理弹性越大，青少年的抑郁水平越低，睡眠质量越高。

学者孟四清的研究表明，中小学生心理健康存在的主要问题有："随着年龄的增长，中小学生生活的愉快度与满意度在逐渐下降；部分学生自我评价偏低和应对困难的信心不足；部分学生的人际关系不良；部分学生的心理承受力欠佳；部分学生情绪恢复慢；部分学生在生活中缺乏方向感和生命意义感。"

以上诸多孩子们的身心发展变化，给教师的教育教学带来了挑战，对教师的专业要求越来越高，教师的压力越来越大，教师职业倦怠日益严重。因此，在关注学生心理健康的同时，也需要关注教师的心理健康。

教师要善于觉察自己的心理状态，学会运用有效的方式调整自己的情绪状态，用自己积极的生命状态潜移默化地去影响学生；教师要用积极心理学理念去培养学生的积极心理品质，提升学生抗挫折能力，预防学生危机事件的发生。所谓教学相长，培养学生、影响学生的过程也是教师自我修炼、自我成长的过程，这也为教师的实践研究提供了平台，通过不断的实践、总结和再实践，开辟教育教学工作更广阔的天地，为教师本人和儿童成长插上飞翔的翅膀。

这本书的内容分为三个部分。第一部分是倾听孩子的心声，内容为学生成长中的故事与思考；第二部分是做幸福的教师，内容包括教师压力管理、情商修炼、积极心理学理念在教育教学中的运用等；第三部分内容是心理健康教育实践研究成果，涉及心理健康教育课程、校园欺凌预防与辅导、沙盘游戏辅导个案研究等。期待更多的老师能加入心理健康教育的队伍，希望帮助阅读本书的同行拓展实施心理健康教育的思路，提升专业能力，让心理健康教育工作更有效。

文中的案例均采用化名，并对关键细节进行了处理，请读者勿对号入座。

目
录
Contents

上篇：倾听孩子的心声

003　做学生生命中的重要他人

006　爱如阳光

011　我害怕坐飞机

015　闺蜜间的烦恼

023　我有强迫症

026　我的妈妈很严厉

031　如果没有我就好了

034　我不想上学

039　和孩子一起成长

048　与青春期的孩子有效沟通

053　少年的烦恼

057　信任才能造就好孩子

060　用积极的心态阻断"心疫"

065　合理使用电子产品，有效居家学习

中篇：做幸福的教师

071　远离职业倦怠，享受教育的幸福

094　卓越教师的情商修炼

117　用积极心理学理念培养乐观的孩子

134　聚焦素养提升，助力名师成长

138　送教交流，点亮心灯

下篇：心育实践研究

145　小学心理健康教育活动课设计与实施

198　中小学校园欺凌现状调查与对策研究

232　沙盘游戏在中小学心理辅导中的个案研究

270　中小学生心理危机预防与干预案例

附录

289　主要参考文献

291　后记：坚持的力量

上 篇

倾听孩子的心声

倾听孩子的心声

没有哪个孩子的成长是一帆风顺的，在孩子们成长的过程中会遇到各种各样发展性的问题。面对儿童成长的关键事件，倾听、观察，用同理心感受儿童、理解儿童，用积极心理学去激励儿童和关照儿童的"私密空间"。这样，成人才能找到打开儿童世界之门的钥匙，儿童就能感受到父母、老师对他的爱、理解、呵护与引领，从而满足儿童生命成长的需要，儿童的成长也就有了更丰富的可能性。

做学生生命中的重要他人

年龄越小的孩子，会越在意老师对他的态度和评价。老师对学生的评价会内化为学生对自己的看法，影响着他对自己的能力是信任的还是自卑的。对有些格外敏感的孩子，老师无意中一句批评、否定的话，可能会给他的一生留下心理阴影；而老师的理解和鼓励，则会激发出这些孩子内在的成长动力。

作家毕淑敏上小学的时候，音乐老师是一位非常严厉的老师，学校组织歌咏比赛，毕淑敏幸运地被选中。在一次排练中，音乐老师走到队伍里，歪着脖子听他们唱歌，并且还特意在毕淑敏的身旁停留了很久，她原本以为老师是在欣赏她的歌声，唱得正起劲时，音乐老师让大家停下来，叉着腰，一字一顿地说："毕淑敏，我在指挥台上总听到一个人跑调，不知是谁，现在总算找出来了，原来就是你，一颗老鼠屎坏了一锅汤！现在，我把你除名了……"

这突如其来的打击，使她灰溜溜地挪出了队伍，几天后，因为合唱队人员紧缺，音乐老师不得不重新让毕淑敏回到队伍中，但是只允许她张嘴对口型，绝不可以发出任何声音。这样的禁令让毕淑敏感到自己很丢人，认为自己在众人面前出声儿是一件很羞愧的事儿。虽然合唱队最终拿到了不错的名次，可是这件事让毕淑敏倍受打击。她说："这件事情对我影响挺大的，虽然它发生在我十一二岁的时候，但是在我人生中至少有三四十年是完全不敢发言的。比如，大家开会轮流发言，快到我的时候我肯定起身去卫生间了，虽然我也觉得这样不好，但还是战胜不了心里的恐惧。"

作家梅子涵的经历则幸运得多。他在《唱歌》一文中讲了一个自己小时候的故事。梅子涵小时候特别羡慕能参加合唱团的同学，他经常在合唱教室外徘徊偷听。"终于，有一次，练唱结束，音乐教室里只有张老师一个人，她在整理钢琴上的歌谱，我，小学生的梅子涵，毅然决然地走了进去，硬着头皮，厚着脸皮，对漂亮的很长辫子的张老师说：'张老师，我想参加合唱团！'"张老师说："你唱一首歌给我听吧。"

"我已经忘记了我唱的是什么歌，只记得是音乐课上教的，只记得张老师重新打开琴盖为我伴奏，只记得还没有唱到最后一句我就发出了杀鸡的声音。'杀鸡'懂吗？就是声音喊得撕裂了。可怜啊，那才真得叫无地自容！脸一定都红到屁股了。"

不可思议的是，张老师同意梅子涵加入合唱团，还给了他几张歌谱。张老师爱护地接受了一个小孩诗意的盛开。梅老师现在可以自豪地说："我唱得很好，虽然可能不能把你迷倒，但是我肯定把自己迷倒了，最重要的是迷倒自己。我毕竟在张老师面前勇敢过，在她的合唱团唱过歌。"

梅子涵是幸运的，因为他遇到了长辫子的张老师，他每每回忆起张老师都是温暖的、幸福的。同是作家的毕淑敏可没这么幸运，唱歌这件事给她带来了心灵的创伤，用了几十年去疗愈。两个差不多大的孩子同样热爱唱歌，由于遇到了不同的老师，不同的处理方式，导致孩子们对待唱歌的态度和自信心也大相径庭。其实，对小孩子来说，唱歌唱得准还是不准，并不是最重要的。关键是他敢于唱，并把这当做一件快乐的事儿，所有小孩子都应该享受这种放声歌唱的快乐。

我在三年级某班上《我喜欢我自己》一课时，通过绘本故事《大脚丫跳芭蕾》让孩子们自己感悟出每个人都有不足，甚至是缺陷，却依然能够做好自己热爱的事情，从而获得自信。我让孩子们找找自己的优点，并和小组的伙伴们说一说。这时，小 E 举手说："曾老师，我没有优点。"说完，她低下了头，看起来很沮丧。我有点意外，一个才三年级的小女孩为什么认为自己没有任何优点呢？我很肯定地对她说："每个人都有优点，你只是还没有发现自己的优点。你上课听讲很认真，能积极回答问题，我很喜欢你。下课后我们聊一聊好吗？"小 E 露出了笑容。我的及时肯定虽然不能让小 E 马上改变对自己的看法，但至少在她幼小的心灵种下了一个"我可以""我是可爱的"信念的种子。

教育家苏霍姆林斯基认为："教育者应当深刻了解正在成长的人的心灵……只有在自己整个教育生涯中不断地研究学生的心理，加深自己的心理学知识，才能够成为教育工作真正的能手。"愿每一位老师能时刻牢记自己的言行会给学生带来深远的影响，能拥有儿童视角，走进儿童心里，用善意去温暖孩子们幼小纯真的心灵，在孩子们遇到困难、感到恐惧时及时给予帮助和鼓励，在孩子们犯错误的时候用宽容激发他们自我修正的力量，做学生生命中的重要他人。

爱如阳光

我是一名心理教师，最想做的事就是把阳光送进每一个孩子的心里。

教育家苏霍姆林斯基认为，一个好教师——首先意味着他热爱孩子，感到跟孩子交往是一种乐趣，相信每个孩子都能成为一个好人，善于跟他们交朋友，关心孩子的快乐和悲伤，了解孩子的心灵，时刻都不忘自己也曾是个孩子。

每个班都有一些这样的孩子，他们或许不善表达，或许成绩不尽如人意，或许行为习惯不佳，他们是容易被忽视的群体。我在自己的教学中尝试着去理解孩子们的心理需求，满足他们的心理需求。

甜蜜的"糖弹"

今天有三年级五班的心理健康活动课，这是我期待的日子，也是孩子们盼望的日子。每当我走进教室的时候，孩子们的眼睛会发出热切的光，这对我来说是莫大的鼓励和鞭策。

这节课的主题是《你真棒》，目的是要引导学生学会欣赏他人，为他人点赞，帮助身边的伙伴发现自己的优点，树立自信心。课堂上发生的事触动了我，再次提醒我要积极关注每一个孩子。

一上课，我先通过两个故事让学生明白：每个人都希望得到别人的肯定和表扬，得到表扬会使人快乐和进步。要学会发现同学身上的优点，并告诉他（她）；同时，赞美要真诚，不能说假话。我还设计了送"糖弹"活动，让每个孩子在小卡片上写下对同学的赞美，送给对方。为了尽可能让每个孩子都收到"糖弹"，我要求学生先给身边的伙伴送，然后再给其他同学送。孩子们兴致勃勃地写了"糖弹"，并送给了身边的伙伴。

同学们都忙着给小伙伴们送"糖弹"，这时小予走到我身边递给我一张纸条说："曾老师，这是送给您的。"我打开一看，上面写着："曾老师，您爱笑、乐观，我很喜欢你。"旁边还画了一个笑脸。我说："谢谢你送给我'糖弹'，老师心里比吃了蜜还甜呢！"她开心地回到了座位上。看来，老师的一举一动都被学生看在眼里，记在心里。在课堂上，老师的言行是无死角的。老师需要不断修炼自己，在各方面做学生的镜子。

活动进行得很顺利，同学们看上去都美滋滋的。这时，我发现一个女孩子低着头，面无表情，便走到她身边询问："你收到'糖弹'了吗？"她摇摇头，眼睛里溢出了泪花，我搂着她的肩说："别人都收到了'糖弹'，自己却没有，的确不开心。"

我又对其他学生说，没有收到糖弹的同学请举手，这时又有四个孩子举起了小手。我说："我们每个人身上都有很多优点，可是现在这几位同学的优点还没有被发现，哪个善于发现的孩子给他们送上甜蜜的'糖弹'？请你现在口头送出你的'糖弹'。"同学们纷纷举手为这五个孩子找到了优点，这五个原本难过的小脸上露出了甜蜜的笑容。

送"糖弹"活动结束后，我让收到"糖弹"后感觉很开心的同学举手示意，同学们纷纷兴奋地举起了小手。有一个男生神色黯然没有举手，我问他为什么没举手。

他站起来说："老师，我收到的不是表扬。"

他把纸条递给我，眼泪流了下来。

我看到上面写着："虽然你学习不好，但是有你做朋友，我还是很高兴。"

我说："看到这句话你心里不舒服对吗？"

他点点头。

我接着问送这个"糖弹"的孩子："假如你收到了这样的'糖弹'，你是什么心情？"

"我也会不开心的。"

我说："是啊，将心比心，我们送的'糖弹'既要真实，也要考虑同学的感受。如果让你重新送一次，你会写些什么？"

孩子考虑了一会儿说："你很热心，有你做朋友，我很开心。"

我微笑着向他竖起了大拇指。

收到"糖弹"的男生也露出了笑容。

今天课堂上发生的故事提醒我要努力关注每一个孩子，尤其是平时被忽视的、处于弱势的孩子，他们的心中更加渴望欣赏和肯定。教师如果善于捕捉和发现，教育的契机是无处不在的。

"小羊"成长记

几天前，三年级的班主任徐老师——一位优秀的青年老师来找我，希望我抽时间为班里的一个女孩子，小杨，做辅导。

徐老师反映，上学以来，每当老师在课堂上让小杨回答问题时，她都会嘴唇发抖，甚至全身发抖，紧张得说不出话来。我对小杨印象并不深，我记录了她的信息，准备在课堂上先观察一下。

我查阅了小杨的心理档案，发现她的自画像是一只瘦弱的"小羊"，且用笔浅淡。这投射出小杨的内在自我是胆小、缺少力量、不够自信的。我的脑海里浮现了一个怯怯的小姑娘的形象。

是什么造就了小杨对自我的认知呢？她有怎样的关于当众讲话的体验？在家里父母是怎么和她互动的？父母的教养方式是否很严厉？这需要进一步了解更多的信息。

在小杨班级的心理课上，我专门设计了一个活动。我先给孩子们讲了一个有趣的故事，讲完后让学生复述故事，目的是训练学生专注倾听和表达的能力。在我讲故事的时候，孩子们的眼睛齐刷刷地盯着我，生怕漏掉一个字。我讲完后，先让同桌互相复述刚才听到的故事，然后再给全班同学复述故事。孩子们很投入，等单独汇报的时候，我有意点了小杨的名，请她讲故事的开头。小杨看起来有点慌张，我已经做好充分的思想准备，在她结巴、紧张的时候，耐心地提示和鼓励她。我原以为她会讲不下来，万万没想到，小杨起立停顿了一会后，传入我耳朵的竟然是清晰流畅的声音，小杨流利地讲出了故事的开头。我向她竖起大拇指，微笑着说："你刚才讲得很流畅，连细节和我讲的都一样，真了不起！"她开心地笑了。此时，在我的心里也产生了疑惑，小杨的表现和徐老师描述的似乎并不是同一个人。

下课后，我找到徐老师，对她讲了小杨在课堂上的出色表现。徐老师非常好奇，就和我一起来到教室，让小杨把刚才的故事再讲一遍。小杨看着徐老师，半天说不出话来，嘴唇也开始发抖。我拍拍她的肩说："你有点紧张是吗？深深吸一口气，慢慢吐出来，反复做几次深呼吸。"她照做了，过了一会儿，小杨终于开口了，嘴唇依然在发抖，声音也很小，但比较流畅地讲完了。我激动地说："你讲得很流畅！"徐老师也夸她讲得不错。听到徐老师的夸奖，小杨长舒了一口气。

课后，我和徐老师进行了交流。她说小杨今天的确比平时表现要好，虽然紧张，但敢开口并坚持讲完了。徐老师认为这是因为我对孩子们亲切，善于鼓励孩子，小杨喜欢我，不害怕我，所以她在我面前不紧张，敢于张口表达。

我和徐老师商定，请小杨的爸爸妈妈来学校交流她目前遇到的困难，请爸爸妈妈多鼓励和肯定孩子，多创造机会让小杨当众说话，每当她有了进步就及时肯定和鼓励。同时请徐老师有意增加和小杨单独对话的机会，比如请小杨当徐老师的小助手，承担去办公室送作业本的任务，拉近她和老师的距离。

在徐老师和小杨爸爸妈妈的共同努力下，如今小杨脸上常常洋溢着微笑，她可以自如地在课堂上发言了，越来越自信了，成了可爱的"喜羊羊"。

教育就是让每一朵花都开放，每一只鸟都歌唱。对儿童来说，父母、老师等重要他人的欣赏和鼓励会帮助他们接纳自己，更加自信地成长。

每个人都希望得到别人的欣赏和关注。对小学生来说，老师的态度和语言是有魔力的。正如罗森塔尔效应所揭示的，学生会成为老师期待的样子。每一个孩子都是独特的，但孩子们有共同的心理需求，那就是得到老师的关注、鼓励和肯定。当我们满足了孩子的心理需求，才会激发出孩子内心成长的动力，努力成为更好的自己。

我害怕坐飞机

临近下班，我收到了一位妈妈的求助短信。

"曾老师您好！我是五年级小杨的家长。有件事想麻烦您一下，孩子即将赴美国参加为期两周的篮球交流活动。这是孩子第一次离开我们，加上他怕坐飞机，心情有点紧张。他几次给我们说想找您做心理辅导，孩子很喜欢您，也信赖您，所以能否麻烦您在孩子出发前给予他一些心理上的安慰，开导一下孩子，不胜感激！"

于是，我约了小杨第二天放学在心理辅导室会谈。

小杨长得浓眉大眼，看起来很安静，表达也很流畅。

"我就要去美国了，挺期待的，但是害怕坐飞机。我去年暑假坐的飞机客舱地板有连接结构，在飞机起飞的瞬间我特别害怕。我小时候也坐过飞机，但是并不害怕。"

"你以前坐过飞机，当时并不害怕，但你从去年暑假开始害怕坐飞机对吗？"

"是的。"

"你说看到飞机客舱地板的连接结构，让你想到了什么?"

"我当时想这个飞机是不是不结实啊,会不会出问题。恰好飞机起飞了,我感觉特别难受,心都要跳出来了。"

"那种感觉确实很担心,很害怕。"

由于评估小杨对坐飞机的恐惧程度比较高,我邀请小杨做沙盘游戏,通过无意识表达和释放恐惧情绪,让他对自己有更多的探索。

小杨摆沙具的过程很快,表情看起来是轻松的。

他摆完沙盘之后的讲述:这是海边,有人在游泳,有人在沙滩上乘凉。海里有贝壳和鱼。那边是道路,路上有两辆车,一辆车是面包车,一辆是部队的车,运送装备的。一些小动物在玩耍,小兔子、狐狸在玩,猎人准备抓住小兔子,小兔子看见猎人很害怕。

师:我看到这里有一个标识牌,上面写着 STOP,有一个"X"标志,你能说说吗?

杨:提醒小朋友不要到这里来,这里容易出事故。

师:这里可能会发生什么呢?

杨:这里以前可能会有小动物或小朋友闯过去出了一点危险。

师:这个小女孩好像在危险区,她好像一个人,想象一下她可能会发生什么?

杨:可能是她找不到妈妈了。

师:她的心情如何?你觉得她有危险吗?

杨:伤心,她再往前就有危险了。

师:也就是说现在是比较安全的,尽管她一个人。你觉得这里面的沙具哪一个的状态和你最近的状态比较像?

小杨思考了一会儿说:松鼠。

师:为什么像松鼠呢?

杨:我要去美国还是比较兴奋的,就是坐飞机的时候害怕,总体心情还是挺高兴的。

师：这仿佛相当于要去一个大的游乐场，你可以愉快地玩耍，从身体姿态看松鼠挺期待的，张开双臂要出发的状态，你是充满期待的，对吗？

杨：是的。

师：你害怕坐飞机，那我们讨论一下坐飞机的事，你担心什么呢？

杨：我小时候有一次坐完飞机没几天，就发生了马航 MH370 事件，心里更加害怕了，担心自己坐的时候飞机掉下来怎么办。

师：你担心飞机发生故障。当时的马航事件确实让很多人都在关注，这次空难令人痛心，有很多中国同胞遇难。的确空难一旦发生，很难生还，你的担心和害怕是可以理解的。

师：你了解目前哪种交通方式是最安全，交通事故发生率最低吗？

小杨犹豫一下后说："飞机，然后是火车，最后是汽车。"

师：真的是这样，最安全的是飞机，其次是火车。最容易出事故的是汽车，死伤人数最多的也是汽车交通事故，这个事实你知道吗？

杨：是的，我知道。

师：也就是说你这次出行其实选择了最安全的交通方式对吗？其实马航事件的主要原因你知道是什么吗？

杨：有人劫持飞机。

师：对，是有人劫持飞机，而不是飞机本身出了故障。马航事件后，机场会怎么做呢？

杨：加强安检，我听说连吃的都不能带。

师：嗯嗯，安检更严格了，连小刀都不能带到飞机上。出现劫机的可能性更小了。

杨：就是，其实坐飞机挺安全的。

师：是呀，坐飞机的确是安全的交通方式，如果你坐上飞机感觉很害怕，可以告诉自己坐飞机是安全的，可以试着反复做深呼吸，把注意力放在呼吸上，也可以握紧拳头再放松，反复做几次这样的放松训练。你现在就可以练习一下。

小杨做完放松练习后说：我现在不觉得特别害怕了，谢谢老师。

[聆听手记]

在小杨同学小时候坐飞机出行后不久，发生了马航 MH370 事件，这给他带来了恐惧。由于该事件在很长时间内成为媒体和人们关注的焦点，再加上一直没有找到飞机遗骸，真相成为一个谜，这在小杨心中留下了坐飞机很危险的印象。

一年前的暑假小杨外出旅行，他发现自己乘坐的飞机客舱地板有连接结构，引发了飞机不牢固的联想，在飞机起飞的瞬间他感到特别害怕。这样的体验更加让小杨强化了坐飞机是不安全的印象。

由于小杨出发的日子很快就要到了。我在共情他的感受的同时，让他通过沙盘游戏表达释放自己的恐惧情绪，并在他的讲述中和他讨论了马航 MH370 事件，引导他看到坐飞机其实是最安全的交通方式，通过改变他的认知来缓解焦虑。同时，教给他一些缓解焦虑的方法，比如深呼吸，握紧拳头再放松等行为训练方法。

几天后，小杨同学去美国研学。等他回来后我和他交流，他说在飞机起飞的瞬间感到害怕，深呼吸后慢慢好了，并不像自己想象中那样害怕，他也不再害怕坐飞机了。

闺蜜间的烦恼

在儿童期，孩子最依赖的人是父母。进入青春期后，他们越来越看重同伴关系，对友谊的渴望日趋强烈，同伴关系对他们的影响也越来越大。女孩子更是格外重视闺蜜间亲密的关系，她们和闺蜜的关系变化常常带来很多烦恼。

我的闺蜜不让我交新朋友

小萱，皮肤白皙，长相甜美，看起来很文静，多才多艺，在班里表演课本剧时曾担任过主角，人缘很好。

"曾老师，我最近有一件特别苦恼的事。"小萱一来到心理辅导室就迫不及待地说。

"我的好朋友小姝不允许我和别人交朋友，否则她就生气或者在背后说我的坏话。上周五晚上小媛来我家，让我给她辅导数学，结果小姝给我打来视频电话，我告诉她小媛在我家，她就开始说小媛的各种缺点，还埋怨我为什么要邀请小媛来我家却不邀请她。当时她说的话小媛也听见了，我特别尴尬，不知道该怎么办。最初我挺喜欢小姝的，她很有主见，但是和她成为朋友后，我感觉我不是我自己了。"

"发生了什么让你有这样的感觉？"我问。

"我感觉她的控制欲非常强，只要我和别人多说几句话，她就会说那个人的坏话。每次我们一起出去，她都要求我和她穿同样的衣服。她看到我买了新衣服，就要问我从哪里买的，非要和我买同款，有时候她也会说我穿得特别难看。我其实特别讨厌和别人做同样的事，穿一样的衣服，这让我感觉我不是我自己了。我因为她抛弃了很多朋友，可是小妹还是经常会讽刺我，说我的坏话。她还经常在放学的时候让我替她拿东西，她却跑去和别人说话，这让我感觉自己就像是她的保姆。"

小萱接着说："我其实不想在快毕业时和同学发生矛盾，伤害别人。可是现在我最好的朋友说我的坏话，我快崩溃了。"

"你感觉自己受到了伤害。"我回应。

小萱流着眼泪说："小妹有时候也会替我着想，可是更多时候她会当着别人的面说我如何不好。她甚至把我告诉她的秘密告诉别人，这让我不敢疏远她。当朋友变成了闺蜜，就变了味，只能对她一个人好，百依百顺，我希望赶紧毕业，初中我也不想交朋友了。"

"你们之间的关系不像你期待的那样亲密、互相信任，反而成为一种负担？"

小萱点点头说："我一直都以为她天生就是这样直率的性格，结果发现她经常贬低我，甚至会伤害和我走得近的同学。"

我对她说："这让你觉得受到了伤害。在你的心目中，什么样的朋友才是真正的闺蜜呢？"

小萱思考了一下说："真正的闺蜜是能互相说心里话、为对方着想、互相帮助的，是平等的，而不是控制我和伤害我。我已经不能忍受了。等上了初中，我要选一个没有现在同学的学校独来独往，认真学习。"

小萱看了看我，说道："老师，我有一个问题想问您，我平时很善良，喜欢帮助别人，可是有时候我夹在中间左右为难。我为自己的'圣母'形象苦恼。"

"你对'圣母'形象能具体说说吗?"

小萱调皮地解释:"就是有些事其实我并不想做,可是对别人的要求我却不会拒绝。"

"你的意思是你对自己不想做的事,没有勇气拒绝吗?或许你过于考虑别人的感受,却忽视了自己的感受和需要。"

"我好像说不出口。"

"是的,拒绝别人确实需要勇气。如果你过去一直很少表达自己的感受和需要,是很难说'不'的。你可以慢慢来,这需要一个过程。比起别人的要求,尊重你自己的感受更重要,你可以试着照顾自己的感受,说出自己的感受。"

小萱若有所思地点点头。

我继续说"朋友间的关系应该是平等的,友谊是不能强求的,也不能过于委屈自己。让别人理解自己的感受和需要,你需要试着表达,而不是忍着不说。比如可以这样说;当我听到你当众揭我的短,说我英语特别差的时候,我特别伤心,因为我一直把你当做好朋友,我感觉你根本不在乎我。"

小萱说:"我会试一试。"

[聆听手记]

进入青春期的孩子身心发育还不成熟、阅历不深、看问题容易片面。在他们的概念里,好朋友就是一味地对对方好,好朋友就应该相互专一,应该亲密无间。基于这样的片面认识,很多孩子在友情中用力过猛,对朋友的"专一"过了界,自己因此还受了伤。

交友一直是青春期的孩子除了学习之外的第二大重要的事。友情很美好,著名作家巴金曾经说过:"友情是生命中的一盏明灯,离开它,生命就没了光彩;离开它,生命就不会开花结果。"

同时,友情也会伤人,不良的友谊会导致孩子难以适应校园生活,甚至会影响成年以后的社会适应。

教青春期孩子选择朋友，这可能是家长对孩子交友干预的最后机会。在《从尿布到约会》一书中提到，孩子进入初中后会有平均 6 个左右的密友。他们对朋友的关注远远超过父母，在他们眼中朋友大于天。他们相信朋友的话远远大于相信父母、师长。

这个时候，告诉孩子正确看待友谊，不被朋友圈带偏，就显得尤为重要。

一是与朋友保持适当的距离。

"君子之交淡如水"，因为淡，所以才能不腻，才能持久。"与朋友交，久而敬之"，敬就是保持社交距离。过密交往会影响发展的空间，过疏交往会使人孤独，失落感增加。从古人的两句话中，我们可以看出来，要想朋友之间的友谊之花不败，必须要把握分寸，亲密有间，双方要保持适当的行动自由和活动空间，不能要求对方言语行动和自己一致。

二是交志同道合的朋友。

通常情况下，大凡能成为朋友，多是趣味、性格相投，文化层次、学业成绩相近，心灵相通的人。无论你是什么原因交到的朋友，经过一段时间交往后，我们会选择和能让自己感觉舒服的朋友在一起，朋友也会变得有亲有疏。和志同道合的人做朋友，才能增加友谊延续的概率。

三是做最好的自己。

你若盛开，蝴蝶自来。要让孩子明白友情并不是你生活的全部，而是生活的一部分。友情也不是你一味地付出或者乞求来的，人与人之间的和谐相处是一种相互欣赏、相互尊重的过程，你只有努力地做最好的自己，自身优秀了，自然也就拥有了优质的友情。

我和闺蜜绝交了

在一节《悦纳自我》的心理课上，我让同学们画一棵树来代表自己。同学们画的树风格各异，有苹果树、松树、柳树，也有充满想象力的魔幻树。我看到了一个女生画的树在纸的一角，看起来非常小，她为这幅画起名叫

"小小树"。

我不禁有些好奇，为什么这棵树如此小，且在一个角落里。我注意了一下这个女生的名字叫小媛。小媛看起来胖乎乎的，圆圆的脸盘，高高的个子。可是，为什么她心中的自我如此渺小？她经历了哪些事情让她对自己有这样的认识？下课后，我和小媛聊了几句，并对她说如果想和我交流更多，欢迎她来心理辅导室。

两天后我收到了小媛放在心理信箱的来信。

亲爱的曾老师：

您好！我是上次画小小树的小媛，我想跟您说几件事情，希望您能好好看一下！

前几周我跟在一起五年且唯一的、最好的朋友绝交了，是她提出的，我不知道是什么原因，但我知道她在背后说尽了我的坏话，还给别人编着说我的坏话，甚至不让别人跟我说话，我现在一个朋友也没有，我很孤独，每天面对别人的冷嘲热讽，我很伤心。

与此同时，在这并不快乐的生活下，我的同桌又天天欺负我骂我，有的时候还形成了校园欺凌。我回到家又被我的爸爸妈妈哥哥批评，每天都是这样两点一线的生活，让我充满了压力，脾气很大。我没有跟人说过也没有发泄，所有的事情都装在我的心里。因为我知道跟同学说，同学不在乎，我跟家长说，家长不理解我。我总感觉很孤独很无助，曾经也有不想活的想法，每天都是这样，没有一天快乐，我各方面都很一般，老师也不怎么重视我，我一直都很羡慕白同学（注：小媛班上一位姓白的同学），我也想突破自己，可我怎么也做不到。

小媛

读完小媛的来信，我感觉她的情绪非常低落，正承受着与好朋友绝交的困扰，又缺少支持系统，就马上约她来心理辅导室面询。

通过交谈，我发现她最近并没有不想活的念头，也没有过激的行为，排除了危机。

小媛流着眼泪说为了能留住唯一的朋友小希，她经常给小希买礼物，有的礼物还挺贵，自己花了很多钱。

"我对小希的要求都答应，小希让我做什么，即使我正有事也会放下手中的事情马上去做，可是小希不是这样对待我的，她没有理由地和我绝交了，我真的特别伤心。"

我认真地倾听，默默递给小媛纸巾，让她的情绪有一个宣泄。

小媛伤心地讲述着。我一边倾听，一边有了这样一些思考：是否因为小媛无原则地放低自己，讨好小希，才让小希不珍惜两个人的友谊，不在乎她的感受，无视于她的存在呢？怎么才能让小媛领悟到不平等的友谊是不可能长久的？

我们讨论了小媛画的"小小树"。小媛说觉得自己优点很少，总是受到别人的嘲笑。我指出她很勇敢，比如有勇气向老师求助，信写得很流畅，字也写得很漂亮。小媛的脸上开始有了笑容。

我鼓励小媛和朋友在一起时要试着表达自己的需要和感受，而不是一味地委屈自己，讨好对方。

两周后，小媛告诉我，她交到了新朋友，现在每天是好几个人一起玩，我由衷地为她感到高兴。

一个月后，小媛又来信了。

亲爱的曾老师：

您好！

这是我给您写的第二封信了，这次我给您写信不是向您倾诉，而是想问一个问题，为什么他们都欺负我？我的同桌踩了我他不承认，然后就一堆男生对我爆粗口，我回怼，可我发现他们咄咄逼人说我的缺点，我很伤心，但又无能为力！

昨天画手抄报，我们组的其他人都在玩，他们就让我一个人画，我画了一半他们就不满意，要我重画又这要求那要求，最后又让我一个人画，我就回家画到凌晨。今天上体育课有一个同学受伤了，就坐在篮球架旁边，虽然我看到了，但我只是把跳绳挂到篮球架上后就去玩了。好多同学问他怎么了，这时有人骂我，说我不关心同学。我很伤心，我把这几天的经历告诉妈妈，她也骂我。我确实不是故意的，只是没有想到问他一下。

我没有朋友，我也很脆弱，只不过没有表现出来呀，我也经常一个人偷偷地哭，我不比所有人坚强，我真的很伤心，可他们就是拿我逗乐。

我从不欺负他们，我觉得我并没有亏欠他们啊，您能告诉我为什么吗？为什么？为什么？为什么啊？我真的真的很崩溃啊！哪次我不是一味地忍让？哪次不是我假装听不见？可谁知道啊，我心里真的很难受啊，我羡慕那些一点点小伤就被围着关心的人啊，我也很羡慕那些被家长疼被家长爱的人，可我不奢求啊，我真的真的只希望他们对我好一点，不要给我起那些河马、海象、猪之类的外号啊，大家也要尊重我，我不是任他们取笑的工具啊，有时候我真的觉得自己得抑郁症了。

小媛

这次，我决定先给小媛写一封回信，然后再约她面谈。

小媛：

你好！

感谢你对我的信任。读完你的信我感受到了你的伤心、愤怒和无力感。你说"为什么他们都欺负我？"我感受到你在愤怒的同时也有些疑惑。"他们"是谁？你似乎感受到同学们都对你很不友好，甚至给你起侮辱性的外号，这让你很难过。你觉得没有人关心你，甚至妈妈也不理解你。如果你愿意和我当面谈谈，我明天下午两节课后在心理辅导室等你。

曾老师

小媛如约而至。我们讨论了哪些同学经常欺负小媛，该怎样应对以及哪些同学没有欺负她，对她是友好的。这样小媛意识到并不是全班同学都不喜欢她，欺负她。对那些叫自己侮辱性绰号的同学可以采取不理会的措施，也可以向班主任老师求助。

在这次面谈中，我了解到小媛爸爸妈妈经常吵架，家中还有一个哥哥。

爸爸、妈妈、哥哥都经常批评她。妈妈对爸爸态度非常的好，甚至如果爸爸回家吃饭就会做很多菜，如果爸爸不回家就吃剩菜。小媛曾经对妈妈说，如果妈妈对自己有对待爸爸的 1/20 就好了。结果妈妈说，那你看看你自己，你看看你的好朋友多优秀，可是你看看你自己的学习……

[聆听手记]

一个孩子对自己的评价最初来自生命中的重要他人。从小媛的描述来看，爸爸妈妈对她的学习成绩并不满意，对她批评指责多，鼓励较少。根据埃里克森的理论，如果一个孩子小学阶段能顺利地完成学习课程，他们就会获得勤奋感，这使他们在今后的独立生活和承担工作任务中充满信心。相反一个孩子如果发展不顺利就会逐渐自卑。小媛目前学业成绩平平，到了青春期开始发育后，小媛一下子长胖了，她对自己的评价非常低，很自卑。

自卑的孩子往往是敏感的，因此她对同学的言行容易解读不当，而且在和好朋友相处时总是讨好对方，容易让朋友不重视她，甚至离她而去。

在接下来的辅导中，需要帮助小媛建立自我价值感，接纳自我。当小媛能够真正接纳自己，才能在人际关系中不去一味讨好、顺从他人，才有能力和同学建立平等的友谊关系。

我有强迫症

早晨，我刚到办公室正准备备课，小李同学来找我，我请他坐下。

他开口就说："曾老师，我觉得自己有强迫症。"

"你是怎么觉得你有强迫症的?"

小李说："开学后我一上课就忍不住担心自己丢了东西，就想检查一下，还会问同学拿了没有，不能专心听讲。我往笔袋里放文具的时候也会按照严格的顺序摆放，如果顺序乱了就会很难受，以前我不是这样的。我写作业的时候觉得写得不好，错一点，就会撕掉重写，特别浪费时间。"

"看来你最近处在紧张、焦虑中，先别着急给自己贴上强迫症的标签。能说说你最近的生活中有哪些变化吗?"

"这学期开学后由于'双减'，我的课外班都安排在周内了，每天都安排得满满的，我感觉很累。而且我妈妈总是不相信我。那天我和同学之间有了矛盾，同学向我妈妈恶人先告状，可是我妈根本不听我解释，就当着同学的面打我的脸。"

"这让你感到伤了自尊。"

小李眼泪在眼眶里打转，继续说："她给我报辅导班根本不听我的意见，我觉得自己不适合学奥数，可是她偷偷给我报上了，还说我考多少分都没关系，可是期末我真的考了一个很低的分数时，她回家后打了我。"

"你希望得到妈妈的尊重和信任。你希望在你和同学发生矛盾时妈妈能听听你的解释，而不是只听同学的一面之词。你也希望妈妈在替你报课外班时能真正听听你的意见，而不是自作主张。"

小李用力点点头。

说完了心里话，听到老师回应自己不是强迫症，小李如释重负。临走，他说："我觉得我妈需要来学校和您谈谈。"

[聆听手记]

小李所谓的"强迫"行为，其实是他无意识增加自己控制感的一种应对方式。他给自己贴上一个"强迫症"的标签后，强化了原本就存在的焦虑情绪，所以迫切地来求助。要缓解小李的焦虑，首先需要从改变亲子关系入手。

听了小李的倾诉，我的眼前浮现出一位严格、对孩子有很高的期待，孩子又达不到自己的期待而处在焦虑中的妈妈。处于焦虑中的妈妈往往会对孩子过度关注，甚至进行严格控制，继而引发孩子的逆反和对抗。面对已经进入青春期的孩子，父母需要改变和孩子的沟通方式，不能再用强制、粗暴的方式，而要用尊重、共情的态度和孩子沟通，这样孩子才愿意合作。

无独有偶，我收到过一位妈妈的预约短信，她说自己和孩子的沟通出现了一些困难，希望得到我的帮助。

见面之后，她讲述了自己在教育孩子过程中的无奈，以及最近和孩子出现的冲突，说起孩子不听话跟自己大吼大叫时，掉下了眼泪。

在倾听的过程中我感受到了这位妈妈的焦虑和无助，先给予她共情和理解。等她的情绪平复后，我们一起讨论了亲子沟通的方法。这位妈妈意识到自己平时太着急，只要孩子的成绩或行为没有达到自己心中预期的标准，就会失望、生气、唠叨、发脾气，完全忽视孩子的感受，导致孩子不愿意和父母交流，并出现逆反行为。

在这里提醒家长朋友们，在陪伴孩子成长的过程中要先调整好自己的状态，不把压力和负性情绪带回家。先处理心情，再处理事情。父母和孩子有分歧时，在管理好自己的情绪后，再去冷静地想办法教育孩子。因为良好的亲子关系会让教育更有效。

父母要理解孩子。理解孩子的前提是亲子间要进行"非暴力沟通"，非暴力沟通的关键是非评判和不指责。非暴力沟通有四个要素：观察、感受、需要和请求。首先要客观描述自己看到的现象和行为；其次，说出自己的感受，也就是情绪状态是高兴的、生气的、不满的、失望的等；第三，说出自己的需要是什么；最后表达自己的请求，也就是希望对方有什么行动。

例如，父母看到孩子将脏袜子扔在沙发上，一般来说本能的反应可能是："你怎么又乱扔袜子，说了多少遍了，怎么记不住"。孩子听了可能会觉得很烦，不情愿地去收拾袜子。用非暴力沟通可以这样说："我看到脏袜子东一只西一只放在沙发上，我很着急！因为我需要家里整洁一点。我希望你能把袜子洗干净，放整齐。"孩子听到父母这样说，会理解父母的感受和需求，主动去洗袜子。

有效的沟通不是先急着批评、指责或者给孩子讲道理、提要求，而是多倾听，多鼓励孩子表达内心的想法和感受，在充分给予孩子共情、理解之后再提出自己的意见，这样亲子关系会更和谐，孩子也更容易接受父母的建议。

我的妈妈很严厉

小海是个六年级的男孩。他中等个子，头发很短，正处在变声期，举止有礼貌，说话声音略小，表达清晰自如。小海的父亲做生意，妈妈在家照顾孩子。家中兄妹二人，小海排行老大，小海自述和爸爸关系不错，和妈妈关系紧张，和妹妹关系不好。班主任反映小海与同学、与老师的关系都不错，学习成绩中等。

小海下课经常会找我聊天，说他也喜欢心理学，并问一些问题。有一天，小海给我写了一封求助信。

小海的来信：

敬爱的曾老师：

您好！

这是我第一次给您写信，可能写得不太好，是因为我不得不给你说一下，最近我的脾气越来越大，有一道题做不出来就特别自卑，因为我的学习在班里中等，所以我妈就对我特别严厉，只要一道题没有做好就在那骂我、打我，就连平常的一些小事都要骂我。有很多次都是我和妹妹玩着玩着她就哭了，我没有动她一下她就哭了，妈妈就过来骂我。有时我连家都不想回，请您帮我解决一下难题。

于是我和小海约好面谈，这是小海第一次寻求心理辅导。

小海按照约定的时间来到心理辅导室。小海一见到我就开始倾诉："我妈对我特别严厉。她在家，不工作，她什么也不干，我们家不是吃剩饭就是在外面吃。我一进家感觉特别冷。"小海眼睛里溢满泪水。

我给小海递过去一张纸巾。

"你一进家就感觉特别冷。"我回应道。

"爸爸、妈妈躺在沙发上看手机，妹妹自己玩，我统计了一下妈妈每天有7个小时在看手机。我妈特别严厉，尤其是四年级第二学期后，给我报了很多补习班，每天作业写到十一二点。"

"你感觉妈妈很严厉，你能举一个例子吗？"

"有一次爸爸给我批作业批错了，却说我做错了。她就用脏话骂我，我特别委屈，后来证明是爸爸错了，她也没有道歉，什么都没说。"

小海边说边流泪。

"我妈最近爱上了街舞，说暑假要给我报班。我说竹笛课就不上了，她不同意，还威胁我，还把我和别的同学比较，说别人如何好。我在家只说几句话：'我回来了''我作业写完了''老爸来检查作业'。有一次把我惹急了，我问她是否考虑过我的感受，她没有理我。她只原谅我爸和我妹，她只想让我学习。为了不让我看手机和电视，她把手机密码改了，电视线拔了。周末，我写完作业，在心里祈祷她同意我出去玩一会，80%都不会同意。我问我爸他一般会同意，但他会让我再问我妈，我妈不同意就不能去。她还骗我，说好我作业写得好就可以下楼玩，可是做完作业她就不同意了，我的作业几乎全对也不行。我现在做题做不出来，就骂自己，觉得自卑。"

小海一口气说出了憋在心中已久的话。

"听起来最近你很不好受，你觉得妈妈对你太严厉，不理解你，你感到委屈。"

"嗯嗯，幸好爸爸对我不错，陪我玩，有时候中午陪我打一会乒乓球。"

"你觉得爸爸对你的理解和陪伴多一些，你可不可以试着和爸爸说说你心里的感受，就像你找我一样，这样也许爸爸就对你更多一些理解和支持。"

小海表示愿意回家试试。

第二天上午，小海来找我反馈，他面带微笑，整个人看上去很轻松。他昨晚和爸爸说了自己内心的感受，爸爸表示以后多陪他，多理解他，并和妈妈认真谈一下，小海说自己感觉好多了。

[聆听手记]

小海对母亲的评价几乎都是负性的，他回忆不起来母亲曾抱过自己，以及和母亲很亲密的时刻。小海在家庭中得到的积极关注和肯定较少，尤其是母亲的认可和欣赏。小海还觉得母亲更偏爱妹妹，母子间缺乏情感的交流。

小海在向我倾诉时用"她"代替妈妈，明显有疏离感，而且他在讲述时有愤怒、委屈的情绪。他既渴望得到妈妈的认可，又对妈妈的严格要求充满了不满，这些矛盾和冲突表明，小海有可能和母亲形成了不安全的依恋模式。

鲍尔比依恋理论认为，我们心理的稳定和健康发展取决于我们的心理结构中心是否有一个安全基地。在我们很小的时候，这个安全基地更多地是由妈妈来承担的，如果妈妈是个"足够好的"妈妈，这个妈妈所担任的安全基地就会内化为孩子心中的安全基地，孩子长大后就有了内在的安全感。如果没有"足够好的"妈妈呢？那么在孩提时代就开始表现出某些特征，比如索性不要妈妈；妈妈回来了，也会懒得理她。他们更关注自己的智力活动，不太有情感反应；或者他们表现得很矛盾，好像要靠近妈妈，但妈妈靠近了要拥抱他们，又挣扎着要离开，对妈妈好像有很多怒气，情感摇摆，缺乏理性。所有这一切都是因为他们没有从母亲那里获得安全基础，想要接近母亲又不信任母亲。

1973 年，爱因斯沃斯采用陌生情境测验，从婴儿和母亲的研究中界定了亲子关系的三种基本类型：

1.安全型关系。母亲在这种关系中对孩子关心，但也表达自己的局限和困难。体验到这种心意的婴儿，信任母亲的爱，后期母亲不在时也能内化这样的信任。安全型婴儿一般比较快乐和自信。

2.回避型关系。母亲经常人在却心不在，或者心口不一，有形式而无真实情感投入，孩子也学会了回避情感的表达。当母亲离开时孩子不焦虑，母亲回来也不特别高兴，孩子用回避和无所谓的态度作为情绪的容器。

3.焦虑—矛盾型关系。母亲会突然消失，或情绪没有过渡阶段。孩子在母亲离开后很焦虑，回来后又攻击母亲。孩子没有自己的情绪容器，没有边界。

爱因斯沃斯将孩子分成安全型、回避型和焦虑矛盾型，并且认为，这些孩子长大成人并建立人际关系时，这些特点会继续重复投射在环境中，或更顽固，或有所突破。

小海还提到了和妹妹的关系，他觉得母亲明显偏爱妹妹，当自己和妹妹有冲突时，母亲总是骂他。这让小海感觉不公平，感觉父母不重视自己。小海感受到的心理事实或许和客观现实有偏差，然而他的感受恰恰提醒父母要艺术地处理孩子之间的矛盾，尤其不要让大宝一味地让着弟弟妹妹，要让大宝感受到公平。比如，在大宝和二宝发生冲突，有人来告状时，妈妈完全可以说："我知道你很不开心，不过我相信你们俩自己能解决好。"当妈妈放手让孩子们自己去解决问题时，他们就慢慢学会了如何沟通和合作，也不会认为妈妈是偏心的。

在三胎时代到来之后，二宝或者小宝的出生会给大宝的心里带来冲击。有了二宝或小宝以后，爸爸妈妈就从关注一个孩子变成关注几个孩子。原本都属于大宝的爱，现在被分走了一半，大宝就会感到失落，怀疑爸爸妈妈不再爱他，甚至会产生怨气，并且把怨气转移到小宝身上。作为父母要敏感地觉察大宝内心的感受和需要，不要让大宝有被冷落的感觉。对孩子来说，感受到自己被父母公平对待，甚至是偏爱，非常重要。

小海已经进入青春期，他的自我意识进一步发展，开始为自己争取更多自主的权利。埃里克森的心理社会发展理论认为，青春期是自我同一性和角色混乱的冲突期。青少年时期的主要任务是建立一个新的同一感或自己在别人眼中的形象。这一阶段的危机是角色混乱。亲子关系会影响小海对自我的评价，因此，心理老师在和小海进行工作的同时，也要和小海的妈妈进行会商，指导她改变和小海的沟通方式，多一些理解和鼓励，少一些指责和强制，改善亲子关系，让小海对自己多一些积极的认知，建立自信心，顺利度过青春期。

如果没有我就好了

—— 离婚家庭孩子的适应

小 M 是一个 9 岁女孩，父母在她 6 岁时离婚。目前小 M 周一至周五与父亲和继母同住，周末和妈妈一起住。她主动向爸爸提出要和心理老师谈谈。

初见小 M，心理老师观察到她头发有些凌乱，表情怯怯的，说话的声音很小。小 M 自诉自己最近对别人说的话会想很多。她说："自从我爸爸妈妈离婚后就这样，我经常在晚上睡不着的时候，想如果没有我就好了，爸爸妈妈就会永远在一起。我经常做噩梦，梦见爷爷奶奶不要我了，或者找不见妈妈了。"

小 M 还说自己不喜欢阿姨（继母），阿姨对自己没耐心，辅导作业时经常不耐烦地说："你写的这是什么啊！"由于继母经常批评小 M，她很反感继母。小 M 有时候对爸爸说自己为什么要活着？有时候有心事也不对爸爸讲。小 M 在家被批评后就把自己关在卫生间不出来，还说过"不想活了""活着没意思"之类的话。

小 M 的表现属于父母离婚及父亲再婚的家庭适应问题。

父母离婚对小 M 的安全感有破坏，导致她对父母、继母、老师等人的言行过于敏感（自诉对别人的话会想很多），同时她对自己有了负面的评价，认为都是因为自己不好父母才离婚的，甚至说如果没有我，爸爸妈妈就会永远在一起。

小 M 潜意识还没有接受父母离婚的现实，更不能接受父亲再婚的现实。对年纪较小的孩子，父母很少解释离异的原因，因此孩子会产生焦虑、恐惧的情绪，认为是自己不够好造成父母离异。小 M 的情绪通过多次做噩梦的形式呈现（她梦见爷爷奶奶不要自己了或者找不到妈妈了。）小 M 同时也会幻想父母复合，比如她认为如果没有自己，爸爸妈妈就会永远在一起。小 M 的行为有一定的退行，比如爱哭、爱发脾气、黏人、非要爸爸陪着睡等，以此来表达内心的恐惧和不安全感。父母离婚，小 M 感到被遗弃，被拒绝，内疚甚至自责。

父母离婚后，她总是小心翼翼，如果对父母一方表达出亲密，会想到对不起另一方，内心充满矛盾。（她说更想和妈妈一起住，可是如果和妈妈一起住，她也会想爸爸。）

父亲再婚后，父亲对小 M 的学习辅导和生活照顾减少，更多的由继母承担，小 M 对继母非常排斥。她认为继母抢走了爸爸，爸爸不再爱自己，并认为继母不喜欢自己（辅导作业对她没耐心，否定批评的多）。小 M 需要一定的时间来适应重组家庭和继母的到来。

鉴于小 M 目前的状况，心理老师制定了以下心理辅导目标：

1.和小 M 建立信任稳定的咨询关系，同感小 M 的感受，缓解小 M 的负性情绪，改变小 M 认为"都是因为我不好，爸爸妈妈才会离婚"的想法，帮助小 M 接受爸爸妈妈离婚的现实和生活适应。

2.促进小 M 的爸爸和妈妈通过沟通协商，进行儿童抚养评估，为她提供最好的养育环境，并在育儿方面达成共识和合作，形成相对稳定规律的生活，统一养育风格，澄清家庭规则与成员角色，帮助小 M 适应爸爸妈妈离婚后的生活及扩大了的家庭关系。

3.增加班主任老师对小 M 的支持。班主任对小 M 的家庭变化保密，不在全班公开，多关心鼓励她。

经过心理辅导教师、班主任以及小 M 父母通过一段时间的共同努力，小 M 有了一些变化。她衣着干净整洁，头发梳得很整齐，扎着高高的马尾，看起来表情是轻松愉悦的。

[聆听手记]

2020 年民政部公开的数据显示，当年我国结婚登记达到 813.1 万对，离婚登记 373.3 万对。从数据中可以看出，目前高离婚率已经成为一种社会现象。

儿童对再婚家庭的适应往往与儿童的年龄、性别以及父母对新婚关系的满意程度有关。离婚家庭的儿童都会抵制继父或者继母的出现，尤其是青春期时这种抵制达到最高程度。父母再婚对于青春期的女孩来说是个危险因素，关系的适应更为棘手，因此她们通常会以不断增加的行为问题和心理问题作为回应。

父母关系，家庭氛围会在一定程度上影响孩子的心理健康和良好个性的形成。对父母离婚后重组家庭的孩子来说，适应新的家庭结构需要一定的时间。学校、家庭和社会都需要给离异或再婚家庭的孩子给予更多的关心支持，帮助他们重新适应新的生活。

我不想上学
——家校合作进行入学适应辅导

一年级男生小 C，刚刚入学一个月。每天早晨上学前会哭闹，表示不愿意上学。在学校经常说想妈妈，甚至上课时哭着要回家找妈妈，并且出现胃疼、呕吐等躯体症状，去医院检查并没有相关疾病。

小 C 写字时非常认真，他会重复擦写自己认为写得不好的字，有时还会撕了重写，所以几个字常常要写很长时间。据了解父母对小 C 的学习要求严格，生活照顾无微不至。

小 C 的表现让班主任老师非常头痛，做了很多努力依然收效甚微，于是向心理老师求助。

心理老师根据班主任的描述，以及和小 C 进行一对一的辅导评估，初步判断他属于入学适应问题。

通常小学生入学适应不良，常会伴有一些情绪、行为、躯体等不良反应。

在情绪方面，会有紧张、担心、焦虑、害怕、忧伤、孤独等状态；行为方面表现为不愿意上学、哭闹、注意力不集中、不合群、经常要求请假等。甚至会有经常肚子疼、头疼、呕吐、发烧等躯体症状，但是去医院检查却无器质性疾病。

一般来说，大部分孩子入学一个月到一学期能够顺利适应小学生活，少数孩子需要更长的时间来适应，个别孩子到了二年级还不能适应小学的学习和生活。

小学生出现适应不良的原因是多方面的。

首先是家庭因素。

如果父母在孩子早年抚养过程中，没有和孩子形成安全型依恋，孩子会非常怕与养育者分开，每当分离时就显得很警惕、焦虑，表现出反抗，不配合养育者，不能积极地进行活动。另外，养育方式上过于溺爱，孩子依赖父母开展日常活动，独立性差，也容易出现适应能力弱的情况。

其次是学校因素。

幼儿园时期主要是以游戏和能力发展为主的教育，而小学教育主要是以正规课业和静态知识的学习为主，两者的教育方式的不同，需要儿童身心的调整来适应。

如果学校没有做好充分的幼小衔接，在课程形式上不够活泼生动，就不能吸引学生；在课堂时间上如果没有考虑六岁儿童注意力集中的时间，学生对 40 分钟的课时不能适应；部分教师对一年级学生过于严厉，缺少情感支持，导致学生有一定的畏惧心理。

最后是个体因素。

个别孩子由于先天性格的原因，适应新环境需要较长的时间。一般来说，幼小衔接时期，家长为了激发孩子对小学学习的重视，生活中往往强化了学校和老师的权威和严厉感，这样，胆小、焦虑的孩子肯定是不太适应的。

面对入学适应不良的小 C，班主任和心理老师以及家长合作，开展了以下心理辅导措施：

1.班主任共情小 C，理解他想妈妈的心情，不批评他娇气，允许他不舒服的时候打电话让妈妈接回家。（原本妈妈不同意孩子身体不舒服时请假，坚决要求孩子上学，担心纵容孩子。平日里，妈妈对小 C 在生活中较为溺爱，学习上要求很严格。）

2.和小 C 妈妈沟通教育策略，缓解家长焦虑情绪，家校合作行为训练。（由心理教师、班主任和妈妈共同进行了会谈，鉴于妈妈非常焦虑，共情妈妈的感受，帮助她缓解焦虑情绪。建议妈妈先调整好自己的状态，让妈妈理解自己的焦虑情绪会加重孩子对上学的焦虑，并且在孩子表达自己身体不适的时候关心孩子的感受，带孩子去医院看医生，同时鼓励孩子按时上学。）

通过和小 C 妈妈的谈话，了解到妈妈和小 C 是典型的纠缠型母子关系，缺少边界，妈妈离不开孩子，孩子也离不开妈妈。妈妈说自从小 C 出生，她从不参加同事朋友聚餐，也不去外地出差。这样就无形中把孩子牢牢绑在妈妈身边。心理教师鼓励妈妈适度放手，不要把所有的焦点都集中到孩子身上，给孩子成长和独立的空间。

3.心理老师对小 C 进行个别辅导，共情陪伴，用艺术性表达的方式帮助他释放情绪，鼓励小 C，让小 C 对自己有更积极的评价。

4.班主任积极关注小 C，及时鼓励他的进步，创设温暖友好的班级氛围，帮助小 C 交到朋友，融入班集体。

辅导效果：通过家校合作，一学期后，小 C 开始喜欢上学，学习积极，书写工整漂亮，很少再擦了重写，还在班上交了几个好朋友。

[聆听手记]

家长们可以从以下方面入手，帮助孩子避开入学适应不良问题。

1.培养孩子的安全感。

孩子在出生后，需要养育者进行悉心照料，这是亲子依恋关系建立的雏形。随着孩子成长、发育以及个性发展安全感逐渐形成，父母无条件地积极关注、爱与接纳可以帮助孩子建立安全感。家长们要尽可能地回应孩子的情感需求，因为宝宝的每一声呼唤都期待着妈妈的回答，能得到妈妈的回应，他会备感兴备。与孩子之间要保持经常的身体接触，一起进行亲子运动，建立安全感。具体的做法很简单，在与孩子的接触中，多与他拥抱、抚摸、对视，抓住每次机会和他说话、游戏。家长投入的情感越多，孩子安全感的获得就越多。

安全感能让我们在生活中感到自信和确定。我们每个人都需要安全感来面对未来的不确定性，感受生活中给予的一切，无论是痛苦还是快乐。每个父母都不可能永远陪伴在孩子身边，想要孩子拥有独立挑战未来的勇气，自信生活的能力，就要从小培养孩子的安全感。

2.孩子上学前家长不要给孩子过大的压力。

孩子上了小学之后，家长们的关注点逐步转向孩子的学业及成绩。提出读、写、算要求，不想让自己的孩子落在别人后面。比如，给孩子言语施压，"小学不像幼儿园，读书很辛苦的哦，老师要求很严的，每天有作业，你不能光顾着玩了，要好好学习……"类似的言语在一些家庭中屡见不鲜，虽然说此话的父母出发点各不相同，但是对于孩子来说，造成的后果却很相似。这些孩子会在潜意识里对小学生活产生畏惧心理，造成孩子对新环境的不信任，导致孩子对入学产生恐惧。

3.共情孩子的感受，多鼓励孩子。

一般来说6岁左右的孩子在身体和心理上都具备了上小学的条件，他们内心对于小学是向往的。

家长在这个时候要特别留意孩子的心理状态，积极鼓励孩子上小学，时常以鼓励的口吻激发他们对小学生活的向往之情，让孩子意识到成为一个小学生是他长大的一种表现。例如家长可以这样说："宝宝长大了要上小学了，妈妈真开心。"

家长也可以在有空的时候带孩子到小学的校园里面逛一逛，走一走，让孩子提前感受和熟悉小学的校园和氛围，减少孩子对新环境的畏惧感。当孩子对上学有畏惧感或者不愿意上学时，父母要敏锐地同感孩子的感受，比如可以对孩子说："和妈妈分开这么久，你有些担心，如果你在学校想妈妈，可以对老师说给妈妈打电话。""妈妈小时候刚开始上学的时候也有些害怕和紧张，慢慢就好了。""老师对我说，很喜欢你，你做得很好。"

帮助新生顺利适应小学生活不仅需要家长的努力，还需要小学一年级的教师做好幼小衔接。

一年级任课教师，尤其是班主任要尊重儿童的年龄特点和学习发展规律，对学生有爱心和耐心，共情、理解，多鼓励，为学生创设温暖的班级氛围。积极探索实施入学适应教育，教学时要充分利用多种形式吸引学生，让学生喜欢上学和上课。教师要了解学生心理健康的标准，发现情绪、行为有异常的孩子及时采取措施，帮助儿童逐步适应小学生活。

和孩子一起成长

——如何帮助孩子做好一年级入学适应

尊敬的各位家长：

您的孩子已经度过幼儿期，即将成为一名小学生，开启新的成长阶段。入学后，孩子的生活从以游戏为主转向以学习为主。面对这一变化，孩子可能会遇到一些困难与挑战，孩子和父母都需要一段时间来适应。凡事预则立，父母和老师要一起帮助孩子做好入学适应。

选择了做父母，就意味着选择了自律和沉甸甸的责任，也选择了对孩子无条件的爱。作为父母，需要不断学习，和孩子一起成长。从国家层面来说越来越重视家庭教育，《家庭教育促进法》的颁布意味着家庭教育已经从家事上升为国事，每一位家长要依法带娃。随着国家"双减"政策的严格落实，义务教育阶段学生过重的作业负担和校外培训负担明显减少。校外辅导机构纷纷转行，孩子们周末有空闲时间了，待在家里的时间变多了。学校的作业也减少了，一、二年级不再给学生布置书面家庭作业。然而，这些变化引发了家长新的焦虑。

这样的背景下，给家长带来新的思考：对孩子的成长来说什么最重要？家庭教育最重要的任务是做人的教育，要培养孩子健全的人格。重要的是父母的言行示范、陪伴、无条件的爱和接纳，培养孩子良好的生活、学习习惯，鼓励孩子成为独特的自己，而不是家长期待的样子。我们的目标是让孩子品德良好，身心健康，未来具备终生学习、与人沟通合作的能力。要实现以上目标，家长需要亲自带娃，以身示范。如果家长仅仅通过花钱，把孩子外包给他人是无法实现这些目标的。

作为一年级家长，此刻您的心情是怎样的？是忐忑的、焦虑的还是兴奋的或者平静的？您对孩子、对老师和学校一定有许多期待。您可以用几个关键词写一写对孩子的期待。

您一定希望自己的孩子喜欢上学，在学校受到老师和小伙伴们的欢迎，同时孩子的成绩也是名列前茅……正因为有这么多期待，此刻的您或许有些担心和焦虑。比如，担心孩子学习跟不上老师的节奏，孩子没有养成良好的学习习惯，孩子上课不遵守纪律，孩子上课不专心听讲、小动作不断，孩子胆子小不敢表达……

的确，孩子从幼儿园进入小学标志着一个新阶段的开始。孩子上学，对孩子和父母来说从此要迎接更多新的挑战。

孩子上学需要一个适应的过程。有些孩子适应得快一些，有些孩子适应得慢一些。孩子上学，父母要做好充分的心理准备。其实，正是所有的不适应，才给了孩子成长的权利，给了学校和家庭教育的机会。什么是成长？从不适应到逐步适应，就是成长。教育孩子的过程，是父母和孩子一起成长的过程。

今天我和大家从三个方面来交流如何和孩子一起做好上学的心理适应。一是设定合理的心理预期，有效管理焦虑；二是帮孩子建立安全感，让孩子喜欢上学；三是孩子学习有困难，该怎么办。

一、设定合理的心理预期，有效管理焦虑

其实，孩子上学这件事，真正需要适应的是父母。我们身处一个竞争激烈和充满变化的时代，作为父母，望子成龙、望女成凤心切，我们比以往任何时候都更焦虑。

近年来有两个热词："内卷"和"躺平"。"内卷"反映着竞争的激烈程度，"躺平"反映着一种无力感。内卷的结果就是出现"剧场效应"。大家本来一起看一场演出，可是前排的人为了看得更清楚站了起来，后排的观众不得不纷纷站起来，这样的结果就是谁也看不好剧。考学难、经济增长放缓、就业压力大造就焦虑的父母，大家都拼命地给孩子报各种辅导班，别人报了自己没报就很不踏实。

当整个社会都过于关注孩子的学习，这使得孩子没有空间去缓解自己的压力，没有办法发展其他各方面的能力，孩子与父母的关系常陷入纠结的状态，这对孩子的发展非常不利，有些学生甚至出现心理问题。

我们都希望孩子比自己更优秀，甚至把自己未完成的理想寄希望于孩子。有一个扎心的笑话是：有一只鸟自己不会飞，于是下了一个蛋，让蛋飞。每对父母，都希望自己的孩子出人头地成为佼佼者。其实，根据80/20法则，大多数人最终都会落入平凡。人这一生，说到底都要学会跟自己的平凡和解。陪伴孩子成长的过程，在某种程度上也是不断降低期待、妥协和接受孩子平凡的过程。

另外，其实很多时候，你焦虑是因为你在不自觉地和"别人家的孩子比"！告诉大家一个真相：孩子最反感父母拿自己和别人家的孩子比。比较模式的杀伤力很强，当你习惯把自家孩子和别人的孩子比来比去时，实际上你已经陷入了"工具导向"。什么叫"工具导向"？就是家长把孩子当成"要面子"的工具。

让自己适应小学生家长的角色，设定合理的心理预期非常重要。

每个孩子由于学前的知识储备、习惯养成以及能力发展不同，入学后的表现是不同的。教育家苏霍姆林斯基举过这样一个例子：同样年龄的儿童，有的孩子提 5 桶水就精疲力尽了，而有的孩子却能提 20 桶水，如果你强迫一个虚弱的孩子一定要提够 20 桶，那么这个孩子就会精疲力尽，甚至住进医院。每个人的能力和学习方式是有差别的。有的家长让孩子抢跑，提前学习一年级的课程，或许短期内会领先，长期未必，因为人生是一场马拉松，看谁有持续的耐力和动力。每颗种子都有自己的花期，每个孩子，也都有自己的人生节奏。只要孩子是不断进步的，就很好。拿自己的孩子和别的孩子比较，只会带来更多的焦虑，也打击了孩子的信心。

笔者在五六年级学生中做过一个调查：那就是孩子最反感父母怎样对待自己。39%的孩子最反感父母批评斥责、说教和打骂；21%的孩子最反感父母拿自己和别人比，否定自己；19%的孩子最反感父母不理解自己，只在意成绩；11%的孩子最反感父母不管自己；10%的孩子最反感过分约束自己。

那么，孩子最希望父母怎样对待自己呢？这里也有数据。

32%的孩子最希望父母支持、理解、尊重自己；28%的孩子最希望父母多陪自己，多鼓励自己；27%的孩子最希望父母多些耐心，温柔一些；13%的孩子最希望父母给自己一些可支配的时间。

父母批评、责骂孩子、和别的孩子比较的原因往往是孩子没有达到自己的期待，以及父母过于焦虑。家长好好学习管理自己的焦虑，孩子才能天天向上。

家长怎么管理自己的焦虑呢？

首先，要知道过高的期待会导致过高的焦虑。当我们适度降低期待，焦虑水平也会保持在适度的水平。

其次，作为父母要能及时觉察到自己的焦虑，当我们觉察到自己很焦虑，焦虑也会缓解。

第三，当你觉察到自己很焦虑的时候要想办法减压，比如运动、找好朋友倾诉、深呼吸等，等情绪平和了才能想出解决问题的办法。我们带着情绪和孩子沟通是无效的，这时我们更多的只是宣泄自己的情绪，而孩子只感受到你的情绪，根本听不进去你说的内容。

管理好了情绪之后，怎么帮助孩子不断进步呢？

我们的终极目标是帮助孩子能够独立自主，为他们的未来做好准备。其中关键在于激发孩子的内在驱动力，鼓励孩子对自己负责，学会独立完成作业和各种任务。

要实现育儿的终极目标，我们要始终牢记父母是孩子观察学习的榜样。研究表明，只有 5% 的人学习来自"教诲"，所能记住的 95% 均来自自己与家庭和社会的互动。"言传大于身教，我们必须去做想让孩子们成为的那个人。"很多孩子不规范的行为和语言来源于其父母平日的言传身教。父母注意到自己的言行对孩子产生的影响，发现孩子有不好的言行习惯时首先检视自己，并且不断对孩子进行引导和约束，对于孩子良好习惯的养成是非常重要的。

以下是笔者调查的孩子们眼中爸爸妈妈做得最多的事情：

孩子们眼中爸爸妈妈在家做得最多的事依次是：做家务、照顾孩子、督促学习、唠叨、玩手机、工作、读书看报、亲子互动。

在您孩子的眼中您在家里做得最多的事情是什么呢？当您在家玩手机打游戏、刷抖音、逛淘宝，却要求孩子学习、写作业，孩子的感受是怎样的？孩子不是听父母怎么说，而是看父母怎么做的。孩子是帮助和督促父母成长的，选择了做父母，就要给孩子做好榜样示范作用。

二、帮孩子建立安全感，让孩子喜欢上学

对孩子来说，上学是一个新的变化，只要有变化发生，孩子就处于紧张之中。我们需要帮助孩子重建安全感。孩子在幼儿园里一般 20 分钟就休息一下，而且随时可以在教室里走动或上厕所，进入小学后作息时间完全变了，每天有六节课，每节课 40 分钟，还要再加两节课后服务。上课时要求孩子眼睛看老师、耳朵听讲解、举手回答问题，课后还要完成作业。其实 6 岁的孩子还无法长时间集中注意力，所以完成这些任务是有挑战的。对少数孩子来说会感到格外困难，渐渐就失去了信心，产生了厌烦情绪。另外，孩子上学后，同伴在他们心目中的位置开始上升，"友谊的小船说翻就翻"时常发生，这会极大地影响孩子的情绪，甚至会产生冲突。

刚开学一个月内有三个问题较突出：一是孩子刚上学时上课坐不住，注意力不集中，这属于正常现象，逐渐就会好转。也有个别孩子，尤其是男生会持续有注意力分散的问题，家长要有意识地训练孩子的专注力；二是有不想上学的情绪。原因是多方面的，比如安全感的原因，对于安全感建立的好的孩子来说，适应会比较快，比较顺利。对于安全感建立不够好的孩子来说适应需要的时间会长一些，父母要多做一些工作。安全感的建立主要是三岁前是否和父母建立安全的依恋关系有关。每年在新生入学的最初几周会有个别孩子在课堂上哭，想妈妈要回家，甚至在校门口哭闹不想上学。这时，除了老师给予孩子安抚和鼓励外，父母要给孩子提前做好心理建设，不要吓唬孩子，不能让孩子对上学充满恐惧，而是让孩子对上学充满期待；三是对个别书写特别慢的孩子来说，写作业太痛苦了，对于学前零起点的孩子来说感觉学习拼音太难了等等。万事开头难，其实只要坚持一个月绝大多数孩子就能适应。

我们建议爸爸妈妈要去共情、理解孩子的感受，当孩子说他不舒服不能上学的时候除了鼓励他坚持，也要允许他请假休息，甚至带孩子去医院看医生，多关心，少要求，满足孩子的心理需要。

帮助孩子喜欢上学，可以试试下面的两个方法。

一是随时鼓励孩子的进步。

比如家里有客人来，你可以展示一些孩子平日的规划、作业成果、兴趣作品等等，然后当着孩子的面夸他的努力和进步；再比如在小区和邻居聊天，可以和他们分享孩子最近做的让你自豪的事。当然也不是一味鼓励，对孩子的错误行为也要批评和引导。不过研究发现，当鼓励和批评的比例大约为 5:1 时最有利于孩子好的行为的塑造。

二是传递欣赏，润滑关系。

我们可以在家里利用各种机会传递老师对孩子的鼓励和欣赏。借老师之口鼓励孩子效果是出奇的好。比如，家长会后你要及时向孩子传递老师的鼓励和欣赏。尤其一个正提心吊胆等你批评的孩子，得到的却是老师鼓励的信息，他会受到莫大的鼓舞。

孩子常常因为喜欢某位老师而喜欢某个学科。您也可以在和老师沟通时，传递孩子对老师的喜爱。因此，传递欣赏会让你成为师生关系的架构师和润滑剂，孩子会成为最大的受益者。孩子因为被老师喜欢或者喜欢老师而更喜欢上学。

三、孩子学习有困难，怎么办

从进入小学第一天，孩子的生活中就多了一样叫"作业"的东西。尽管学校不会给一年级学生布置书面的家庭作业，课堂上还是要完成一些作业，作业的完成情况成了评判孩子学习的重要工具。你回到家看见孩子第一句话也变成了："今天的作业完成了吗？"很多家长都感慨，不谈作业母慈子孝，一写作业鸡飞狗跳。

不少小学生家长最头疼的是孩子写作业拖拉。我们试着分析拖拉背后的原因：

首先低年级孩子的注意力容易分散。

由于生理的原因，低年级孩子的注意力从无意注意向有意注意过渡，有意注意的时间非常短。无意注意就是不需要意志的努力，比如孩子看电视、短视频、漫画，打游戏就是无意注意为主，打游戏相对来说需要一些有意注意，但现在的游戏太容易让孩子上瘾。有意注意就是有意识地把注意集中在一项重要的活动上，比如写作业、听讲、阅读等。孩子看电视、短视频越多，越不利于注意力的培养，对视力的损害还很大。培养孩子的专注力，主要是要培养有意注意能力。

有些家里干扰因素过多，没有营造出适宜的学习环境。比如有的家庭在孩子书桌周围，摆个鱼缸，放个玩具；还有家长说是陪孩子写作业，实际上不是在旁边看手机就是抱着平板打游戏。这种有诱惑力的空间环境，很容易让孩子的注意力分散。当然，这是少数状况，现在大部分家庭，都很重视孩子的教育，不但孩子写作业有单独的房间，而且很多父母连电视都不敢看，生怕打扰了他做作业。

其次，低年级学生还没有建立时间长短的概念。

很多一二年级的孩子回家后会先玩后做作业，这不是他贪玩、拖拉，是因为这个年龄段的孩子根本没有时间长短的概念。虽然没有时间长短的概念，但他们已经有了顺序的意识。那你就可以让孩子按顺序画下或写下每天放学要完成的任务，引导他把最重要的事放在前面先做。到了三四年级，孩子就可以规划出每个任务的时间长短了。五六年级，可以让孩子以周为单位系统安排出每一天、每一个小时做什么。

第三，是孩子没有可自由支配的时间。

有些家长常有这样的念头，"孩子在学校就把作业做完了，回到家没事干，总拿手机打游戏，我得给他报个班或者买点课外练习册，把他的时间填满"。家长的出发点当然是促进孩子学习，但你可能没想到，这对孩子来说是最消极的暗示。孩子接收的信息是，原来我作业做得越快，爸妈就会布置更多的作业，那我何苦呢？慢慢做，消磨一点时间多好。所以我要提醒你，一个没有自由的孩子，是无法养成自觉的习惯的。

清楚了原因，我们就可以努力做出改变。

下面三点，在家就很容易实现，而且对孩子做作业的时间管理特别有效。

第一，设定合理的学习时间。

比如，书桌上放一个计时器，每20分钟为一个时间单位。20分钟一到，无论作业做到哪，你都要提醒孩子暂停，切换到10分钟放松模式。只有他放松好了，才能提高写作业的效率。

设定合理的学习时间对刚开始培养习惯的一二年级孩子尤其重要，孩子养成回家先做作业的好习惯，这就相当于埋下了"要事第一"的种子。

第二，张贴学习计划。

如果你和孩子制订了学习计划，那要把进度条、规划表、完成情况等张贴在家里最醒目的地方。尤其是孩子刚按计划开始执行时，你要向家人或亲戚常夸奖、展示孩子的学习进展，及时提供正向反馈。

第三，把惩罚变为奖励。

每个孩子原本都是很喜欢学习的。很多孩子逐渐变得不喜欢学习是因为既没有挑战，也没有兴趣。很多时候他明明掌握了，还要花时间去反复操练。更糟糕的是，家长或老师有时还把作业当成惩罚的工具，把学习和教育过程变成了一种破坏性行为。

保护孩子对学习的兴趣，就要把学习的过程变成一种奖励，而且最好以挑战的形式出现。低年级的孩子更需要我们有意识地放大奖励作用，比如，一位家长发现孩子不太喜欢写字，于是就把孩子的作业发朋友圈晒出去，获得亲友点赞。本来作业只是交给老师的任务，现在却能被更多人看到并点赞，孩子受到这么多鼓励就有动力写了。

最后，父母要时刻做好目标管理。

千万不要孩子一做作业，就忍不住指手画脚，甚至又吼又叫。哪怕遇到孩子拖延的时候，你还是要在心中默念：做作业的目的是培养孩子独立学习的能力，让孩子享受学习的过程，并且发展出适合他这个年龄的规则感。

教育孩子，从教育自我开始，父母的状态决定孩子的状态。父母越平和，孩子越自律，希望您和孩子都能顺利适应小学的生活。

与青春期的孩子有效沟通

有一句俗话说"半大小子，气死老子"。再能干的父母面对自己青春期的孩子总能像热锅上的蚂蚁——干着急。就如我近期遇到的这个案例：小 H 是一个 13 岁男生，目前是八年级，学习成绩中等。在初中之前他一直是父母眼中的乖孩子。升入初一之后，父母发现他变了。最开始是对鞋子和衣服有要求，必须是自己喜欢的品牌和样式，否则拒绝穿；慢慢地写作业时开始关上自己的房门，不允许父母进来，还经常以学习为由向妈妈索要手机。父母让他往东他偏往西，还顶撞父母，尤其是爱对妈妈发脾气，妈妈常常被气得暗自落泪。一天晚上，母子因为手机的问题争执起来，妈妈一气之下摔了手机，屏幕摔碎了。第二天早晨闹钟响了，小 H 依然睡着不起，妈妈无奈去叫他起床，他却说心情不好，不想去上学……类似的情形又发生了几次后，妈妈非常担心，想让小 H 去见学校的心理辅导老师，小 H 拒绝了。小 H 觉得自己已经长大了，可是妈妈还总是试图控制自己，他拒绝和妈妈合作。

小 H 的妈妈非常困惑，也非常有挫败感，自己的孩子怎么了，为什么逆反的这么厉害呢？该怎么和孩子沟通呢？

沟通的前提首先得从了解孩子开始。从发展心理学的角度来看，青春期的青少年生理和心理都在发生着激烈的变化。在生理方面，女孩子的快速生长期开始于 10 岁左右，男孩子略晚一些，大约开始于 12 岁左右。进入青春期的青少年，脑垂体会刺激身体增加生长激素的分泌，性器官开始分泌男性荷尔蒙和女性荷尔蒙。在这些激素的共同作用下，青少年身体快速发育，身高体重突增，性器官开始成熟。

在心理方面，青少年面临着许多压力。有一位同学这样说："13 岁其实很难，虽然很多人说你是个孩子，好像你可以轻松度过 13 岁，但你在 13 岁时要面临许多压力，在学校要得到老师的认可，要被同学喜欢，总是感觉自己不得不成为一名好学生；你还得克服很多诱惑……然而你又不愿被取笑，所以你不得不装得很酷；你必须穿上适当的鞋子和适当的衣服。"

青春期的孩子开始思考"我是谁"的问题，根据艾里克森的理论，获得自我同一性是这一阶段的重要课题。当青少年面对青春期同一性危机时，对同一性的寻求不可避免地使一些青少年体验到真切的心理混乱。在青春期，青少年试图弄清楚他们自己的独特性。他们努力发现他们独特的优点和缺点，以及他们在未来生活中能扮演得最好角色。这种发现过程常常包括"尝试"不同的角色或选择，以发现这些角色和选择是否符合自己的能力和观点。埃里克森将此称为同一性对同一性混乱阶段。

在埃里克森的观点中，青少年如果在寻找合适同一性的过程中遇到阻碍，可能会以某些方式脱离同一性形成过程。他们可能通过扮演社会所不接受的角色作为表达他们所不想成为的那种人的一种方式，或是在形成和维持长期亲密关系上出现困难。

在这个阶段，青少年越来越依赖自己的同伴，容易受到同伴的影响，同时他们对成人的依赖程度有所下降但依然有依赖，体现出矛盾性。例如，一个青春期的孩子很反感父母总是催促他吃饭，但父母如果真的不再关注他吃饭的事情，他又会责怪父母不关心他。青少年觉得父母不理解自己，常常插手自己的事情，便开始和父母争夺自主和自由的权利，从而和父母发生冲突。父母则对青少年的行为有时会感到生气，而更多的是感到困惑。那些原来接受父母的判断、教导的孩子开始质疑、挑战父母的规则，有时甚至进行反抗。这时父母如果理解孩子、适度放权、尊重孩子的需求，亲子冲突就会缓和，如果父母坚持自己的原则和立场，亲子冲突就会增加。

基于青少年的身心特点，父母如何和青春期的孩子沟通呢？

一、父母要准确理解青春期的孩子

在亲子发生冲突时，父母和孩子情绪化的表达只会激怒对方，而无法让对方理解自己的真实需要。一个初中男生在心理咨询中，曾流着眼泪对他的爸爸说："每次我考砸的时候，你就只会问我别人为啥能学会，我就学不会。每次你这么说的时候我都气得要死，就忍不住怼你。其实我心里也很憋屈，我也恨自己考不好，觉得对不起你们。我其实最想听到的是你能安慰我、鼓励我。哪怕你说：'没事的，下次努力就好'也行啊。"爸爸听完儿子的心里话，才意识到儿子原来一直心口不一。原因主要是自己没有理解他，而是在儿子沮丧、自责的时候火上浇油，所以才会和儿子的关系越来越僵，儿子的学习也一直没有进步。父母总认为自己非常了解孩子，当孩子关上"心门"的时候才手足无措，其实准确地理解青春期的孩子还得有方法和策略。

怎样准确地理解孩子？

1. 专注倾听

要让孩子觉得被理解，首先要做的是让孩子感受到父母愿意倾听他的意见和想法。需要强调的是专注倾听指的是在听的时候要一心一意，放下手头的事情，眼睛看着孩子，及时给予孩子言语和非言语的回应。例如，点点头，或者回应"是的""原来是这样""你气坏了"等等。这些回应可以让孩子感觉父母重视他，在专心听他讲，也在努力试着理解他。

倾听的过程要带着好奇心和接纳的态度，而不是随意打断孩子，或者表现出不以为然的态度，否则有可能孩子就会拒绝和父母沟通。如果父母边做事情，边敷衍地听，孩子是很敏感的，他就会停止和父母沟通。

2.共情回应

专注倾听是理解孩子的第一步。在这个基础上父母要试着将理解到的孩子的情绪和需要反馈给孩子，父母可以用关切、探寻的口气回应孩子。比如，父母可以说："你好像很生气，可是我还不明白发生了什么事，你能多说一点吗？"大部分情况下，孩子听到父母这样回应，情绪会平复一些。虽然他们不一定马上吐露心声，但至少亲子关系不会弄僵。父母还可以继续说："我可以做点什么帮助你？"只要孩子感受到父母是理解他的或者试图理解他，就愿意把心里话说出来。如果孩子的情绪很激动，不愿意和父母继续对话，就不要勉强，等孩子情绪平静以后再沟通。总之要先处理情绪，再处理问题。

二、父母要管理好自身的情绪

由于青春期孩子大脑前额叶还没有发育成熟，情绪和行为都容易冲动，父母的情绪容易被孩子所扰动而发生冲突。父母和孩子有分歧时要冷静、克制，理解孩子的情绪冲动是有生理原因的，不和孩子真生气，而是等孩子情绪宣泄完、平复后再沟通。父母要觉察自己的情绪，不在孩子闹情绪时也情绪失控，试图用暴力制服孩子，这样只会彼此伤害。父母可以用语言表达自己的愤怒："你这样的态度我很生气。"或者父母离开现场，这样对孩子是一种及时的警醒，注意自己的言行不再激怒父母。父母管理、表达情绪的方式对孩子是一种示范。

三、民主商议家庭规则

孩子到青春期后，随着知识、见闻的增加和独立思考能力的提升，他们慢慢会形成一套对自己、对他人和世界的看法，这是孩子自我意识发展的结果。孩子会想要形成一套属于自己的做事方法和生活习惯，有时会挑战家庭原有的规则。父母需要和孩子沟通，双方都做出一定的调整，让家庭规则变得更有弹性，协商建立大家都能接受的家庭新规则。

例如，周五晚上，父母希望孩子能复习一周的功课，温故知新。可是孩子觉得自己辛苦了一周，需要放松，要求打游戏。过去父母能够用自己的权威逼孩子放弃自己的主张，勉强去复习。可是现在孩子质疑为什么别的同学周五都能玩，而自己还要学习，他坚决要求周五晚上打游戏。如果父母还坚持过去的规则，显然就会发生更大的冲突。这时父母不妨说："我理解你上了五天学感觉挺累的，你想放松我也同意，我觉得打游戏眼睛也很辛苦，不是真正的放松。咱们商量一下，要不你少打一会儿游戏，咱们再去室外运动30分钟，然后你复习一会儿怎么样？"孩子这时一般也不会再坚决反对，可能同意家长的意见，也可能要求增加一会儿打游戏的时间，或者不去室外运动，总之他至少会接受家长的一部分新建议。这样，亲子之间就容易达成新的规则。

　　总而言之，对父母来说，和青春期的孩子和谐相处不是易事。需要父母不断学习，和孩子一起成长，顺势而为，倾听、理解孩子。父母和孩子建立良好的亲子关系，有效沟通，孩子的青春期将不会出现激烈的逆反。只要父母始终坚信孩子自我成长的力量，青春期逆反并不可怕。

少年的烦恼

课间，一位帅气的五年级男生来到办公室找我，说想和我谈谈，我请他坐下。

他犹豫了一会儿说："老师，我喜欢上了我们班的一个女孩子，她特别优秀，学习很好，虽然不是班花，但是长得很可爱。可是我最苦恼的是自己的好朋友也喜欢她，好朋友的篮球比我打得好。而且似乎她也喜欢我的好朋友。她好像知道我喜欢她，对我有点冷淡，让我有点尴尬。每次我和她说话的时候感觉很不自然。每当我看到好朋友和她在一起说话，心里就觉得很不舒服。"

"谢谢你对我的信任，来找我聊这个话题需要勇气。我听到你正苦恼于和好朋友同时喜欢上一个女孩，似乎那个女孩更喜欢你的好朋友，她对你表现出的冷淡让你有点尴尬和失落。"

"嗯嗯。而且我还不能对好朋友说我的心里话，我有点嫉妒他。"

"你很坦诚。如果是我也会嫉妒的。"

　　"我知道喜欢是不能强求的，我就是想找个人说说，说出来我感觉好多了，谢谢老师。"

　　"说出来就会感觉如释重负，很多时候我们只是需要有人倾听和理解自己。是啊，喜欢是不能强求的，我知道你这段时间很不好受，不过我相信你自己能调整好。"

　　这时，上课铃声响起，男生轻盈地起身去上课了。

【聆听手记】

　　五六年级的学生已经开始进入青春期，在各种激素的作用下，他们可以在一年内长高 10 厘米以上。女孩子乳腺开始发育，一部分女孩子月经初潮，一部分男孩子开始变声、遗精等，这些变化标志着生殖系统逐渐成熟。生理的明显变化也给青春期的孩子们带来心理冲击和困扰，他们开始在意同伴对他们的评价，对异性同学产生好感，甚至常常陷入单相思。因此青春期的少男少女常常热衷于传播某人喜欢谁的八卦，对性知识开始好奇，这需要父母和老师积极引导。当孩子对异性开始有朦胧的好感、对性知识感到好奇，父母、老师如果处理不当会给孩子带来很大的心理困扰。

　　一天晚上，我接到一位妈妈的来电，她几近崩溃地说自己无意中发现 11 岁的女儿在笔记本上密密麻麻写了好几页关于性的细节描写，感到非常震惊和羞耻。她情绪激动地说自己的女儿怎么不知羞耻，还强调自己家教很严，女儿一向乖巧懂事。她想不通是哪里出了问题，就来电询问女儿是否需要去见心理医生。

　　我共情了这位妈妈的感受，表示理解她的震惊和担心。同时，我也指出，处于青春发育期的孩子对性知识和性行为的描写有好奇是很正常的。现在的孩子发育早，获得性知识的渠道又很丰富，我估计孩子是从网络或者书中读到后抄写的，不排除这些内容已经在同学间流传一段时间了。孩子不需要去做心理咨询，也建议她不要当面质问和批评孩子，而是要找机会正面引导。这位妈妈听完我的意见，似乎松了一口气，表示以后要多关注孩子读什么书，多和孩子交流。

相信有很多家长都有类似的困惑，不知如何对孩子谈和性相关的话题。长期以来，中国的家长望子成龙的愿望都比较强烈，父母们给孩子报各种兴趣班、辅导班，期盼孩子能上名校，目的都是为了孩子今后在职场有好的发展。但很多父母都忽略了，自己的孩子今后同时也会恋爱、步入婚姻家庭，生殖及性健康与否将决定他们能否获得正常、幸福的生活。

为什么家长会对孩子"谈性色变"呢？长期以来，对于绝大部分中国人来说，"性"一直是"只可意会，不可言传"的一件事，性知识一直是人们感到最难以启齿的内容，在青少年性教育中存在"家长羞于说，老师挑着讲，学生偷着看"的尴尬现象。

同时，网络时代各种信息的泛滥，不良性文化和青少年读物都给性教育带来了挑战。有数据表明，在网络时代，影响青少年性意识和性行为的因素有三个方面：一是大众传媒，占70%以上；其次是周围人物，如父母、老师和同学等，占20%左右；再次是学校课程，仅占4%。这些数据表明家庭和学校急需系统、规范地开展儿童青少年性教育。

首先，家庭是性教育的启蒙场所，是孩子性教育的第一课堂。家庭对子女的性教育具有不可推卸的责任。目前青少年的家庭性教育还存在一些问题，比如家长缺乏科学的性教育观念，认为在家庭中对孩子进行性教育可有可无或没有必要。一些家长回避孩子提出的"性问题"，对性羞于启齿。

父母该怎么做呢？一是父母要具备科学的性态度。坦然地用科学的态度回答孩子对性的好奇追问，比如："我是从哪里来的""子宫在哪里"等问题。父母要为孩子购买性教育科普书籍，让孩子获取科学知识，建立健康的性观念、性道德。二是性教育要尽早开始。性教育包括儿童早期的性启蒙教育和青春期的性教育。然而，目前青少年性发育年龄提前、性意识早熟与性教育滞后所产生的青少年性困惑和性问题，已经成为影响青少年身心发育的重要因素。国外有学者认为，在小孩还没形成男女羞涩时进行性教育，是进行性教育的最好时期。

　　其次，学校需要开展性教育。由于缺少专业师资，许多学校并没有开性教育课。心理老师在心理课中往往会普及一些青春期发育的生理心理知识，这是远远不够的。一位六年级学生临毕业给我留言："不怕您嘲笑，我印象最深的一节心理健康课是关于青春期的话题，这节课您让我更深入了解了男性与女性之间的不同，因为这属于敏感的内容，这节课有些同学发出了一些声音，而我认为只有了解这些知识，才能在以后避免因为乱想象造成的麻烦。您的科普揭开了我心中的疑虑，避免了我成为满嘴脏话的同学，避免了我误入歧途，谢谢您，老师！"

信任才能造就好孩子
——《我要做好孩子》读后感

《我要做好孩子》是儿童文学作家黄蓓佳的著作。打开这本书，一个天真活泼、善良正直、开朗大方、成绩普通，胖乎乎的 12 岁女孩金铃几乎是跳着向我们走来。在老师生病时，她主动送去花朵儿关心老师;当朋友尚海被别人欺负时，她见义勇为;当她看见一只小鸟被顽皮的孩子弄死时，非常伤心，写下了《我真想为你造一片森林》，表达要爱护小动物的心愿……

黄蓓佳淋漓尽致地描述了一个幼小生命所承受之累，沉重的书包犹如大山一样压着金铃那幼嫩的双肩，她每天埋没在作业、考试、分数之中，她生活中缺少了很多乐趣:不能多看一会儿电视;不能饲养小动物;不能……原本生性快乐的她总是被不快乐包围着。金玲的母亲赵卉紫是一位心高气傲的知识分子，她望女成凤，希望金铃能考上外国语学校，所以把金铃的考试成绩看得比什么都重要，但她忽视了女儿的快乐。

在班级"扔垫子"事件发生后，起初邢老师冤枉了金铃和尚海，这让金铃的内心受到伤害，在她的努力下，真相大白，最后老师郑重其事地向金铃他们道了歉。通过这件事，金铃决心一定要做个好孩子，因为她意识到，成绩好，才是老师父母心目中的好孩子，好孩子容易得到老师的信任和肯定。

作者在书中说："好孩子的内涵太丰富，它不全是100分组成的。" 读完本书，也引发了我对所谓"好孩子""坏孩子"的思考。我们要培养的好孩子是像金铃这样真实的孩子，还是像倪志伟那样成绩优秀却有品质上的缺陷的孩子？真正好孩子的标准是不把分数看作衡量一切的标准，而诚实、不自私怯懦、品学兼优、心智健全发展才是最重要的标准。正如一位学者所说：光有品性没有知识是脆弱的，但没有品性光有知识是危险的，是对社会的潜在威胁。

好孩子的内涵是非常丰富的，学习成绩优秀是好孩子的一种标准；兴趣广泛、知识丰富、才华横溢也是好孩子的一种表现；而像书中的金铃那样，虽然成绩并不是名列前茅，但她善良正直、宽容大度，又有一颗悲天悯人的高贵心灵，同样是一个好孩子。

金铃在书中有这样一句话令我印象深刻："老鼠太可怜了，没有人喜欢的动物活得太委屈了！因为我就是可怜的老鼠。楼上的文峰，我们班的好同学胡梅、刘娅如……就是讨人喜爱的猫。"

在我们老师的眼里，有关于好孩子、坏孩子的不同标准。我们往往不自觉地偏爱学习成绩好的孩子，对他们爱屋及乌，甚至在他们犯错误的时候网开一面；对学习成绩不理想，学习和行为习惯不佳的孩子怒其不争，不给好脸色。当班里有一些坏事发生时，我们会首先怀疑是那些行为习惯不佳的孩子做的。这样的"双标"容易让学生产生不公平的感觉，对学生的成长不利。我们对上述现象一定要有所觉察，要避免用有色眼镜看待学生，一视同仁、公平施爱，避免偏爱学习成绩好的学生，不轻易给学生贴上"坏孩子"的标签。如果一些孩子得到偏爱，一些孩子却受到冷落，就会给孩子的身心健康带来严重后果。得到偏爱的孩子容易形成处处不同于他人的优越感；受到冷落的孩子往往会灰心泄气，感到失望、无助和自卑，自暴自弃，致使他们幼小的心灵蒙上难以摆脱的阴影。

"跑吧，孩子，冲刺吧！"这是金铃的妈妈在看着金铃进入考场后从内心发出的声音。她开始从心底真正相信金铃，她认为金铃一定能考出好成绩。

当我们全然信任孩子，孩子才会信任他自己，才会激发出他内在的动力。唯有对孩子的信任，才能造就好孩子。

用积极的心态阻断"心疫"

——学生居家学习心理调适

同学们好！

由奥密克戎变异株引发的新冠肺炎疫情又卷土重来，为了有效阻断疫情传播，我们开始居家生活和学习。"宅"在家里的防疫要求，再次打乱了我们既有的生活。面对疫情，一些同学会出现担忧、害怕的情绪；长时间不能出门，也会让同学们感到烦躁。在做好防疫措施的同时，做好心理调适与防护，用积极的心态阻断"心疫"，显得尤为重要。

居家学习以来，你的状态是怎样的？你是否有以下的情况：上网课的时候注意力不能集中，线上学习效率低，效果不能保证；线上学习和娱乐长时间使用电子产品，眼睛非常疲劳；运动严重不足；生活作息不规律，生物钟紊乱，晚上睡不着，早晨起床又很困难。

如果你没有以上现象，恭喜你。说明你非常的自律，最近的居家学习非常的有效率。如果你有这些现象，也不要紧，这是非常正常的。你可以从现在开始有意识地调整身心状态，相信你，会越来越适应线上的学习方式的。

在居家这段时间以来，请你用心感受一下，你有以下的情绪吗：是否有焦虑、担心、害怕、愤怒、疲惫、烦躁、生气、无助、无力、着急，这些都是负性的情绪，出现负性情绪也是非常正常的。

或者，你是否有庆幸、平静、幸福、开心、充实、放松的感受？如果你有这些感受，恭喜你。说明你有比较强大的调节能力，如果你感受到最近非常充实，我更加要为你点赞，说明你最近的生活和学习安排得井井有条，你特别有自主性，也特别自律，这是非常优秀的品质。

你需要仔细觉察自己的感受，并且把这些感受表达出来，这是管理情绪的第一步。

我跟同学们分享我校四年级杨泽幼同学的一首诗，他用了诗歌的方式生动形象地表达出了他的心情，这首诗叫做《墨猴王》。

《墨猴王》

500 年前，
一个猴子压在五行山下，
石破天惊，腾空出世，
人称美猴王。
500 年后，
一个孩子禁足在家，
浓墨画脸，摇身一变，
自喻墨猴王。
500 年前的美猴王，
腾云驾雾，除妖降魔。
现在，我也想冲出家门，
大喝一声，大胆病毒，
吃我老杨一棒。

读完这首诗，你有什么样的感受呢？是不是感觉非常有趣？

我的感受是，这位小杨同学非常的幽默，而且富有想象力，我认为这是一种浪漫乐观主义，特别生动形象地表达出了自己的感受。

的确，同学们最近闷在家里，真的积蓄了很多的能量，迫不及待地想冲出家门，自由地活动。而且每一个人都会有一种压抑的感受。

这些感受怎么样来表达？你也可以学习小杨同学，用文字，用诗歌的方式来表达。或者你也可以写写日记，或者写写小作文，你也可以画画，信手涂鸦，这些都是非常好的表达情绪的方式。

疫情之下，如果情绪确实影响到了正常生活，可以从接纳情绪、适度的宣泄、用好支持系统这三招入手管理自己的情绪。

首先，就是像刚才我们做的这样，去觉察自己的情绪状态，并且用习惯的方式表达自己的想法及情绪感受。比如，写一首小诗；通过涂鸦的方式将你的坏心情画出来；阅读一些情绪绘本与自助书籍，尝试命名情绪"焦虑，担忧，平静"，等等。

第二，就是要适度地宣泄。可以自己喊出来；或者跟家人说一说，也可以去运动，适当的时候，你还可以哭泣。心情久久不能平复的时候，我们还可以向专业人员求助，拨打心理热线等等。

第三，就是用好支持系统。谁是我们的支持系统？就是我们的家人和最好的朋友，他们的关心都会给我们带来支持、温暖和力量。所以，可以把你的紧张、担心、难过都告诉你的家人和好朋友。

在这里，再次跟同学们强调一个观点：情绪并没有绝对的好坏。每一种情绪都有意义，每一种情绪都是有作用的。负性情绪是我们正常的身心反应。当然，心理学家研究发现，当积极情绪与消极情绪的比例大约是 3：1 的时候，我们会更健康。

反复的疫情，对我们每一个人来说，都是一个压力事件。压力几乎是每个人必然会经历的问题。例如学生期间，很多孩子担心自己难以取得理想的成绩，担心自己的朋友和自己疏远，担忧父母会生气对自己发火……如此众多的担忧，正是无处不在的压力。

每一个人其实需要适度的压力。压力适中，可以激发出我们内在的力量。但是压力过大，就会损害我们的身心健康，就需要去减压了。根据进化心理学的视角，压力在人类进化中有重要的作用，起到警报和调动我们身体力量和促进我们行动的作用。举一个例子，当我们愤怒的时候，血液会迅速流向上肢，这时候我们会不自觉地握紧拳头，准备随时攻击对手或者我们的敌人，保护我们自己。当然，当我们恐惧的时候，血液会迅速流向下肢，流向腿，这时候，帮助我们能够快速启动双腿，准备逃跑。

如果最近感觉到压力比较大，我们可以采用一动一静，动静相结合的减压方式，调节压力。

首先，我们来说运动减压。运动减压就是在生活当中有意识地多走路，少坐车，能够走楼梯就少坐电梯，能够动起来做的事情就不要静止着来做。如果不能出门，那我们就做室内的运动。那可以在家里跳跳绳、做健身操，如果可以下楼，你也可以在小区里散散步，或者跟家人一起做做室外的运动。

运动是特别有效的减压方式，因为在运动的时候，压力激素会随着汗水排出体外。同时，我们的身体会分泌内啡肽等快乐的激素，会让我们心情愉悦，精神振奋，所以减压的效果非常的明显。

第二，我们可以用"静"的方式来减压，具体来说有两种方式，一种是正念，正念就是专注投入地做一件事儿，比如说你把你所有的注意力放在呼吸上，就是专注地吸气、呼气，觉察你的呼吸，当你发现注意力跑了的时候，就把它再拉回来，就这样专注于自己的呼吸，几分钟之后，你会发现神清气爽，整个人轻松了很多。当然正念也可以是其他的方式，比如说你特别专注地去画画，完全投入也是一种正念，你投入去读书也是一种正念。总之正念的状态就是专注投入，投入地做一件事。

另一种是睡眠。睡眠是有效的"静"的减压方式。睡眠休息的不仅是肌肉，还有我们的大脑。睡眠对我们每一个人非常重要，当我们睡眠不足的时候，有非常多的危害。比如说，认知能力的下降，表现为注意力分散，记忆力下降、丢三落四、前学后忘等。

最后我来总结一下，如何在居家期间照顾我们的身心。首先，我们要来觉察和表达自己的情绪；第二，我们要正确认识压力；第三，当压力过大，我们有一些负性情绪的时候，我们就要去用有效的方式减压。我介绍了两种方式，动的方式和静的方式。也就是运动，充足的睡眠以及正念状态。希望每一位同学在居家学习期间都身心稳定，身心健康，收获满满。

在居家抗疫期间除了用科学手段进行疫情防护的同时，还要给我们的内心戴上"口罩"，掌握正确的心理调适方式，照护好身心。

合理使用电子产品，有效居家学习

疫情防控期间，孩子们不能正常到校上课，只能"宅"在家里居家学习。虽然没有校园琅琅的书声，但是在线教育的便捷，为孩子们提供了另一种学习模式。

与此同时，孩子们长时间使用电子产品，成为家长们关注的话题。家长们担忧孩子借着线上学习的机会聊天、打游戏或者浏览不健康信息；也担忧使用电子产品时间过长导致孩子眼睛疲劳，视力下降；也有家长担忧孩子线上学习的效率低，难点没有听懂，作业完成质量不高。上述问题让不少家长产生了焦虑情绪，甚至难以安心工作。

家长如何指导孩子合理使用电子产品，有效居家学习呢?

首先，要激发孩子线上学习的内在动机。

心理学家爱德华·L.德西通过研究发现，每个人都有 3 种最基本的心理需求：自主、胜任和联结。满足这些需求，特别是自主的需求，才能持续激发人们的内在动机，让人们全心全意地投入做某件事情，同时拥有最好的体验和表现。

父母要鼓励孩子自主安排学习和娱乐时间，让孩子体验到学习的快乐和成就感，从而激发孩子的内在动机。

父母要信任孩子，不过度控制和干涉孩子。比如，当孩子自觉完成各项学习任务以后，就让他自由地安排其他的时间，让他去做自己喜欢做的事情，而不是家长继续给他布置新的任务，这样孩子就不会磨蹭，而且对自我的评价会更积极。研究还发现，当给予孩子过多的物质奖励或者惩罚，反而会降低学习动机。因此，父母也不宜过多用物质奖励或惩罚措施来试图让孩子努力学习。

父母要培养孩子自我管理、自主学习的习惯。要让孩子明确学习是他自己的事儿，而不是爸爸妈妈或爷爷奶奶的事儿。父母要为孩子放权赋能，对低年级的孩子，家长可以指导他们制定合理的每日计划和任务清单。对高年级的孩子，就要让他们自己来制定合理的计划并执行，一定要鼓励孩子在家里多阅读好书，当孩子读书多了，打游戏自然就少了。

此外，父母还要注重培养孩子的专注力，鼓励孩子一次认真做好一件事。比如听课的时候就专注地听课，吃饭的时候就专注地吃饭，而不是一边吃饭一边看电视或者是打游戏。以上措施可以激发孩子的内在动机，帮助孩子自我管理、自主学习、培养自控能力。

第二，要增加孩子线上学习的助推力。

每个人在家中的状态都是放松的，而学习需要适度的紧张。绝大多数孩子是比较容易受到学习氛围的影响，特别是年纪越小的孩子越容易受到干扰。

我们可以从学习环境入手，应该是安静的、正式的，以便他们可以专注于自己的学习。每天让孩子在固定的书桌和电脑前学习，避免孩子用手机来听网课，听课的时候要求孩子着装整齐，不穿睡衣。

保证孩子有正常有规律的生活作息，每天按时起床、按时学习，按时吃饭，按时睡觉，每天至少要坚持一小时的室内或者是室外的运动。

父母不是监工，是促进孩子学习的指导者。我们可以和孩子讨论、规定使用电子产品上网打游戏的时间，父母要和孩子都郑重地签名张贴、并认真执行。父母要和孩子多沟通，及时疏导孩子的烦躁、担心、害怕等情绪，要多营造亲子共同时刻，比如一起下棋、一起劳动、一起做家务、做美食、打扫卫生、一起运动、种植花草、亲子阅读等等。当我们多营造亲子共同时刻的时候，亲子关系就会越来越好，孩子也会越来越自律，越来越自主。

最后，父母要合理使用电子产品，做好表率。

父母要指导孩子正确认识电子产品，合理使用电子产品。在移动互联网时代，电子产品是每个人不可或缺的学习、交流、购物、娱乐的工具，无论对孩子还是成人都有巨大的吸引力。现在孩子普遍喜欢打游戏，常常因为打游戏和父母闹矛盾。毕竟游戏对成年人来说吸引力也是非常大的，更何况是未成年的孩子们。孩子有娱乐的权利，只要有节制地玩，并不会对孩子造成负面影响。父母担心的其实是电子产品的副作用，比如损害视力，孩子有依赖、上瘾等等，因此父母一定要和孩子商定每天使用电子产品的时间，让孩子多去户外运动。

父母要做好示范，减少不必要的看手机时间，比如刷抖音、看小视频、看直播、打游戏等。因为，孩子时刻在以父母为榜样，孩子不是听父母怎么说，而是看父母怎么做。

居家学习期间，在线学习是主要方式，电子产品是重要的工具，只要合理使用，就能发挥积极的作用。合理使用电子产品，父母以身作则，同时培养孩子的自控力是关键。

中 篇

做幸福的教师

做幸福的教师

教育学本质上是关系学。教师的生命状态直接影响孩子们的生命质量。享受职业幸福的教师方能培养出快乐的孩子。

美国教育心理学家吉诺特说："在经历了若干年的教师工作之后，我得到了一个令人惶恐的结论：教育的成功和失败，'我'是决定性因素。我个人采用的方法和每天的情绪是造成学习气氛和情景的主因。身为老师，我具有极大的力量，能够让孩子们活得愉快或悲惨，我可以是制造痛苦的工具，也可以是启发灵感的媒介；我能让人丢脸，也能让人开心；能伤人，也能救人。"

帕克·帕尔默认为："真正好的教学不能降低到技术层面，真正好的教学来自于教师自身认同与自身完整。"鲜活的生命教育和真正的以学生为本，必须依靠教师自己成为学生的心灵导师，而教师要成为心灵导师，首先需要自我意识的唤醒，成为探索内心世界的主人。只有当教师自己能够清醒地与自我意识深层对话，倾听到自己内心深处的真实声音，才能够注意、尊重和默契地回应学生内心深处的声音，才能够进入学生的内心深处，成为学生的心灵导师。

远离职业倦怠，享受教育的幸福

——教师如何进行压力管理

李老师是一位小学语文老师，同时担任班主任。她任教10年了，已经从新手教师成长为学校的骨干教师。她对教学充满热情，对学生有爱心，受到家长好评。校领导看她认真负责，也经常额外给她安排一些工作。渐渐地，李老师感到力不从心，但她却不好意思拒绝领导额外安排给她的工作。不知从哪一天起，她对日复一日的工作感到厌倦和疲惫。

特别是最近一个月来，李老师经常感觉身体不舒服，有时会失眠或者早醒。每天早晨她一想到有一整天的工作要做，就感觉很累，不想去上班，甚至听到手机微信传来消息的声音，也很烦躁。她不想看学校工作群的消息，担心又有什么新通知、新任务。她无论备课、上课都是有气无力的，感到力不从心。本来她最爱和学生待在一起，后来也无法像以前一样了。课上课下，她总是有意无意地避免与学生近距离接触。学生们下课凑在一起说话，她觉得很吵，听见就心情烦躁，想躲得远远的，学生犯了小错误，她就会火冒三丈。

在办公室里，原本是开心果的她，也很少说话了，每天就只是坐在办公桌前批改作业或者发呆，希望谁都不要来打扰她。下班回家，她感到特别疲惫，常对老公和孩子发脾气，甚至独自流泪……

她想改变目前的状况，可是不知道该怎么办，她不知道自己到底是怎么了？

从心理学角度看，李老师是由于压力过大出现了教师职业倦怠。笔者做过一个有关中小学教师职业倦怠的研究，调查显示 29.3% 的教师有不同程度的职业倦怠，其中班主任的职业倦怠率为 33.48%，显著高于教师总体倦怠率。中小学班主任除了担任学科课程任务外，在班级管理、家校沟通、处理学生问题等方面承担的责任和压力要大于其他学科教师。

我们处于一个充满变化和不确定的时代，现代人感受到更多的压力。作为教师，"双减"政策之下，教师工作压力大幅增加，繁重的教学任务，教学改革的新要求，琐碎的班级管理，处理不完的学生纠纷，每天上报各种数据，应付不完的各项评估检查、家长的高期待等让教师应接不暇。教师的工作虽然很辛苦，收入状况却一直不尽如人意，职称问题也很难解决。当教师的压力过大，带着情绪工作时，有可能会说出过激的语言，做出过激的行为，对学生造成伤害。因此，关注中小学教师心理健康状况刻不容缓。

一、教师职业倦怠的表现

职业倦怠也称工作倦怠，美国心理学家弗登伯格认为，职业倦怠是指个体在体力、精力和能力上都无法应付外界的要求而产生的身心疲劳与耗竭的状态。它的主要特点是对服务对象的冷漠和不负责任、情绪和身体的衰竭感以及各种各样的身心症状。职业倦怠容易发生在医疗护理、教育等与人打交道的行业中。

教师的职业倦怠通常表现为：精神疲惫，体力明显透支，对工作失去兴趣，缺乏工作热情和创新力；无成就感，感觉工作付出不少，但成绩不大，对事业追求失去信心；在工作上安于现状，不思进取，得过且过，盼望早日退休；在情绪上常常表现为焦躁不安，紧张，萎靡不振，效能感降低，甚至以一种冷漠疏远的感情对待学生等。

教师职业倦怠是教师不能顺利应对工作压力时的一种极端反应，是教师在长期压力体验下所产生的情绪、态度和行为的衰竭状态。典型症状是工作满意度低、工作热情和兴趣的丧失以及情感的疏离和冷漠。

教师在经历职业倦怠时有以下三种典型的心理或行为表现。

情绪衰竭感：处于职业倦怠的教师常常表现出疲劳感、性急易怒，容忍度低，并且在情绪上缺乏活力与热情，有一种衰竭、无助感，并对生活悲观。

去个性化：教师去个性化的表现一是减少接触或拒绝接纳学生；将学生视为没有感情的动物；用带有蔑视色彩的称谓称呼学生；用标签式的语言来描述学生。

低成就感：当教师感觉他们的职业所带来的金钱、学生赞同、社会认可等很少时，无法产生职业成就感，甚至产生较强的自卑感。

中小学教师职业倦怠的后果是很严重的，它不仅影响到教师个体的身心健康，更会影响到学生的健康成长，结果导致教师厌教、学生厌学，恶性循环，既影响教师队伍的稳定，又有碍学校教育教学质量的提高，更不利于教育教学的改革。

二、压力与健康

前面案例中的李老师出现职业倦怠是各种压力叠加超出当事人应对能力的结果。

（一）如何认识压力

压力其实不完全是坏事。压力无处不在。用进化心理学的视角看，压力在人类进化中有重要的作用，起到警报、调动身体力量与促进行动的作用。

根据压力对人体造成的影响是积极的还是消极的，压力可以分为正性压力、中性压力和负性压力。正性压力是良好的压力，可以激发和鼓舞个体，让当事人感到愉快，比如坠入爱河，邂逅自己崇拜的偶像等都是正性压力。中性压力是一些不会引发后续效应的感官刺激，他们无所谓好坏。比如看到一则远方偏僻地区地震的新闻，就属于中性压力。负性压力是消极的压力，经常被简称为"压力"，我们一般说的压力都是指负性压力。比如一个挫折，考试失利、失业，和恋人分手，夫妻离婚或者是由病毒导致的疫情、患重病、天灾人祸、经济增长放缓导致收入减少等等意外事件。

负性压力又分为急性压力和慢性压力。急性压力来势汹汹，但迅速消退。比如你走在路上，突然一辆摩托车向你冲来，你心跳骤然加速，脚步停了下来，在慌乱中摩托车紧急刹车停在了你面前，你如释重负，危险解除了。慢性压力不会那么强烈，但持续时间久（如几小时、几天、几周甚至几个月），让当事人无法忍受。比如和难以合作的同事长期共处一个办公室；干一份自己不喜欢的工作，与恋人维持一种"食之无味弃之可惜"的关系等。慢性压力可以说是不折不扣的恶棍，与多种疾病有关系，因为身体要被危险不断地唤起。

遇到负性压力，我们大脑皮层里的杏仁核，也就是主管情感、生存本能、记忆等、有关存亡的重要功能的一个区域，就会产生、分泌压力荷尔蒙，肾上腺分泌的皮质醇就会升高。皮质醇会起到提高血压、血糖水平和抑制免疫的作用，然后你的身体就开始反应和行动了。除了血压升高、心跳加快、呼吸急促等身体反应，面对压力性的事件，人类的本能反应是"一打、二逃"。这个很容易理解，例如在原始丛林里，人遇到兔子就应该打，遇到老虎就赶紧跑，都是生存需要。人其实还有另外两种情况，就是"三傻、四睡"。要么是吓傻了，吓蒙了，要么就嗜睡。也就是说，受到压力荷尔蒙影响，当事人还会产生或是惊呆了，或是彻底"停机"的生理或心理的反应。

教师的压力来自哪些方面？

一是来自社会的压力。主要表现在希望得到社会的认可，得到学生和家长的认可，加之社会媒体的宣传、教育制度的改革等，这些给教师带来了前所未有的压力。

二是来自工作的压力。这是最主要的方面。首先是工作量的压力。一般中小学教师在每周都有十多节课，除了备课、上课、批改作业、课后辅导学生，很多老师还要兼任班主任或其他工作，比如组织各种活动，填报各种数据，填写各种调查问卷，撰写学校公众号文案等。疫情反复，居家防疫的同时要开展线上教学，这又给教师带来了新的压力和挑战。其次是升学率的压力。尤其是面临中高考的压力，为了出成绩，老师们就要加班加点。第三是职称晋升的压力。中小学教师评审职称有比例限制，名额很少，还要求有农村或薄弱学校支教经历，竞争异常激烈。

三是来自人际的压力。教师人际关系的压力主要来自三个方面:第一，来自学生的压力。由于教育观念的转变，师生关系发生着微妙的变化，学生已不再崇拜权威，管理的难度大大增加，这给教师带来了很大的心理压力;第二，来自家长的压力。家长望子成龙心切，把对孩子的希望放在了学校，对教师的管理和教育方式高度关注，动辄上访告状，这给教师带来了前所未有的压力。第三，来自学校的压力。学校为了社会声誉和好口碑，需要体现办学特色或者高升学率，对老师的要求很高很严，约束老师的条条框框很多很细，也给教师带来了很大压力。

(二)　压力对健康有哪些影响

适度的压力会让人处于积极的状态，工作效率也最佳。当压力过大，或者长期处于慢性压力中会对身心健康造成影响。当压力过大时，会出现生理、情绪、认知、行为等方面的压力警告。

生理指标的压力警告:

(1) 头痛的频率与强度增加 (排除生理原因);

(2) 肌肉紧张，经常发生在头部、颈部、肩膀和背部;

(3) 皮肤过于干燥，易出现斑点及过敏反应;

(4) 消化系统出问题，例如胃溃疡;

(5) 经常心跳急促、胸痛。

情绪指标的压力警告:

(1) 容易生气，缺乏耐心;

(2) 心情忧郁，意志消沉;

（3）当外在要求超过自己的能力时，容易失控，对自己失去信心；

（4）对自己要求过高，因而感到心力交瘁，缺乏热情；

（5）有疏离感。

认知指标的压力警告：

（1）因为有太多事情萦绕心头而无法关注；

（2）即使是做日常琐事，也常犹豫不决；

（3）记忆力变差；

（4）压力会影响判断力。若你常做出错误决定，需考虑压力的影响；

（5）经常对自己与自己的处境做负面思考。

行为指标的压力警告：

（1）经常睡不好、失眠或总也睡不醒；

（2）为了舒解压力而比平常喝更多的酒，抽更多的烟；

（3）性需求下降；

（4）从人际关系中退缩；

（5）难以放松，坐立不安。

当你体验到比较多的压力警告，你需要觉察并调整自己。

三、教师如何应对压力与职业倦怠

教师的职业倦怠是各方面压力因素共同影响的结果，比如教师的人格因素、家庭因素、社会因素、学校因素等。因此最有效的预防和干预的措施是把个体的改变和社会组织的改变结合在一起。

（一）基于组织的职业倦怠干预

1.社会层面

首先，社会应该提高教师的工资和福利待遇水平，提高教师的社会地位，尊师重教。全社会要切实关心教师的心理健康问题，为教师提供必要的心理健康辅导，使教师能够及时缓解精神压力，加强自我心理调适，降低职业倦怠。

其次，减轻教师过重的负担。中小学教师承担着繁重的教育教学任务和管理班级的任务，需要参加各级各类培训提升专业水平，完成各种学习笔记和学习心得，还要迎接各种检查评估，准备相应材料，常常需要加班批改作业，还要加班完成其他工作等。教育行政部门需减少不必要的评估评比，在教学上，给予教师更多的自主权，减少非教学事务性工作。适当给教师留些时间静下心来读书和研究教学，而不是疲于应付非教学事务性工作。

第三，教师心理健康要从源头抓起。作为教书育人，用生命影响生命的中小学教师，其人格特点、心理健康状况都影响学生健康成长。教育行政部门在招考教师时应增加心理健康测评内容，确保选拔心理健康、人格完善的教师到工作岗位，从源头把好关。

此外，媒体应减少对教师的负面报道，减少对个别教师教育不当事件的肆意渲染，多宣传优秀教师的先进事迹。提高教师的社会地位，倡导全社会尊师重教，吸引优秀的人才加入教师队伍，让教师成为真正让人尊敬的职业。

2.学校层面

管理的根本是人，要激励和温暖人心。学校要做到分工明确，建立公平的业绩评定制度。学校要实行民主管理，赋予教师更多的专业自主权，并让教师参与到学校管理中去。校领导在管理的过程中要尊重教师，让教师感受到自己的重要和价值，真诚地欣赏每一位教师，不吝啬对任何一位教师的鼓励与赞美，乐于为教师的成功喝彩，让每一位教师都感受到自己是重要的，在校园生活中是有尊严的。学校领导要为教师的专业发展搭建平台，让教师不断有成就感。

学校要切实关心教师的心理健康问题，为教师提供必要的心理健康服务，使教师能够及时缓解精神压力，加强自我心理调适，降低职业倦怠。通过定期开展教师心理健康教育讲座及体育运动、减压活动等方式提升教师自我调适能力是促进教师心理健康水平的关键。

学校应该本着用人和培养人的原则，指导教师进行职业生涯规划，教师必须善于学习、终身学习。教师不但要教好学生，更要在教学过程中不断提高自己，使自己在教学过程中不断发展、成熟，获得成就感。

（二）教师个体的压力管理

有效的压力管理，是一个人有能力调整、管理、控制自己的压力，并把它所产生的动力、能量最大化，发挥积极的作用。

压力现象无法消除，但我们可以有效管理压力。压力管理有四个原则：

一是觉察压力：要及时判断自己的压力反应及强弱，特别是身心警报的信号；

二是确认原因：要寻找压力产生的内外原因，分析问题；

三是接纳的态度：压力现象不可消灭，要对它采取接纳的态度，迎接挑战，与压力共舞；

四是应对：采取有效的方法处理好压力，主动实施行动。

与之相对应，有效的压力管理，需要个体具备以下四种能力：

自我觉察能力：自己对自己要有所了解，并且能够注意到自己的状况、变化、情绪、工作情况起伏，知道什么样的挑战让自己振奋，什么样的情况会无法应对，这是压力管理的第一要素。

问题解决能力：无论能力、抱负是大是小，都必须能动手做事。如果眼高手低、挑肥拣瘦，或者是没有好奇心，不能沉下心来老老实实、脚踏实地地学习技能，那你不可避免地会有很大的压力。

向外求助的能力：压力过大，知道如何表达，并且知道该怎么求援，是压力管理极其重要的一环。很多时候，不管是因为自尊的关系，还是自信心的关系，很多人不会求援，压力持续增大。

转移注意和平衡生活的能力：一个基本良好的生活，有可以帮助你平衡的东西。在家庭之外有工作，在工作之外有家庭，缺一不可。朋友、爱好、体育、旅游、烹饪，无论这个爱好是什么，有东西能够帮助你平衡是管理压力很重要的部分。

具体来说，教师应对压力，自我心理调适可以从以下六方面进行。

1.认知重构

认知重构是一种应对技巧，是将消极的、自我挫败的思维，替换为积极的、自我肯定的思维，从而把压力源的知觉由威胁性的转换为非威胁性的。

消极的、自我挫败的思维也称为认知扭曲或者不合理信念。戴维·伯恩斯在《伯恩斯新情绪疗法》中总结了 10 种不同类型的认知扭曲。

（1）全有或全无的想法：只有好或坏、黑或白，没有中间地带（例如，只有一种方法来解决这个问题）。

（2）过度概括：把一种单一的负面情况概括为一种生活常态（例如，轮胎瘪了引发了这样的评论："这种事总是发生在我身上！"）。

（3）心理过滤：一个单独的负面细节成为你注意力的焦点，从而忽视了整体（例如，一小时的车程被一个司机提前打断了）。

（4）否定积极的一面：消极的思维模式掩盖了积极的信息，在关注消极一面的同时，其他都变得无关紧要了。

（5）急于下结论：在没有事实支持的情况下就相信消极的解释，且通常是因为一种强烈的直觉，这只不过是自我感觉的投射。

（6）放大：小题大做，因为夸大事实，最终导致对形势的误判，从而做出不恰当的选择或判断。

（7）情绪化推理：假设一个人的负面情绪是事物本来面目的真实反映。

（8）应该陈述：一种受"奖励和惩罚"心态影响的思维过程。在这种心态中，一个人用"应该""必须"等词来激励自己。这种行为通常会导致对他人的负罪感或怨恨感。

（9）贴标签和贴错标签：被认为是过度概括的一种极端形式，诸如"我是个失败者"或者"他总是个混蛋"这样的陈述，其中贴错标签常含有高度情绪化或主观的色彩。

（10）个人化：为与自己关系不大或者没有关系的事情承担责任或者接受表扬。

我们的思维会一直自我对话。研究表明，它的主要特征是消极的自我思考。谢弗（Schafer，1992）已经确认了几种消极的自我对话与思考的模式，这些模式是产生或维持负性思维过程的根源。他将它们列为以下类别：

消极主义——在绝大多数情况下只看到其最坏的一面；

灾难主义——把事情引向最糟糕的境地；

责备——把责任转移到他人身上而非自己承担；

完美主义——将超人类的标准强加到自己身上；

极端思维——把任何一件事都看成极端的状况 (好的或坏的)，没有中间状态；

应该思维——为本应该做而没有做的事情而责备自己；

夸大——把问题放大的思维。

我们要去觉察自己的情绪和情绪背后的想法，当你自己在消极思考的时候，你可以试着用一种叫做"思维中断"的技术，打断自己的意识流，并告诉自己"停止这种想法"。通过练习，思维中断可以帮助你消除消极思维，并且平衡情绪。你可以通过写日记的方式进行自我对话，记录自己的情绪、所思所想来增强自我觉察、自我探索和自我调节。

你还可以试着用积极的视角重新看待问题和压力。接纳现状也是一种积极的态度。改变自己能改变的，接纳自己不能改变的。

2.运动减压

个体的心理健康与身体健康密不可分，而教师工作是以脑力活动为主，适当的体育锻炼增强体质，更能帮助教师缓解精神压力。

现代神经科学的研究告诉我们，运动促进大脑分泌"内啡肽"，这是一种镇静、止痛的氨基酸，它能调节体温、心血管功能和呼吸，同时让人精神愉悦，是一种促进"幸福感"的氨基酸。运动会出汗，而汗可以把压力激素给排除出去。

随着科技的发展，生活节奏越来越快，现代的职场人工作繁忙，工作时坐在电脑前，上下班都是以车代步，回到家疲惫不堪躺在沙发上刷手机，运动越来越少。人如果不运动的话，遇到压力时，压力就会沉淀、积累在身体之内。

如何在日常生活中增加运动量呢？

少坐车，多走路。如果上班步行 30 分钟左右可以到达单位，就选择步行或者骑共享单车，尽量不打车、坐公交车或者开车。每天打开手机运动记录，让自己明确走了多少步。也可以做做瑜伽或者健身操等，不用专门去健身房，有很多健身的 APP 功能都很强大，打开手机就可以跟着做。运动的时间至少达到 30 分钟，运动的效果以出汗为佳。

瑜伽强调思想、身体和精神的结合，练习的过程强调专注于呼吸，很多瑜伽流派都包括很大一部分冥想内容，用来提升身心的结合。大部分瑜伽练习者通过日常练习瑜伽体式可以获得身心的愉悦感，是一种理想的"动静"结合的减压方式。

3.睡眠减压

2022 年 3 月 18 日，中国社科院社会学所、中国睡眠研究会等单位在北京联合发布了《中国睡眠研究报告 2022》。这是国内睡眠领域首部蓝皮书，也是第一个全面反映中国人睡眠状况的学术研究报告。报告指出，近 10 年，国人睡得越来越晚、起得越来越晚，同时睡觉时间也越来越少。10 年来，国人睡眠平均时长从 2012 年的 8.5 小时缩减到 2021 年的 7.06 小时，入睡时间晚了两个多小时，起床时间也晚了 37 分钟，睡觉时长减少近 1.5 小时。高达 64.75% 的被调查者每天实际睡眠时长不足 8 个小时。而影响睡眠时长的因素有看手机或上网导致睡眠拖延，工作或学习时长挤占了睡眠时间及失眠等睡眠障碍的影响。

为提高民众睡眠质量，《中国睡眠研究报告 2022》号召全民践行"118"健康睡眠理念，即"晚上 11 点睡觉，睡够 8 小时"，树立健康睡眠理念，掌握睡眠主动权。

其实，睡眠是解压神器。现代社会，几乎人人都缺觉，却有不少人不知道这是多么有害的一件事情。对于很少从事体力劳动的现代人来说，睡眠，休息的不是肌肉，而是大脑。

剥夺睡眠是一种被广泛使用的审讯手段。不打人，不骂人，只是不让人睡觉就能让人交代情报，或者交代犯罪细节。为什么？因为睡眠不足能够扰乱人的思维、判断、注意力和记忆等，会导致注意力不集中、工作效率差、心情不好、易怒、易发胖、影响人际关系，直接简单粗暴地增加不必要的压力，然后更加失眠，睡眠进一步出问题，很快形成一个恶性循环。缺乏睡眠是造成现代人压力的一个直接原因。

怎样睡好觉呢？

首先，每天固定时间睡觉和起床，形成自己稳定的生物节律。我们的身体，调整节律需要三到七天的时间，如果你作息时间不固定，等于天天在"倒时差"，睡眠质量自然不佳。

其次，晚上七点以后，手机、电脑、平板都要设置在"夜间模式"上，或者用 App 把屏幕里的蓝光去掉。蓝光类似于太阳光，而人是见光而起，光灭而眠的。

第三，睡不着的人，首先应该尽量固定上床时间，而且一定要给自己一点时间来过渡，来慢慢减速，直至完全平静下来入睡。入睡前一个小时之内最好不要看手机或平板，做不到的话，手机一定要设在"夜间模式"上，而且把亮度减到最低，可以看文字，不要看视频。因为文字需要耗费更多的脑力，比较容易令人困乏。

第四，裸睡更有助于睡眠，如果一定要穿睡衣，上身衣服应该很宽松，保持上半身温度偏低。科研的结果发现失眠的人上身的温度都偏高，而体温是跟人的睡眠状态是直接相关的。

最后，如果凌晨才上床，只睡了三四个小时，最好不要早上补觉，像平时一样起来，如果可以在 12 时至 14 时之间睡一个 20 分钟的午觉，晚上早点上床。这样可以尽量不打乱作息时间。

4.用表达性艺术减压

表达性艺术是利用各种媒介以语言无法描述的方式描述情感和思想，是一种自我表达和自我意识的应对技巧。其中绘画运用较为广泛，文字无法传递的东西，绘画可以做到。我们很多关于压力的感受和想法是非言语的。绘画治疗并不仅仅适合儿童，而是适用于各个年龄段的人群。可以随意涂鸦，画出自己的感受，不需要考虑画得好不好。

5.冥想和正念

处于移动互联网时代的我们真正身处"信息爆炸"的时代。信息的洪水让我们感觉超载。手机、微信朋友圈、公众号、微博、抖音、游戏、广告等会推送海量信息，带来无数的干扰分散我们的注意力，让我们很难集中注意力，情绪也容易烦躁。

冥想是使大脑从感觉超载中解脱的最好办法。冥想是通过集中注意力以提高自我觉察水平，是对内部而不是外部的反省活动。冥想时一般需要闭上眼睛。莎士比亚曾说："眼睛是心灵的窗户。"当闭上眼睛的时候，心灵才有机会净化自己。

正念是冥想的一个种类，即活在当下，不做评判，关注呼吸或者当前所有的思想与活动，比如在吃苹果或洗碗时，专注于每一个动作。乔恩·卡巴金创立了正念葡萄干练习：在一段时间里，你专注地闻着、研究着、凝视着手里的葡萄干，最后一点、一点品尝和咀嚼葡萄干（当然也可以用别的食物），所有的行动都极其小心谨慎。正念练习的假设是当你越来越能意识到自己的想法和行为时，就可以控制自己的想法（通过分离性观察），从而减轻压力。

6.做自己感兴趣的事

利用业余时间培养自己的兴趣爱好，比如无目的地读书，单纯只是享受阅读的快乐，不是为了增长知识，更不是为了引经据典；自己做美食，悠闲地和家人一起分享；轻松地休假，不去网红景点，去一个人少却让你放松的地方。看喜剧电影，练习书法，做手工，养花养鱼，或者养宠物，比如撸猫等让自己真正投入和享受的事情。

7.向他人求助减压

很多人觉得，向他人求助要不就是示弱，要不就是缺乏知识、缺乏能力，不够成熟的表现。无论是工作学业上、心理情感上、人际关系上，或者家庭关系上的压力，越是有能力，对自己有要求的人，越倾向于"我应该自己解决这个问题"而不愿求助他人。其实，当自己不能有效调节压力时向亲友或专业人士求助是一种智慧和勇敢的选择。

可以向自己信任的亲友求援。当我们向自己的亲友倾诉烦恼和压力，或者寻求具体的帮助，得到倾听、理解和帮助后，你的压力就能得到一定程度的缓解。也可以向专业人员求助，专业的心理咨询师或者心理医生都遵守伦理要求，会为当事人保密，提供专业的心理服务。

以上从不同层面介绍了可以帮助到教师的减压方式，你可以选择适合自己的方式去尝试。将压力转化为动力以促进身心和谐统一，这是贯穿于我们每个人一生的必修课。教师学会自我减压，预防职业倦怠只是一个基本目标，终极目标是让每一位教师感受到职业幸福感。

四、教师如何感受职业幸福感

幸福是一种积极的情感体验。不同的人对幸福有不同的定义。很多哲人认为人活着的终极目标是追求幸福。积极心理学对幸福的定义是"快乐与意义的结合。"真正快乐的人，会在自己觉得有意义的生活方式里享受它的点点滴滴。这种解释绝不仅限于生命里的某些时刻，而是人生的全过程：即使有时经历痛苦的感受，人在总体上仍然可以是幸福的。

塞利格曼在《持续的幸福》一书中提出了幸福2.0理论，指出幸福由五个元素决定：积极情绪、投入地工作和生活、目标和意义、和谐的人际关系、成就感。积极情绪就是我们宁静、愉悦、狂喜、入迷和舒适等感受。投入也可以用心流状态来表示，指完全沉浸在一项吸引人的活动中，时间似乎停滞，自我意识也消失了，达到物我两忘的境界。目标和意义是拥有明确的人生目标、清晰地对人生意义的理解，并为之奋斗。幸福的第四个元素是人际和谐，人是社会性动物，在和他人有良好的关系、拥有三五好友时，我们常感到真正的快乐，良好的人际关系是我们人生低谷时的一剂良药。第五个元素是成就感，对成就感的追求是我们每个人的心理需要，当我们在专注投入学习、工作的过程中体验到成就感时，就是幸福的体验。

一个人一生的职业生涯长达三四十年，职业幸福是幸福感的重要来源。教师的幸福是什么？叶澜教授是这样说的：幸福是一种体验，是对教育中生存状态的一种高级的、愉悦的情感体验。教师的幸福是一种精神享受。有自己清晰而成熟的教育教学理念，是一种幸福；有自己充满魅力的教育教学艺术，是一种幸福；有自己的教育理想和信念，是一种幸福。教师的幸福写在学生认真的作业本上，教师的幸福盛在学生满意的答卷上，教师的幸福堆在家长充满谢意的脸上。学生的毕业证和入学通知书给教师带来幸福，满天下的桃李打来的电话是教师的幸福……由此，我们可以知道，教师的幸福之源是学生，教师的幸福来源于学生的成长、学生对教师的尊重与喜爱。

同时，教师的幸福也来自"教学相长"后个人的不断成长。教师是一个需要终生学习、终生成长的职业，在和孩子们相处的过程中孩子也在启发着、敦促着教师成为更好的自己。笔者已经从教近 30 年，是一名妥妥的老教师。为了成为一名好老师，一直走在学习的路上，回顾自己的教师生涯总体上是幸福的，这种幸福来自备课找到好素材，讲了一节好课，每节课都受到学生欢迎，帮助遇到心理困扰的学生走出阴霾，带领青年教师不断进步，与更多的同行分享自己的心理健康教育理念……

做幸福的教师是我们永远的追求，尽管这个过程充满挑战与压力，也不会轻易实现，但我们一直要在追求和感受教育的幸福的路上。

附:

教师心理压力自测

导语

面对工作,你感到有心理压力吗?请根据自己近一年来的经历和感觉回答下面的问题,对心理压力做出自我判断。结果仅供参考。

问题

1.你是否感到工作或生活环境很嘈杂?

2.你是否有时候很难集中注意力?

3.你是否经常有失眠的困扰?

4.你是否对工作不满意或觉得责任太重?

5.你是否为计划进展不顺利而恼火?

6.你是否和某些人包括亲人经常争吵?

7.你是否常对家人或者小孩没有耐心?

8.你是否常无法安静下来并容易感到紧张?

9.你是否常头疼或者胃疼?

10.你是否经常忘记了东西放在哪里?

11.你是否有家人的身体不好?

12.你是否常考虑到家庭的经济状况?

13.你是否觉得做什么事情都提不起兴趣?

14.你是否有暴饮暴食或过度抽烟的倾向?

15.你是否常觉得没有可以倾诉的地方?

评析

统计自己一共有几个问题回答了"是"。

如果只有3个以下的问题回答了"是",说明你的心理压力不大。如果有4~8个问题回答了"是",说明你的心理压力较大,应该引起注意了。

如果有8个以上问题回答了"是",说明你的心理压力很大了,要静下来好好想想如何减压了。

教师职业心理枯竭自测

导语

作为教师，你是否出现了职业心理枯竭？下面这个测试可以帮助你。请根据自己近期对工作的真实感受，对下列问题做出如实的回答：从未如此记 1 分，很少如此记 2 分，说不清楚记 3 分，有时如此记 4 分，总是如此记 5 分。

问题

1.对工作感觉有挫折感。

2.觉得自己不被理解。

3.工作让我情绪疲惫。

4.我觉得自己无法更努力地工作。

5.面对工作有力不从心的感觉。

6.工作时感到心灰意冷。

7.觉得自己工作的方式不恰当。

8.想暂时休息一阵子或另调其他职务。

9.即使努力也不能得到好的结果。

10.我不能肯定这份工作的价值。

11.不认为这是一份相当有意义的工作。

12.不能由工作中获得心理上的满足。

13.我缺乏自己的工作目标和理想。

14.我在工作时无法精力充沛。

15.我并不乐于学习工作上的新知识。

16.我无法冷静地处理情绪上的问题。

17.从事这份工作后我觉得对人变得更冷淡。

18.对某些同事发生的事我并不关心。

19.同事将他们遭遇到的问题归咎于我。

20.我担心这份工作会使我逐渐失去耐性。

21.面对民众时会带给我很大的压力。

22.常盼望有假期可以不用上班。

评析

第1—8题属于情绪方面的问题，这些问题上得分较高，说明在情绪上接近衰竭状态；第9—16题属于成就感方面的问题，这些问题得分较高，说明工作的成就感较低；第17—22题属于人格方面的问题，这些问题得分较高，说明人格方面不够完善。

将各题得分相加，除以22得到平均分。1分代表没有职业心理枯竭，2分代表略有职业心理枯竭，3分代表职业心理枯竭一般，4分代表职业心理枯竭较重，5分代表职业心理枯竭很重。

教师心理健康自测

导语

你的心理健康状况如何？下面是一个帮助你了解自己心理健康状况的测试。测试共有70个问题，对照自己的情况，基本符合的记2分，有点符合的记1分，不符合的记0分，不清楚的记0分。

问题

1.如果周围有喧嚣声，不能马上睡着。

2.常常怒气陡生。

3.梦中所见与平时所想的不谋而合。

4.习惯与陌生人谈笑自如。

5.经常精神萎靡。

6.常常希望好好改变一下生活环境。

7.不愿意破除以前的规矩。

8.稍稍等人一会儿就急得不得了。

9.常常感到头有"紧箍感"。

10.对周围很小的声音也会注意到。

11.常常有哀伤的心情。

12.常常思考将来的事情并感到不安。

13.孤独一人时常常心烦意乱。

14.自以为从不对人说谎。

15.常常有一着慌便完全失控的情形。

16.经常担心别人对自己的看法。

17.经常以为自己的行为受别人支配。

18.做以自己为主的事情，常常非常活跃，全无倦意。

19.常常担心发生地震和火灾。

20.希望过与别人不同的生活。

21.自以为从不怨恨他人。

22.失败后，会长时间地陷于颓丧的心情。

23.兴奋时常常会突然神志不清。

24.即使最近发生了什么事故，也往往毫不在乎。

25.常常为一点小事而十分激动。

26.很多时候天气虽好却心情不佳。

27.工作时，常常想起什么便突然外出。

28.不希望别人经常提起自己。

29.常常对别人的微词耿耿于怀。

30.常常因为心情不好而感到身体的某个部位疼痛。

31.常常会突然忘却以前的打算。

32.睡眠不足或者连续工作都毫不在乎。

33.生活没有活力，意志消沉。

34.工作认真，有时却有荒谬的想法。

35.自认为从没有浪费时间。

36.与人约定事情时常常犹豫不决。

37.看什么都不顺眼时常常感到头痛。

38.常常听见他人听不见的声音。

39.常常毫无缘由地快活。

40.一紧张就直冒汗。

41.比过去更厌恶今天，常常希望最好出些变故。

42.自以为经常对人说真话。

43.往往漠视小事而无所长进。

44.紧张时脸部肌肉常常会抽动。

45.有时认为周围的人与自己截然不同。

46.常常会粗心大意地忘记约会。

47.爱好沉思默想。

48.一听到有人说起仁义道德的话，就怒气冲冲。

49.自以为从没有被父母责骂过。

50.一着急总是担心时间，频频看表。

51.尽管不是毛病，常常感到心脏和胸口发闷。

52.不喜欢与他人一起游玩。

53.常常兴奋得睡不着觉，总想干些什么。

54.尽管是微小的失败，但总是归咎于自己的过失。

55.常常想做别人不愿意做的事情。

56.习惯于亲切和蔼地与别人相处。

57.必须在别人面前做事情时，心就会激烈地跳动起来。

58.心情常常随当时的气氛而变化。

59.即使自己发生了重大事情，也像不是自己的事那样思考。

60.往往因为极小的愉悦而非常激动。

61.心有所虑时常常情绪非常消沉。

62.认为社会腐败，不管怎么努力也不会幸福。

63.自认为没有与人吵过架。

64.失败一次后再做事时非常担心。

65.常常有堵住嗓子的感觉。

66.常常视父母兄弟如路人一般。

67.常常与初次相见的人愉快交谈。

68.对过去的失败念念不忘。

69.常常因为事情进展不如自己想象的那样而怒气冲冲。

70.自认为从未生过病。

评析

　　按照下面的心理健康自我鉴定记分表，根据"类型号码"，每种类型分数按照表中所列的题号横向相加起来，分别填入合计栏中。比如，"类型1"各题的得分分别是：第1题2分，第8题1分，第15题0分，第22题0分，第29题1分，第36题2分，第43题1分，第50题2分，第57题0分，第64题1分，则2+1+0+0+1+2+1+2+0+1=10分，这个10分就填在"类型1"的合计栏里。其他各种类型依此类推。

心理健康自我鉴定记分表

问　题　号　码										合计得分	类型号码
1	8	15	22	29	36	43	50	57	64		1
2	9	16	23	30	37	44	51	58	65		2
3	10	17	24	31	38	45	52	59	66		3
4	11	18	25	32	39	46	53	60	67		4
5	12	19	26	33	40	47	54	61	68		5
6	13	20	27	34	41	48	55	62	69		6
7	14	21	28	35	42	49	56	63	70		7

　　心理症状指数的计算：除去第7类型外，将前6个类型的得分相加，所得分数即为心理症状指数。比如，第一横行合计得分为5，第二横行为2，以

下依次为 2、1、3、2，相加后的心理症状指数则为 15。

如果心理症状指数在 32 以下，说明你的心理健康状况很好。

如果心理症状指数在 33—47 之间，说明你的心理健康状况较好。如果心理症状指数在 48—61 之间，说明你的心理健康状况一般。如果心理症状指数在 62—76 之间，说明你的心理健康状况较差，需要心理咨询。

如果心理症状指数在 77 以上，说明你的心理健康状况很差，需要看心理医生。

测一测你的心理韧性有多强?

借助以下「RS-13」韧性量表的十三道问题，每个人都能测量出自己拥有多少心理抗逆力。请分别针对以下每个陈述给予 1 到 7 分的评分。如果陈述与你的现况越相符，描述的内容与你平常的思想及行为越接近，请给予越高分。在这当中，1 分=「我完全不同意」，7 分=「我完全同意」

1.当我有了计划，我会去遵循它。

2.一般来说我会设法办到所有事情。

3.我不会让自己很快就出局。

4.我喜欢我自己。

5.我可以同时解决多件事情。

6.我是果断的。

7.我实事求是。

8.我对许多事情都保持兴趣。

9.一般来说我可以从多个角度观察某个状态。

10 我也可以强迫自己去做那些我自己根本不想做的事。

11.每当我处于困境，我通常都能找到一条出路。

12.我身上充满了能量，可以去做所有我必须做的事。

13.我可以接受，不是人人都喜欢我的这个事实。

测验记分方法：

请将所有分数加起来，你会得出一个介于 13 与 91 之间的分数。分数愈高代表韧性愈强，愈低则代表心理抵抗力愈低。

高心理韧性（分数高于 72 分）：没有什么事情能很快将你击倒。你可以应付大多数挑战，满足你人生遇到的大多数要求。某些情况在你看来绝对是困难的，不过你有能力灵活地做出反应，进而找出一个适合你，并且能够让你进步的解答。

中等心理韧性（分数介于 67 与 72 分）：多数时候，你能够为自己遭遇到的问题找到解答，纵使有时得花不少力气。一般来说，即使在没有外援的情况下，你也能够重新找到生存的勇气。

低心理韧性（分数低于 67 分）：你不太能够承受困境。你遇到的问题往往会给你的人生带来危机。为了降低罹患抑郁症和身体方面疾病的危险，以及提高对自己人生的满意度，你应当积极做好压力管理。若有必要，请务必寻求心理方面的协助。

卓越教师的情商修炼

要谈"卓越教师的情商修炼"，首先要探讨何为"卓越教师"。百度百科中释义：卓是指高超，不平凡；越是指超出；卓越，就是杰出的，超出一般的，高超出众的；卓越教师就是在各方面超出一般教师的杰出教师。卓越教师师德高尚、学习力强、学养深厚、理念先进、有自己的教育思想，有行之有效的教育教学方法、引领变革、影响较广。成为卓越教师是每一位教师的理想和追求，是教师专业成长的最高境界。高情商的人，可以获得更多的机会。只有高情商的教师才能培养出高情商的学生，成为卓越教师的前提是首先要做一个高情商的教师。

著名的语文特级教师于永正就是一位高情商的卓越老师。他曾说："教了五十多年的书，最终我把自己教成了孩子。""让每个学生都感到我喜欢他。" 他特别认同美国教育家托德·威特克尔的观点："不强求你喜欢每个学生，但要做出喜欢他的样子。如果你的行为并不说明你喜欢他们，那你无论多么喜欢他们都没有用。但是，如果你的行为表现出你喜欢他们，那么，无论你是否真的喜欢也无关紧要了。"

于老师一直是这样做的："讲课时，我"眼观六路"，会用亲切的目光看着每个学生；学生回答问题时，我会以专注、期待、鼓励的目光看着发言的人；学生的红领巾歪到一边去了，我会为他扶正；课外活动时，我会加入学生跳绳的行列；课间，我会找调皮男生掰手腕，并让他用两只手……"

于永正老师无疑是有人格魅力的，他是用儿童视角和一颗童心在和儿童交往，对儿童有兴趣，尊重儿童、理解儿童、融入儿童中间，走进儿童心里，在潜移默化中育人育心。如何才能成为像于永正老师那样高情商的卓越教师呢？在这里谈谈我的理解。

一、理解情商的内涵

很多人对情商有误解，比如认为情商高就是不动声色，善于隐藏情绪；还有人认为情商高就是圆滑、世故。那么，情商到底是什么？简单地说，情商就是感知、理解、表达、管理情绪和情感的能力。情商这一概念由心理学家鲁文·巴昂和约翰·梅耶首次提出，情商是相对于智商提出的一个概念，智商（IQ）是测量智力的商数，情商（EQ）是测量情绪智力的商数。

概括起来，情商包括五个方面的能力：

一是识别、理解自己的各种情绪和情感，并能合理表达它们的能力；

二是有效地管理和控制情绪情感的能力；

三是理解他人的情绪和情感，并能把自己的理解传递给他人，以合作的态度与他人建立关系的能力；

四是能与他人良好沟通，建立和谐的人际关系的能力；

五是保持积极心态并能自我激励的能力。

根据情商的内涵可以得出这样的结论，一个高情商的人意味着他能接纳自己、内心和谐、积极乐观、理解他人、善于沟通、有领导力、有幸福感等。

其中管理好自己的情绪是情商最基础的内容。

二、教师修炼情商的必要性

有一个真实且让人叹息的案例。某中学的一位班主任老师，因班里一位男生屡次迟到，且不交作业而对该同学很不满。一天上课时，这位同学和别人说话，老师怒不可遏，就让该男生站到教室后面，该男生站在后面故意挑衅似地做出一些动作。老师下课后严厉地对他说："看来你还没有认识到自己的错误，你跟我到下一个班再去站一节课。"当天晚上这个男生坠楼身亡，该男生的父母认为是班主任老师教育方式不当造成孩子自杀，要求学校赔偿且处罚老师，最终该老师被调离教师岗位，且心里充满了自责与懊悔。这一悲剧的发生给我们两个启示：一方面是青春期学生的情绪很不稳定，如果让他感觉丢了面子，伤了自尊，可能会不考虑后果做出冲动的行为；另一方面是教师在批评教育学生时一定要冷静和理智，千万不能在气昏头的状态下做决定，否则事与愿违，甚至造成严重后果，既伤害了学生，也伤害了自己。

北京十一学校校长李希贵曾说："今天教师的劳动性质，更多的是一种情绪劳动。"从某种程度说，管不好情绪就当不好教师。中小学教师每天面对的是活泼好动、情绪和行为比较冲动的成长中的孩子，如果一位教师不善于管理自己的情绪，他可能会在课堂上一时冲动把无辜的孩子当作自己宣泄情绪的出口，说出伤害学生的话，甚至做出伤害学生的行为；如果一位老师不善于观察、理解学生的情绪，他就无法走近学生，获得学生的信任。

（一）情商高的人善于管理情绪

情绪，是人的一种生理和心理唤起状态。情绪体现了我们的需要是否被满足。当需要被满足时的情绪有兴奋、喜悦、甜蜜、感激、感动、振奋、开心、陶醉、满足、安全、温暖、平静、放松等；当需要未被满足时的情绪有害怕、担心、焦虑、着急、紧张、忧伤、沮丧、灰心、绝望、愤怒、厌烦、郁闷、孤独等。情绪并无绝对的好坏对错，一个人只有及时觉察和准确理解自己的情绪，才能有效管理情绪。某种程度上说，情绪是把双刃剑，用错了会伤人伤己，用对了，却可以所向披靡。心理学家鲁文·巴昂说："要让情绪为你所用，而不是跟你捣乱。"

（二）情商高的人善于自我激励

人生总会遇到逆境，情商高的人面对困难不会轻易放弃，而是自我安慰、自我鼓励，找到前进的力量。新东方创始人俞敏洪在大学四年级毕业时，成绩依然排在全班最后几名。但是，当时他已经有了一个良好的心态。他知道他在聪明上比不过他的同学，但是他有一种能力，就是持续不断地努力。所以他在他们班的毕业典礼上说了这么一段话："大家都获得了优异的成绩，我是我们班的落后同学。但是我想让同学们放心，我决不放弃。你们五年干成的事情我干十年，你们十年干成的我干二十年，你们二十年干成的我干四十年。"俞敏洪说："如果实在不行，我会保持心情愉快、身体健康，到八十岁以后把你们送走了我再走。"

俞敏洪在北大上学期间，每天打扫宿舍卫生并为同学们打开水，并且一直坚持了4年。他说，这件事情没有白做。十年后，他创办的新东方具有一定规模时，希望有合作者，他就去美国和加拿大游说那些昔日的同学。那些同学回来了，理由却很意外。同学们说："敏洪，我们回去是冲着你过去为我们打了4年水。我们知道你有这样一种精神，你有饭吃肯定不会给我们粥喝，所以让我们一起回中国，干新东方吧。"正是多年坚持为同学不求回报的付出，让俞敏洪赢得了同学们对他的信任。

国家执行"双减"政策后，校外培训机构纷纷停办，新东方也受到影响，俞敏洪积极响应国家政策，转型业务，开拓新的业务。这都是善于自我激励、高情商的表现。

（三）情商高的人有良好的人际关系

人是社会性动物，人是在各种人际关系中成长的。不良的人际关系会导致压力荷尔蒙的急剧增加，引发身体的应激反应，损害身心健康。情商高的人更善于建立良好的人际关系，情商高的人能站在他人的角度考虑问题，为他人着想，不斤斤计较，从而受到他人的欢迎。《水浒传》里一百单八条好汉中坐头把交椅的是外号"及时雨"的宋江。通过"及时雨"这个词就能感受到宋江疏财仗义，能发现他人的需要，给予他人需要的帮助，特别善于结交朋友，他甚至为了救晁盖被逼上梁山。在梁山众好汉中，宋江的武功非常普通，根本排不到前面。为什么他被大家推举为大哥和团队的领导？这和他的高情商密切相关。

梁晓声所著长篇小说《人世间》中的主人公郑娟是一位历经坎坷的女性。她出生被亲生父母抛弃，养母非常贫困。她初中就辍学，没有多少文化，还被人强暴有了身孕。虽然她长得漂亮，但综合起来手里拿的确实是一副烂牌。但郑娟单纯、善良、善解人意、乐观。周炳坤爱上了她，不顾父母反对和她结婚，并一直深深爱着她，他们的婚姻是幸福的。郑娟后来也得到了公婆和全家的认可，并成了痴呆后的婆婆最依赖的人。广播剧中有这样一个情景，周炳坤从私人手中买了一套二手房，由于手续不符合规定被原房主收回房子，拿他钱的人又跑路了，白白损失了一大笔钱。郑娟不但没有埋怨和指责，反而拥抱了周炳坤，还说就当交了学费，愉快地搬回了光字片的棚户区，这让周炳坤非常感动。夫妻之间的互相欣赏、互相理解，不抱怨不指责是增进夫妻关系的润滑剂。

优秀的老师往往是善于和学生打成一片的孩子王。他们风趣幽默，知识面广，没有高高在上的架子，而是走到学生中间，和学生聊天，组织丰富有趣的活动，学生既佩服又喜欢这样的老师，具有这些特质的老师就是高情商的老师。情商高的老师还拥有儿童视角，能关心儿童，理解儿童心理需要，聆听儿童的心声，拥有能让教育更有效的良好的师生关系。作为教师，要用积极的情感去影响学生，让学生在将来回忆起学校的时候感到温暖、美好。

（四）情商高的人容易取得成就

一般来说，低智商、低情商的人少有机会取得成功；高智商、低情商的人相对而言不容易取得成功；高智商、高情商的人更有可能取得成功；即使智力平常，情商高的人也能取得不错的成就。你认为《三国演义》人物中智商情商都高的是谁？智商情商均高的首先是刘备。刘备少年孤贫，以贩鞋织草席为生。但后来却成了蜀国的开国皇帝，他凭的是什么呢？主要就是他的处理人际关系的能力高人一等，他三顾茅庐，打动了诸葛亮，他和张飞、关羽桃园三结义，充分发挥每一个人的才能。

智商情商均高的还有曹操。曹操性情奸诈，而且做事决断，杀人决不心软。但三国时代，归顺曹操的人才却是最多，这与曹操极高的情商是分不开的。曹操是一个比较善于听取意见的人，因此在他手下当谋士比较有成就感。体现曹操情商最高水准的就是官渡之战后，曹操烧毁了所有的官员与袁绍的通信。曹操说道（大意）："我自己那时都不知前途，何况其他官员呢？"他竟然能对自己的人与敌人暗中联络一概不计。曹操在官渡之战后烧信事件，可以看出曹操是极具有同理心的，能站在他人的立场思考并理解问题。

《三国演义》中高智商低情商的代表是周瑜。周瑜很有谋略，却不善于控制情绪，受了箭伤，医生说不能生气，他却上了诸葛亮的当，因发怒导致伤口破裂，被活活气死，英年早逝，没机会做出更大的成绩。

智商普通而情商高的代表则是刘禅，一句"此间乐，不思蜀"，不仅让蜀汉后主刘禅成为名人，也让他成为"扶不起来"的典型。其实，真正的刘禅并不完全是这样的。刘禅继位不过短短五年时间，采取"务农殖谷，闭关息民"政策，让农业生产恢复了元气。"南征四郡，四郡皆平"，国内局势实现了平定。"吴王孙权同恤灾患，潜军合谋，掎角其后"，吴蜀联盟重修旧好。友邦良将纷至沓来入朝相助，外交成果令人瞩目。他不但使危机四伏的蜀汉政权彻底走出低谷，而且使国家呈现一种中兴的气象。

如果说这些还不足以说明刘禅的高情商的话，那么下面这几件事，应该多少可以见些端倪了。他先后立张飞的两个女儿为自己的皇后，又将自己的女儿许给了关羽之孙、关兴之子、年轻有为的蜀汉将领关统为妻，这样就将刘备政权最核心的势力变成了自己最可依靠的班底，活脱脱又一个新版的"桃园三结义"。263年，当魏国三路大军兵临城下的时候，刘禅选择了投降。虽然大多数人觉得这是因为刘禅懦弱无能，愧对列祖列宗，但是从另外一个角度看，刘禅此举正是为了让百姓免受战火之苦。

由此可见，一个人能否取得成就，智商是基础，却不是最重要的因素，情商才是最重要的因素，情商高的人更容易取得一定的成就。

三、教师如何修炼情商

（一）觉察、接纳情绪

人本主义心理学家马斯洛曾说："一般人极少知道他们是谁，他们想要什么，他们自己的观点是什么，但努力自我实现的人则对自己的冲动、欲望、观点和通常的主观反应有着超乎寻常的了解。"

自我觉察，就是能正确认识自己，能及时觉察识别自己的情绪。哲学的三个终极问题都和我们自己有关：我是谁？我从哪里来？我要到哪里去？古今中外的智者都非常重视自我觉察。在古希腊德尔菲神庙的石柱上镌刻着五个大字：认识你自己。苏格拉底说过：我知道的是我一无所知。我国古代曾子坚持：吾日三省吾身。老子认为：知人者智，自知者明。胜人者有力，自胜者强。

1.及时觉察情绪

情绪本身没有好坏之分，每种情绪对我们都是有意义的。比如愤怒让我们有力量，恐惧让我们远离危险，保护自己。可是如果我们的愤怒等情绪特别强烈时，我们容易被情绪所控制，这叫做杏仁核劫持或情绪劫持。出现杏仁核劫持的时候，人只能本能地做出情绪化的冲动反应，无法理性思考和判断。据研究只有 1/3 的人能够在情绪变化时准确地识别，有 2/3 的人属于典型的被情绪所控制。当一个人完全被情绪控制时，情绪就有可能失控。

2018 年 10 月 28 日上午 10 时许，乘客刘某因错过目的站，便走到驾驶室旁，指责公交车驾驶员冉某，冉某多次转头与刘某解释、争吵，随后双方争执升级，发展到动手互殴，最终导致公交车失控，向左偏离越过中心实线，撞向对面正常行驶的红色小轿车，并冲上路沿、撞断护栏坠入江中。从刘某与冉某发生争执，到公交车坠江，前后共 5 分 19 秒。就是这 319 秒时间，夺去了 15 条鲜活的生命，让十余个家庭陷入巨大悲恸，而起因却仅仅因为错过站！冲动是魔鬼，这是多么惨痛的教训！当时乘客刘某就是因为不善于控制情绪而对司机冉某进行语言和行为的攻击，司机冉某或许处于疲惫中，或许他也是不善于管理情绪的人，他被彻底激怒完全失去理智和刘某互殴导致悲剧的发生。

如果乘客、司机中的任何一个人具有情绪觉察能力，在他们的情绪接近爆发、感觉就要失去理智的时候，意识到自己很生气，及时对"热情绪"进行冷处理，使自己平静一些，做出理智的行为，悲剧就不会发生，无辜的人们就不会失去生命。

倾听身体发出的信号。当我们处于情绪中时，由于激素分泌的变化，身体会立即有一些反应，要及时听听身体在说什么。比如人愤怒的时候，心跳加速，呼吸急促，血液会流向双手，双拳紧握以便于举起拳头攻击对方。人害怕的时候，血液会流向双腿，便于逃跑。人处于极度恐惧中时，也有可能僵住动不了。人焦虑的时候，会有坐立不安、心跳加快、呼吸急促等表现，所以当一种莫名的情绪来临时，觉察自己的身体反应能帮助我们准确理解它。

所以，平复心情也可以从观察身体，调整身体反应做起。或许你可以尝试下面的方法。

注意你的脉搏，它是衡量情绪的尺子。当你的脉搏快至每分钟 100 次以上时，说明你的身体分泌出了比平时高得多的肾上腺素，会令人失去理智。这时你要通过深呼吸来调节心率，慢慢地深深地吸气，缓缓地呼气，这样可以让心跳慢下来，让自己冷静下来。当身体平静了，你就会发现原来你也可以做到"忍一时风平浪静，退一步海阔天空。"

2.接纳情绪

在意识、识别到自己的情绪后，接纳、允许自己产生这些情绪就成了关键。很多人在很小的时候就学会了隐藏和压抑自己的感受。无论是快乐还是痛苦，我们的文化倾向于鼓励"男儿有泪不轻弹""满招损，谦受益""克己复礼"等，我们鼓励隐忍和含蓄，认为成熟就是喜怒不形于色，这也是为什么很多人压抑自己的情绪，不轻易让自己的情绪、情感自然流露的原因之一。

我们在和他人相处时隐藏某些情绪是必要的，否则人际关系将无法维系。但我们独处时仍然排斥自身的情绪却是有害的。对于情绪，比如焦虑、愤怒和嫉妒，当我们试图压抑它们，试图抵挡、阻止它们自然流露时，他们只会更加强烈。罗杰斯曾说："当你真正接纳了自己，改变才会发生。"

如果我们把自己的身体比喻为一根水管，我们把情绪压抑下来就会让原本畅通的水管堵塞了，如果继续压抑，情绪这根水管会严重堵塞，这时如果我们继续痛苦感受，往这根水管哪怕注一点点水，水管就有可能损坏或者爆裂。如果我们允许痛苦情绪自由地释放，压力就会缓解，痛苦情绪逐渐会回归正常；未释放的痛苦情绪如果长期累积，最终会导致情绪的崩溃。

假如你在做公开课前很紧张，甚至胃痛、吃不下饭、睡不着觉，你可以试着感受自己的紧张，而不是尝试改变它，留心观察由于焦虑带来的胃部不适，而不是一味要把不适赶跑，这样就能缓解你的焦虑感。接纳情绪是温和地和情绪待在一起，而不是对这些情绪反复思考。你还可以通过语言或者书写表达自己的感受和想法。有研究表明，持续在个人日记中写下自己的想法和感受有很大的好处，会更快乐，更健康。与自己信任的人交流、倾诉自己的感受和想法也有和写日记一样的帮助。在独处或是和关心我们的人在一起时，应该给自己一个机会，让眼泪自由流淌，无论是悲伤还是幸福的泪水。

接纳情绪并不意味着对情绪听之任之，或者让情绪主宰我们。比如你早晨起床感到非常疲惫，不想去上班，你意识到自己的情绪，体验并接受后，你选择坚持去上班了；你可以经历公开课前的紧张和焦虑，但你没有在当天找借口请假，你选择了去上公开课。这就是主动接纳情绪。

为了更好地觉察、接纳情绪，我们可以经常进行冥想练习。越来越多的研究表明，冥想对人们的身体和心理的健康都大有好处。其中正念冥想较为流行，正念就是把注意力放在当下，全然关注呼吸或是某一物品，体验和感受，不带有任何判断和评价。正念冥想看起来很简单，形成习惯却很不容易，需要坚持练习。在这里为读者提供一个简单的冥想操作指南，你今天就可以开始练习。

请坐下来，坐在地上或椅子上都可以。找一个让自己舒适的姿势，背部和颈部最好伸直。如果闭上眼睛能使你感觉更放松、更集中，就把眼睛闭上。

请你把注意力集中到呼吸上。轻轻地、慢慢地、深深地吸气，感受空气完全进到你的腹部，然后慢慢地、轻轻地呼气。感受你的腹部吸气时鼓起，呼气时沉下。在接下来的几分钟，请将你的注意力集中到你的腹部，在你吸气时，感受腹部被空气充满；在呼气时，腹部的空气缓缓地放空。如果你的思绪游荡到别处，只需温和、平静地把它带回腹部的鼓起与沉下。

你不需尝试做任何改变，只是专注于当下。

（二）调整认知

情绪 ABC 理论的创始者埃利斯认为：正是由于人们常有的一些不合理的信念才产生情绪困扰，如果这些不合理的信念长期存在，还会引起情绪障碍。情绪 ABC 理论中，A 表示诱发事件；B 表示个体针对此诱发事件产生的一些不合理信念，即对这件事的看法和解释；C 表示个体产生的情绪和行为结果。同一件事，人们的看法不同，情绪体验也不同。

比如，有一个年轻人失恋了，他一直摆脱不了打击，情绪低落，没办法专心工作，因为无法集中精力，头脑中想到的就是前女友的薄情寡义。他认为自己在感情上付出了，却没有收到回报，自己很傻很不幸。于是，他找到了心理医生。心理医生告诉他，其实他的处境并没有那么糟，只是他把自己想象得太糟糕了。在给他做了放松训练，减少了他的紧张情绪之后，心理医生给他举了个例子。

"假如有一天，你到公园的长凳上休息，把你最心爱的一本书放在长凳上，这时候一个人走过来，坐在椅子上，把你的书压坏了。这时，你会怎样想？"

"我一定很气愤，他怎么可以这样随便损坏别人的东西呢！太没有礼貌了！"年轻人说。

"那我就告诉你，他是个盲人，你又会怎么想呢？"心理医生接着耐心地继续问。

"哦，原来是个盲人。他肯定不知道长凳上放有东西！"

年轻人摸摸头，想了一下，接着说，"谢天谢地，好在只是放了一本书，要是油漆、或是什么尖锐的东西，他就惨了！"

"那你还会对他愤怒吗？"心理医生问。

"当然不会，他是不小心才压坏的嘛，盲人也很不容易的。我甚至有些同情他了。"

心理医生会心一笑:"同样的一件事情——他压坏了你的书,但是前后你的情绪反应却截然不同。你知道是为什么吗?"

"可能是因为我对事情的看法不同吧!"

对事情不同的看法,能引起自身不同的情绪。很显然,让人难过和痛苦的,不是事件本身,而是对事情的不正确的解释和评价。当我们有了消极情绪时,要和自己对话,看看自己的想法是什么,和自己的不合理信念辩论,换个角度看问题,就会豁然开朗。同时,面对同一件事,不同的人有不同的看法,和别人沟通时,对别人的看法也不要先入为主,轻易评价。

(三) 训练共情能力

共情,也称作同理心,感同身受,即在人际交往过程中,能够体会他人的情绪和想法、理解他人的立场和感受,并站在他人的角度思考和处理问题。共情能力是情商的一个重要组成部分。人本主义心理学家罗杰斯认为:共情是一个过程,是与他人在一起的方式,共情有好几个侧面。它意味着进入另一个人的内在知觉,而且完全地熟悉和了解那里;它意味着每时每刻敏感于那个人的内在感受,例如他的害怕、暴怒、柔软(敏感),或者任何他在体验着的情绪;它意味着你临时生活在他人的世界里,微妙地进行着情绪体验。意味着不带评判的感知他所有的情感,而不去揭示他完全无法意识的情感,因为那太具有威胁。

共情不仅仅体现在语言上,更体现在行为上。美国前总统老布什曾经为表示支持一名患有白血病的儿童战胜病魔而剃了光头。据报道,那名男孩的爸爸是保护老布什的特勤局特工。在男孩被诊断出血癌之后,接受化疗头发都掉光了。老布什同特勤局几名特工一起剃光头去看望小男孩的消息成为标题新闻。老布什的行为就体现了一种共情,是对患病小男孩的理解与支持。

孔子曾说:"己所不欲,勿施于人。"这就是共情的体现。事实上,要真正做到理解他人的感受是非常困难的。

星期五早晨,王老师发现家里的水龙头打开后关不上了,由于急着要赶去给学生上课，就让老公请假修理。老公在关水阀的过程中，发现水阀也关不上了，就打电话找物业。修理工来了，说水阀和水龙头都坏了，等老公买来新的水阀和水龙头，水已经流到了客厅。两个人捣鼓了大半天，才修理好。老公打扫完卫生，感觉很疲惫就躺在沙发上休息。

王老师中午下班回家了，老公说自己累坏了，王老师说："你一个大男人干这么点活就喊累，到中午了也不做饭。"老公生气地说："你站着说话不腰疼，我整整忙了一上午，腰酸背疼，还耽误了工作。"王老师恼怒地说："我也忙了一早上啊！"他俩谁也不理谁了。

类似这样的情形，相信很多人都遇到过、苦恼过，对方怎么就不理解我呢？

其实，共情就是感受对方的情绪，并反馈给他。当老公说自己很累时，如果王老师回应："老公辛苦了，幸亏有你。"老公听到这句肯定的话肯定就不觉得累了，自己的付出被看见了。或许他会对王老师说："你上班也很累，你休息休息，我来做饭。"当夫妻间彼此理解对方的感受时，矛盾冲突会减少，关系会更和谐。

共情能力是可以训练的。在很长时间里，笔者都为自己的共情能力不够而苦恼，在心理辅导的过程中，特别容易去给孩子们提建议，没有耐心听孩子把话说完。笔者通过反复听自己做辅导的录音整理稿，有意识地训练自己的共情能力。一段时间后能够耐心专注地倾听，感受学生的感受，不再急着给建议，笔者发现主动来找自己说心里话的孩子越来越多了。

教师怎样准确理解学生的内心世界和情感体验呢？

1.从学生的窗口看世界

有这样一个故事：女儿从青春期开始和总是批判一切的父亲进行斗争。女儿要上大学了，她期待在父亲开车送她去大学的路上好好谈谈。一路上，她的父亲总在抱怨路边肮脏的、满是垃圾的小河。而她根本没有看到什么垃圾，相反，她看到的是一条没有受到污染，充满原野风情的小溪，她找不到能够回应父亲的任何方式，最后她只得沉默。后来，她独自一人驾车重游故地，非常惊讶地发现满是垃圾的路面和肮脏的河流。当女儿有机会坐在父亲曾经坐过的位置，才对父亲的抱怨有了真正的感同身受。

美国知名主持人林克莱特有一天在节目现场采访一名小男孩："你长大后想要当什么呀？"小男孩回答："我要当飞行员！"林克莱特接着问："如果有一天，你的飞机飞到太平洋上空所有引擎都熄火了，你会怎么办？"小男孩想了想说："我会先告诉坐在飞机上的人系好安全带，然后我挂上我的降落伞跳出去。"这时，现场的观众哄堂大笑。没有想到的是，男孩子说完流下泪来，林克莱特于是问他："你为什么要这么做？"男孩回答："我要去拿燃料，我还要回来的！！"

观众为什么会笑？因为按照成人的思维，男孩挂上降落伞跳下飞机是为了自己逃生的自私行为，男孩最终的回答出乎所有人的意料。儿童看问题的视角往往和成人不同，作为教师一定要具备从学生的认知框架看问题的能力，从儿童的视角看问题，多一点好奇心，多听听儿童的声音，少一点先入为主、自以为是。

有一天晚上，笔者在特别疲惫的状态下参加兰州财经大学王立冬老师带领的团体活动，当王老师问笔者对当天的活动有什么期待时，笔者回答："我没什么期待，因为儿子独自在家，他在我临出门时说'妈妈，你早点回来。'"话音刚落，笔者的眼泪流了下来。王老师立即说："我们早点结束，你9点就回去陪孩子。"瞬间，笔者感受到了被理解和关怀。王老师现场示范了如何理解学生的需求，如何关怀人，理解人。当笔者佩服她的记忆力超群时，她说："当你真正关心一个人时，你的记忆力一定会好。"笔者由此感悟到，心理教师要用自己真实的生命状态全身心地去感受来访者和学生，真正做到尊重、接纳和关怀。当你设身处地真正关心一个人，他（她）一定会收到这个信息。

欧文·亚隆在《给心理治疗师的礼物》中写道："真正了解另一个人的感受是极端困难的事情，大多时候是我们把自己的感情投射在了其他人身上。"教师要避免投射自己的感受给学生，要了解学生的认知特点、性格特征和兴趣爱好等，设身处地站在学生的立场，从学生的角度为其行为寻找合理性，最大限度地理解学生，做到换位思考。

在和学生沟通时，教师首先要用共情的语言描述学生的情绪，设身处地地从学生的角度去感受。比如，"你看起来有点难过""我感受到你很生气，你愿意说说吗？"当教师站在学生的角度去看问题时，就会感受到学生的感受，就容易理解学生。

有同理心的教师就是在和学生交往的过程中，能够体会学生的感受和想法，能够从学生的立场和视角看问题，要有儿童视角而不是仅仅用成人视角看问题。教师越能敏感地理解学生，学生就越可能发生建设性的学习和改变。

学生处在一种情绪状态中，比如委屈，如果老师能敏锐地感受到该同学的感受，并准确回应他的感受（你感到委屈对吗），不仅能让学生感到自己被理解和接纳，也促进了学生的自我表达和自我探索。反之，教师如果缺乏同理心，学生就会感到失望和受到伤害，减少甚至停止自我表达，影响自我探索，产生失落或对抗情绪。

2.听懂学生的情绪

管理学大师彼得·德鲁克认为，沟通中最重要的，是要去听没有被说出来的东西。人本主义心理学家罗杰斯认为，最好的回应是倾听来访者的感受和情绪，并把这些感受"反映"给来访者。

这里呈现人本主义大师罗杰斯和来访者的一段对话：

吉尔（流泪）：好吧，您这么慈祥地看着我，我觉得您真的能理解我。有人能真的听我说，真正能理解我，让我觉得心里非常难过。

罗杰斯：你觉得心里非常难过，是因为平时没人听你说吗？

吉尔：是的。（哭泣）

罗杰斯：你觉得很少有人好好听你说。

吉尔：（哭泣、停顿、抽泣）

罗杰斯：哭吧，把所有的眼泪都哭出来。

当我们被倾听，被理解，我们的问题就解决了一大半。我们也会调动出内在成长的力量，自我修复，自我成长。深度理解具有疗愈作用。

研究发现，卓越的管理人员、教师和领导者都具备认真倾听的能力。

教师如何听懂学生情绪？尽力将自己的评判与偏见放在一边，设身处地地进入学生的世界，倾听学生心声，准确回应学生的情绪、情感和心境；尤其要关注学生的非言语信息，比如面部表情、动作、语调、语速等传达的信息；以留有余地的、试探性的口气说话；及时修复不准确的理解；准确反映学生讲述的故事中的关键经验、想法和行为。

传递共情可以用以下基本句式：

你感到……因为……

你的意思是……，是这样吗？

案例：Y 同学来到心理辅导室，对心理老师说："上学本来挺开心的，可是从周一升旗开始就有几个同学欺负我，他们趁老师不注意踢我，我的裤子上沾上了土，就在我拍土的时候，老师发现我在动，就批评我，还在班级群里批评我了。我身后的同学经常上课戳我或者用打火机中的打火石电我，还假装若无其事，甚至举手告诉老师我打扰他，他们还说我脑子有问题，老师罚我写检讨……"（边说边哭出声来）

如果 Y 同学正在向您倾诉，您会怎样回应 Y 同学？

您是否本能地说："没关系的，你是男子汉……"

如果您这样回应，Y 同学会觉得老师根本没听自己说，以后他可能再也不会向您倾诉了。

有同理心的回应是怎样的呢？

通过 Y 同学的语言和哭泣的表现，我们可以感受到此时的 Y 同学的感受和想法是委屈的、不公平的。

所以，你可以这样回应：

"你很委屈，对吗？"

Y 同学听到这句话，一定感到是的，太委屈了。这样您就和他在情感上有了共鸣。

无论事情的经过是怎样的，Y同学的感受是真实的，或许他看问题有片面性，但对教师而言，我们理解学生的心理事实非常重要。我们先理解他的委屈，再去引导他换个视角看问题，也就是先处理情绪，再处理问题。所以当我们看见学生违规，或者课堂上看到了不该有的行为，冷静智慧地处理，避免武断、粗暴地批评。

3.区分共情与说教

共情就是从学生的角度去知觉、思维和体验，真诚表达对学生内心体验的理解。当学生跟教师抱怨或者诉说情绪时，教师要善于与学生产生共鸣，舒缓学生的负面情绪，帮助学生自主解决问题。

说教恰恰相反，说教者往往会以生活经验权威者自居，居高临下，用成人的逻辑思维来束缚孩子，往往起不到什么效果。教育家卢梭在《爱弥儿》里反复提到一句话：“跟孩子讲道理是最无效的教育。”

但是在工作中，很多老师已经习惯以教育者和权威的姿态居高临下地和学生沟通，很难区分共情与说教。老师们常常在说教，偶尔在共情。下面举一些例子，帮助大家区分：

当学生面对挑战自信心不足时

说教：没关系，勇敢一些……

共情：遇到困难有些担心是很正常的……

当学生做错了事情还发脾气时

说教：明明你错了，还发脾气……

共情：你也想做好，你很沮丧、自责、生气……

当学生玻璃心时

说教：你怎么这么娇气……

共情：当大家指出你的不足，你好像很难过，觉得自己不够好……

对比一下两种回应，哪一种回应学生更愿意接受？当然是共情回应。

说教是阻碍教师进入学生内心的绊脚石，学生会和我们渐行渐远。共情是一粒和谐的种子，是师生沟通的桥梁，能够良好传达师生之间意图、观点，有助于营造良好的教学氛围，提高教育的效果，促进学生身心的发展。如果你是一位有共情力的教师，学生会更信任你，更愿意和你合作，亲其师而信其道。当教师穿越语言的迷雾，精准共情时，就会发现横亘在师生之间的河流不见了。

（四）建立良好的师生关系

哈佛大学的罗伯特·罗森塔尔教授发现，和谐的人际关系必须具备三个因素：彼此的关注、共同的积极情绪和一致性或同步性。这三个因素共同催生了和谐关系。

彼此的关注是第一个基本要素。当两个人的注意力都集中在对方的语言和行为上时，他们就产生了共同的兴趣，从而达到知觉一致。这种双向的注意力是产生共同情感的前提。和谐人际关系的指示器之一就是同理心，也就是双方能够体会彼此的感受。

营造和谐的人际关系的第二个要素是共同的积极情绪。它主要是由语调和面部表情引起的。对于营造积极情绪，交流中传达的非言语信息比语言本身更有效。

一致性或同步性是第三个要素。一致性大多是通过非言语途径，比如说话的语调、节奏和身体的动作来体现的。处于和谐关系中的人们会四目相视、拉近椅子，他们心情愉快，畅所欲言。在交流中，双方下意识的动作越是一致，交流的效果就会越好，他们彼此的印象也会越好。如果缺乏一致性，交往中的人们就会感觉不舒服，可能出现冷场或者尴尬，人们可能会烦躁不安或者沉默冷淡，这些不协调会破坏和谐的人际关系。

在一项研究中，研究者们记录了课堂上同学们的姿势变化。结果发现，学生和老师的姿势越相近，他们的心情越舒畅，上课时的注意力就越集中。在教师中都有这样一个认识，班主任的风格会影响到孩子们的风格，也就是谁带的学生像谁。

无论哪种心理咨询流派，都一致认为建立信任的咨访关系是重要的疗效因子之一。良好的师生关系是对学生的成长产生积极影响的关键；良好的师生关系会促进学生的学习；有研究发现老师的以下行为可以促进学生的学习。

一是关心学生的需求、情绪、兴趣和能力，能够让学生成为交流中的主角。二是用愉快的对话营造一种欢乐的课堂气氛，使课堂中充满欢乐与兴奋的情绪。三是关怀学生，肯定他们的成绩。四是课堂管理合理，设立清晰而又可变通的计划与目标，使学生可以实行自我管理。

怎样建立良好的师生关系呢？

1.用情绪感染学生

情绪具有感染性。研究表明，人类大脑中有许多种镜像神经元，它们不仅可以模仿动作，还能够传递情绪，帮助人们解读他人情绪。比如，通过功能性核磁共振成像系统对正在看录像的志愿者进行监测，科学家们发现当志愿者们看到有人微笑或者皱眉时，其大脑中的活动区域和做这些动作的人的大脑区域是一致的。孩子们的学习方式很大程度上也依赖镜像神经元。长期以来人们都认为模仿性学习是孩子学习的主要方式。当孩子们观察的时候，他们的大脑正在铭刻所看到的情感、行为和周围的世界。

教师的情绪无时不在影响着学生。教师要善于用情绪发挥积极的教育作用。微笑是一种积极的肢体语言，传递着积极情绪。在所有表情中，大脑对笑脸识别最快、也最容易，我们把这种现象称为"笑脸优势"。两个陌生人只要能相视一笑，马上就会有一种熟悉感。上课铃声响起，当教师带着如沐春风的微笑走进教室就会给所有同学带来轻松和愉快，学生在课堂上自然是思维活跃积极投入的，喜欢这门课也喜欢教师；当教师带着厌烦、生气的情绪走进教室，学生也会马上感知到，班里的气氛顿时凝重了，学生也不敢大胆质疑和提问了，只暗暗盼着赶紧下课，学习效果可想而知。

教师的微笑拥有无穷的教育魅力。教师微笑着面对学生，能给学生一种宽松的师生交往人际环境，能使学生感受到教师的理解、关心、宽容和激励。教师的微笑是内向学生的兴奋剂，使他们得到大胆的鼓励，有勇气表达自己；教师的微笑是好动学生的镇静剂，使他们得到及时的提醒，意识到自己的言行需要控制和自律；教师的微笑是对学生不良行为的理解和宽容，能引起学生的自我反思和觉醒；教师的微笑更是对学生良好行为的鼓励和赞许，能激励学生不断进取。教师的微笑和严格同样重要，但二者相比，微笑更平和、温暖，更可亲、可爱。严格的教师令学生敬畏，微笑的教师令学生喜爱，善于在严格中不时渗透会心微笑的教师，则令学生又敬又爱。作为教育者，教师要用激情点燃学生激情，用欣赏激发学生信心，用宽容引导学生自律，以爱育爱。

教师微笑着面对学生和同事，校长微笑着面对教师，师生关系、同事关系都将是合作的、富有建设性的，有利于构建和谐的、积极向上的校园人际氛围。

教师的微笑应该是真诚的、发自内心的，而不是装出来的、职业化的。教师是发自内心真诚的微笑还是挤出来的假笑，学生很容易就能感觉到。科学家们发现，尽管真笑和假笑都会牵动嘴角边的肌肉，但是只有真笑才会引起眼角周围出现皱纹。这种真实的、具有感染力的、愉快的、发自内心的笑容就是迪香式微笑。其特点是：笑容饱满，牙齿露出，面颊提高，眼睛周围有褶皱。再具体点儿说就是，人脸部的嘴角肌、颧骨肌和眼角肌三块肌肉共同"配合"展现出的最美笑容就是迪香式微笑。当这三块肌肉同时用力时，展现出的笑才是发自内心的笑，而非敷衍的假笑。教师若能经常对着学生绽放迪香式微笑，就能感受到幸福，这种积极情绪自然会传递给学生，感染学生，有利于建立良好的师生关系。

2.对学生积极关注

威廉·詹姆斯曾说："人类本质中最殷切的需求是渴望被肯定。"没有哪个学生不盼着老师对他的欣赏和肯定。罗森塔尔效应也充分说明了教师积极关注和肯定的力量。有经验的小学老师会发现，表扬做得好的同学会让一个吵闹的班级更快地安静下来。上课铃声响起，你走进教室，你看到很多学生还在写上节课的作业，一些学生在窃窃私语，这根本没法上课。你用目光扫视了一下全班，发现小 E 同学正专注地看着你，你马上说：我看到小 E 同学做好上课准备了，真好！你接着表扬，小 D 同学也做好准备了。这时其他同学会迅速停止无关的动作等待上课。相反，如果你对着乱哄哄的班级声嘶力竭地喊："别吵了！"照样会有一些同学继续说话，老师会很尴尬和无助。

即使对犯了错的学生，积极关注的力量也是巨大的。教育家陶行知先生一次在校园里见一个男生想用砖头砸另一个男生，他及时制止了，并邀这个男生到他办公室去。学生准时来后，陶先生掏出一块糖说："这是奖给你的，因为你尊重我，听从了我的话，没有用砖砸同学。"然后又掏出第二颗糖："这也是奖给你的，因为你很守时。"男生深感意外时，他又掏出第三颗糖："据我了解，是那男生欺负一个女生，你才想用砖头砸他，这颗糖奖励你的正义感。"男生感动得声泪俱下："老师，我知道错了……"他又掏出第四颗糖："你敢于承认错误，这是奖给你的第四颗糖。"陶行知先生之所以成为伟大的教育家，就是深谙积极关注的力量，相信每一个孩子都具有自我成长的力量，他所做的就是激发这些力量。

有一天，笔者在三年级某班上课，发现教室最前面坐着一个男孩小 A，根据以往的经验，班主任这样安排是为了更多关注和管理这个孩子，往往这个孩子注意力容易分散或者学业落后。课堂上笔者观察到小 A 比较专注，也能积极参与活动。在同学们进行情绪涂鸦活动、画一画自己的情绪的时候，笔者发现他特别投入，就走近他，看见他的笔记本干干净净整整齐齐，就立刻表扬他，说："你认真的态度我很喜欢。"接着还向全班展示了一下他的笔记本。很多同学都惊讶地说，小 A 同学能写这么好啊！笔者看到他脸上充满了自豪的笑意。下课后，班主任来到教室，笔者立刻又向班主任对小 A 进行表扬，班主任老师也对他说："是的，你最近进步非常大。"小 A 更开心了。老师的积极关注会让小 A 感受到，老师喜欢他，只要他努力了，老师就会看见。

笔者在五年级心理课《悦纳自我》一课采用了树木人格测验，让孩子们用一棵树来代表自己。在同学们投入画的时候，笔者在班级里用心观察，看看孩子们眼中的自己是怎样的，有没有需要特别关注的孩子。笔者发现了小 C 同学在纸上的一个角落画了一棵很小的树，并命名"小小树"，在描述自己的特点时小 C 关注的全是不足和缺点，竟然没有一条优点。笔者在下课后和小 C 交流了几分钟，并对她说："如果你还想和我单独聊聊，可以预约来心理辅导室。"后来小 C 连续找笔者做了几次心理辅导，她对自己的评价渐渐趋于客观，能看到自己也是有优点的。

总之，教师在课堂上既要关注全体学生，又要关注到个别学生。教师对学生的积极关注会让孩子收到这样的信号——老师喜欢我，我是可爱的。学生会把接收到的老师的积极评价内化成自我的一部分。

美国教育心理学家吉诺特说："在经历了若干年的教师工作之后，我得到了一个令人惶恐的结论：教育的成功和失败，'我'是决定性因素。我个人采用的方法和每天的情绪是造成学习气氛和情景的主因。身为老师，我具有极大的力量，能够让孩子们活得愉快或悲惨，我可以是制造痛苦的工具，也可以是启发灵感的媒介；我能让人丢脸，也能让人开心；能伤人，也能救人。"

情商是一种综合能力，更是人格的一部分。教师的知识、理念、价值观、技能都会内化为人格的一部分。华东师范大学的叶澜教授认为，"教师往往行而不觉自己，在学生面前是以全部的人格一言一行呈现他是谁，学生依次判断你是谁，在这种情况下，学生对你的敬意、轻视、反抗、喜欢，都不仅仅因为你的专业，而是你的全部人格。"因此，教师提升教学能力的根本是先实现个人的成长和人格的完善。修炼情商是每个教师一生的功课。

（如果你想知道自己的情商在什么水平，可以做一做文后附的哈维情商小测试。）

哈维情商小测试

请根据你的真实情况回答以下问题：

自测题目	从来 不会 （1分）	很少 会 （2分）	有时 候会 （3分）	时常 会 （4分）	每次 都会 （5分）
1.当我作出一个情绪激动的反应时，我能够把它同过去的经历联系起来。					
2.我在索要自己想要的东西时没有困难。					
3.我选择与之相处的人能支持我和我的目标。					
4.我对生活中的成就感觉很满意。					
5.我作决定时总是依靠自己的判断。					
6.我能理解他人的想法。					
7.在谈话中，我总是询问有关他人和他人世界的情况。					
8.我相信帮助他人是生命的一部分。					
9.解决问题对我来说轻而易举。					
10.我很容易就能理解他人的想法。					
11.我能轻易地适应变化。					
12.我几乎不会让压力找上我。					
13.如果没有把事情想彻底，我几乎不会发言或行动。					
14.大多数时间我觉得活着很幸福。					
15.我觉得以后会更好。					
总分					

评析

60—75，恭喜！你的情商非常高！你很了解自己，并且同他人培养了健康持久的关系。你经常很幸福、乐观，对自己的成就满意。因为你的基础很好，因此你通过运用情商技巧更上一层楼的潜力很大。

45—59，你的情商相当高。你的自我认知和人际关系超出了平均水平。你有一些令自己自豪的成就，一般情况下心情不错，并且能够按照积极的方式看世界。你在各个方面都有提高的余地。有时候你觉得自己有能力取得更大的成就。通过运用提高情商的技巧，你的生命会更加充实。

30—44，你的测试结果表明你的自我认知和人际关系状况令你有些痛苦，你已经意识到了这一点，并且乐于运用提高情商的技巧作出一些改变。

15—29，你回答得很诚实，为此表扬自己一下。你的结果表明很多方面都令你很痛苦。好消息是如果你愿意，你能作出很大改变。

用积极心理学理念培养乐观的孩子

中小学心理健康教育是一个系统工程。教育部颁发的《中小学心理健康教育指导纲要（2012 年修订)》指出，中小学心理健康教育的总目标是：提高全体学生的心理素质，培养他们积极乐观、健康向上的心理品质，充分开发他们的心理潜能，促进学生身心和谐可持续发展，为他们健康成长和幸福生活奠定基础。

根据纲要精神，中小学心理健康教育有三个层次。一是面向全体学生，通过学校氛围、心理课堂、班会、学科渗透等落实。面向全体学生的心理健康教育是以积极心理学理念为指导，培养学生积极的心理品质为目标。二是面向少数学生一般心理困惑的一对一心理辅导、小组辅导、谈心谈话等。三是高危学生的心理危机干预。

中小学教师面对的是成长中的孩子们，切实提高学生的心理素质，是培养学生积极的心理品质的关键，在于每一位任课教师都要具有儿童视角和积极心理学理念，能够共情理解和激励学生，让每一个孩子成为他自己。

一、积极心理学概述

积极心理学虽然是 20 世纪末、21 世纪初兴起于西方的心理学流派，但积极心理学中的一些核心思想，却发源于中国传统文化中的哲学思想。

在中国传统文化的思想中，无论是儒家还是道家思想都有很多倡导积极乐观心态的思想。"人之初，性本善"的人性观，"知足常乐"的人生态度，提倡"仁、义、礼、智、信"的道德追求，"塞翁失马，焉知非福"的乐观思想都是积极心理学思想的体现。道家思想也强调了积极的人格品质。"居善地，心善渊，与善仁，言善信，政善治，事善能，动善时"体现了诚实、仁慈、勤奋、正直、善良等多种积极的人格品质。中国的孝文化也体现了积极心理学中"感恩"这一美德。因此对我们中国人来说积极心理学的理念并不陌生，对我们的教育生活有很好的指导作用。

积极心理学是由美国心理学家马丁·塞利格曼创立的，他被誉为积极心理学之父。1998 年，塞利格曼以史上最高票当选美国心理协会主席。他一针见血地点出了当代心理学发展的弊病，指出心理学不应该只研究人类的弱点和问题，而应该同时关注人类的美德和优势，也就是积极品质。塞利格曼及其团队在全世界范围内 50 多个国家进行调查研究，获取了超大样本，得出了人类共同拥有的 24 种积极的性格优势，这 24 种性格优势又分别属于六大美德。这六大美德主要是：智慧、勇气、仁爱、正义、节制、升华。

积极心理学侧重于研究如何让普通大众更幸福、更乐观，如何获得蓬勃向上的人生。塞利格曼撰写的《真实的幸福》《活出乐观的自己》《认识自己接纳自己》《教出乐观的孩子》《持续的幸福》等五本书被称为幸福五部曲。

积极心理学的基本假设和人本主义心理学是一脉相承的。人本主义心理学认为每一个生命具有自我成长的力量。人本主义心理学家卡尔·罗杰斯家的地下室很黑，有一次他发现放了很久的土豆竟然发芽了，土豆芽非常纤细，并且向着天窗透着微弱的光的方向生长。他领悟到，即使环境非常不利，生命仍然会努力生长。每一个生命都有自我实现的倾向。只要环境适宜，每一个种子就会发芽、努力向上生长。同样，每一个孩子也都在努力成长。倘若我们不能给孩子提供适宜的环境，自我实现的倾向可能受挫或者扭曲，他们会表现出在我们看来各种徒劳的甚至是"问题"行为，但这是生命为实现自我而不顾一切地努力。

心理学家阿德勒认为，每一个孩子的问题行为都是他不顾一切寻求优越感的表现。每一个孩子都在以自己的方式寻求父母和老师的关注。

塞利格曼认为人们既可以"习得性无助"，也可以"习得性乐观"。习得性无助是一个人经历多次失败、遭受挫折后产生的无助感和消极的思维模式，表现为抑郁状态。习得性乐观是通过改变一个人的解释风格来获得积极的思维模式，形成乐观的"积极思维"。解释风格从童年开始发展，如果未经干预，就会持续一生。塞利格曼曾说："孩子就像海绵，他们不但吸收你说的话，也吸收你说话的方式。所以帮助孩子的方法之一就是，你自己先获得拒绝悲观的技能。"只有当孩子乐观自信，一切才会充满希望。

清华大学彭凯平教授是积极心理学的传播者和研究者。彭凯平教授认为，积极心理学的理论基础是达尔文的进化论，达尔文在进化论中指出，人类的心理是漫长的进化历史选择的结果，自然选择和性选择是产生这些心理机制的主要进化过程，选择出来的心理机制的意义是要有利于人类的生存和繁衍。人类的进化选择使人类有积极的天性，让人类有了同理心、自控力、道德感、理智，喜欢学习、热爱创造、善于想象，愿意计划未来，也让人类有了爱心，有了责任感，懂得沟通和合作，有审美和形象思维的能力。

二、积极心理健康教育的理念

孟万金教授是积极心理健康教育的倡导者。他认为，积极心理健康教育的最大特点集中表现在一切从"积极"出发，即用积极的视角发现和解读问题的积极方面，用积极的途径培养积极的品质，用积极的思想浇灌积极的心灵，用积极的过程提供积极的情感体验，用积极的反馈强化积极的效果，用积极的态度塑造积极的人生。

今天的教师们遇到了比以往更多的挑战，积极心理学给了我们新的视野和方法，让我们用发展的视角、积极的视角看待成长中的学生和学生成长中遇到的问题。

（一）对每一位学生报有积极的期待

心理学家罗森塔尔曾考查某校，他随意从每班抽 3 名学生共 18 人写在一张表格上，交给校长，极为认真地说："这 18 名学生经过科学测定全都是极有发展潜力的人才。"事过半年，罗森塔尔又来到该校，发现这 18 名学生的确超过一般人，进步很大，再后来这 18 人全都在不同的岗位上干出了非凡的成绩。

由于校长、老师对这 18 名同学充满了积极的期待，看待他的眼神是欣赏的，在课堂和其他活动中也会有更多的积极关注和鼓励，这些积极关注会内化为孩子对自己的积极信念，正是积极信念极大地促进了这些学生的成长和发展。

罗森塔尔效应提示我们，对学生要用发展的眼光给予积极的期待。老师对学生抱有积极的期待，会有意无意地通过态度、表情等方式传递隐含的期望，学生通过老师给予的更多提问、辅导、赞许等行为获得积极的反馈。学生的积极反馈又会激起老师更大的教育热情，维持其原有期望，并对这些学生给予更多关照。如此循环往复，以致这些学生的智力、学业成绩以及社会行为朝着教师期望的方向靠拢，使期望成为现实。当然，这种信任和期待应当是积极、现实的，而不是盲目的。

这里呈现一个教师以积极期待帮助学生进步的真实案例。

小 Z 从上一年级开始，学习显得吃力，书写很慢，错别字多。从二年级开始，上课时他不再抬头看老师，不再举手发言，总是低着头。班主任王老师看在眼里，记在心里。在一个课间，王老师拉着小 Z 的手，告诉他："老师一直很喜欢你，可是你上课时总是不看老师，老师有些伤心，如果你看着老师，该有多好！老师知道你在学习上需要帮助，你愿意让老师来帮助你吗？"于是，王老师每次上课时都会请小 Z 回答问题，并及时肯定他的回答，也会适时地请其他同学帮助、鼓励小 Z。渐渐地，小 Z 上课爱举手发言了，由于小 Z 不善朗读，王老师鼓励他每天录一段朗读语音发给老师，及时反馈鼓励指导，通过两年多的坚持，如今小 Z 的朗读富有情感，非常流利。同时王老师发现小 Z 关心集体等其他的闪光点，不断鼓励，还会在其家长灰心的时候鼓励支持家长，如今小 Z 学习主动、成绩中等、开朗、自信。

小 Z 的进步和成长来自老师对他真诚的鼓励和接纳，来自老师的爱和付出，同时来自父母接纳后的不放弃，积极想办法帮助他学习和进步。老师发现他很有爱心，关心集体，就让他参与集体活动并获得成就感，是老师和父母的积极期待和鼓励让他拥有了自信和努力的动力。期待有更多的小 Z 被这样温柔对待。

根据加德纳的多元智能理论，每个孩子天生擅长的才能是不同的，让所有的孩子只在同一个赛道比赛是不公平的，老师和家长要及时发现学生擅长和感兴趣的项目，找到他的闪光点，用积极的期待不断激励学生成长。

（二）避免学生习得性无助

在讲乐观之前，先说说"习得性无助"，这一概念是美国心理学家塞利格曼提出的，他用狗作了一项经典实验，起初把狗关在笼子里，只要铃声一响，就给狗以难受的电击，狗在笼子里拼命挣扎却无法躲避电击，多次实验后，铃声一响，先把笼门打开，即使没有电击，狗不但不逃，反而倒在地上开始呻吟和颤抖，绝望地等待痛苦的来临，这就是习得性无助。

后来，塞利格曼用人当受试者，结果使人也产生了习得性无助。实验是在大学生身上进行的，他们把学生分为三组：让第一组学生听一种噪音，这组学生无论如何也不能使噪音停止。第二组学生也听这种噪音，不过他们通过努力可以使噪音停止。第三组是对照组，不给受试者听噪音。

持续一段时间之后，开始进行另一项实验：实验装置是一只"手指穿梭箱"，当受试者把手指放在穿梭箱的一侧时，就会听到一种强烈的噪音，放在另一侧时，就听不到这种噪音。实验结果表明，在原来的实验中，能通过努力使噪音停止的受试者，以及未听噪音的对照组受试者，他们在"穿梭箱"的实验中，学会了把手指移到箱子的另一边，使噪音停止，而第一组受试者，也就是说在原来的实验中无论怎样努力，都不能使噪音停止的受试者，他们的手指仍然停留在原处，听任刺耳的噪音响下去，却不做任何努力。

因此，习得性无助就是在个体经历某种学习后，在面临不可控的情境时形成无论怎样努力也无法改变事情结果的负性认知，继而导致放弃努力的一种心理状态。

在婴儿时期，我们都是乐天派。在跌倒时，会站起来，再跌倒，再站起来，如此循环的过程，我们学会了走路。当我们长大以后，一些改变会带来另一些改变。有时候，跟我们关系紧密的人，比如父母、老师、领导、朋友会让我们失去对自己的信心。他们会说我们不够好，他们会嘲笑我们，他们会说我们永远不可能成功。这些反复的挫折和对我们缺点的提醒使我们成为无助的受害者。让我们失去了希望，不再尝试，因为我们确信自己无力实现目标。这也就是塞利格曼所说的"习得性无助"。

作为教师，我们经常接触这样的孩子，他们已经习惯于被人们称为"后进生"。他们在学习时缺少动力和进取心，遇到挫折时又大多倾向于放弃，甚至对自己力所能及的任务也不能完成，而且认为自己无论怎样努力都不能取得成功，在情感、认知和行为上表现出消极的心理状态，情绪抑郁、焦虑，并以自暴自弃的形式表现出来。在这些孩子的心目中自己很差劲，挨老师的批评、同学的白眼已经成了家常便饭。这类学生常常形成错误的认知解释风格：难学——畏学——厌学——更难学——弃学，最终他们放弃努力，陷入失败的阴影中难以自拔。下面就是一个关于习得性无助的案例。

小D，男生，升入六年级后，他的成绩越来越落后，他也越来越不认真学习了，具体表现为上课时漫不经心，或走神，或睡觉，或低头做小动作，有时还找机会与前后的同学说话，他不完成作业，无论老师怎么批评就是屡教不改。他与同学关系疏远，常一人独处。最近小D还常常请假不来上学。

其实小D在五年级之前一直想努力做个好学生，但是他发现自己虽然用功了，考试成绩还是不理想，而且自己的努力也没有得到老师和同学们的承认和肯定，依然因成绩不佳挨批评，受到同学们的嘲讽。渐渐地他就怀疑自己不是学习的料，从而逃避学习：上课听不懂就不听，作业不会做就不做，考试卷稍难一点就不写。同时，由于父母离异后都不管他，他和体弱多病的爷爷奶奶一起生活，这使他很自卑，认为自己不受欢迎，不主动和同班同学一起玩。小 D 由于成绩和人际关系不好，常常与各种评优选先、各种竞赛和社会活动等无缘，这样就更增加了他的受挫感。于是他干脆自暴自弃，破罐子破摔，一有机会就沉溺于游戏中。现在小 D 常常觉得"我不行""我很笨"，他烦躁、绝望、害怕、心灰意冷，对人也冷淡、退缩、被动。最近奶奶生病了，无人照顾他的生活起居，他常因睡过了头而迟到，被老师多次批评，于是就不来上学了。

由于家庭、学校、社会等多种因素的影响，小 D 显然正处于"习得性无助"的困境中。他在认知、情感、意志品质、行为上都存在一定的问题。怎样帮助小 D 重新获得信心和希望，从而获得成长的动力呢？

首先，小 D 需要家庭给他足够的爱与支持。一个孩子只有在家庭中得到父母或养育者无条件的爱与接纳之后，才能够形成稳定的自尊感和自我认同，才能获得自信和安全感。小 D 目前从家庭中获得的支持比较少，这不利于他重新获得自信。虽然法院认定他由父亲抚养，然而父亲再婚后他只能和爷爷奶奶一起生活。爷爷奶奶只能照顾生活，却辅导不了他的学习。父母只是分别不定期地带他外出吃饭，或者送礼物给他作为补偿，并没有完全参与到他的学习和生活中。

其次，教师要善于发现小 D 的闪光点给予鼓励。教师作为学生学习、成长的启发者和引领者，是学生生命中的重要他人。教师的评价在学生心目中占据重要的地位，他们的情感和态度都会成为学生自我评价的重要依据。作为教师，不应只注重分数，而更应注重学生自身的进步，以帮助他们提高自信心，正确面对失败。教师对学生的积极行为、积极表现要作出及时、肯定的反馈，尤其要善于发现学习落后学生真正的进步和优点，帮助他们建立更多的自我效能感。

有些教师往往过于注重学生的学习成绩，却忽视了他们成长中的心理需要和出现的心理危机。当小 D 认真学习却成绩一般时，教师往往是忽视他的，他很少听到老师对他的肯定。当他成绩下降时，老师们倾向于指出他的问题和缺点。小 D 很少得到老师的肯定和欣赏，使他经常性地处于一种受挫折状态。久而久之小 D 就形成"我不行、我很笨"等消极的自我暗示，遇到困难就放弃努力，产生"习得性无助"。当学生学业失败时，教师不能对他们冷眼相对，要用发展的眼光看待学习困难的学生，用客观、关心、鼓励和帮助的态度来对待学生。

第三，建立良好的班级人际氛围。对进入青春期的小 D 来说，同伴关系对他的影响会越来越大。如果班级氛围是团结、平等、互助的，同学关系是友善、真诚的，在这样和谐融洽的学习氛围中，学生才有心理上的安全感，不会担心因自己的失败而招来鄙视、批评和惩罚。这样他们才会毫不退缩而敢于不断尝试和努力。同时友善的环境会给小 D 更多的包容和理解。因此，教师务必加强班级人际学习环境的建设，提倡积极向上、平等互助的良好人际关系，积极创设良好学习氛围，营造真诚、平等的师生关系和团结友爱、互帮互助的同学关系，发展和培养学生的多种兴趣，满足他们的多层次需求，使他们在学习活动中增强自信心和成就感。

第四，要改变小 D 消极的归因方式。美国心理学家韦纳认为：可控和不可控维度更能有效地解释"习得性无助"现象。当学生把失败归因为能力（不可控因素）而非努力（可控因素）时，就会产生"习得性无助"现象。比如：小 D 在学习过程中，长期经历失败可又找不到扭转局面的策略，那么他就把失败归因为无能或低智力等稳定、不可控因素，而不是客观分析需完成的任务的难易程度，或归因为个体能够驾驭的努力因素，即便偶尔成功也会被他归因为运气好、任务容易等不稳定的外部因素。这些不当的归因，最终使得小 D 产生很强烈的习得性无助感。

教师可以通过如下步骤对小 D 进行训练：教师可以呈现一些学习活动中的成败事例，和小 D 讨论和分析成败的原因。比如对于考试失败，可以有以下几种归因：（1）试题太难；（2）我太笨；（3）我还不够努力，方法不当；（4）运气太差。"习得性无助"学生往往会归因为第二条，将失败归因为稳定的自身因素。这就要求我们积极引导他们归因为第三条，使其明白自己失败的原因，或者引导其归因为第一条或第四条，这样就可以驳斥"我太笨"的归因。引导学生学会将成败的原因归结于努力与否。他们也会将成功归因为"努力和方法不当"等不稳定因素，体会到成功也是可控制的，从而对未来充满积极的期待。

学生之间的差异是客观存在的。教育的目标最终是让每一个孩子发挥出自己的潜能，成为对社会有用的人。父母、学校、教师都要做帮助孩子成长的脚手架，让每一个孩子在不同的方面体验到进步和成功的喜悦感，而不是成为学生"习得性无助"的助推者。

（三）培养学生的成长型思维

卡罗尔·德韦克在《终生成长》一书中提出了成长型思维模式和固定型思维模式。固定型思维模式的人相信自己的才能是一成不变的，成长型思维模式的人认为自己的能力是可以通过努力培养和提升的。两种不同的思维模式面对成功和挫折时的解释也完全不同。

例如：你是一名初中生，在刚刚结束的期中考试中原本你最擅长的数学只考了 C 等，你非常失望。放学路上你的自行车坏了，花了很长时间才修好。你很郁闷，打电话给最好的朋友想要吐槽，他却冷淡地说自己没时间。

面对失败和挫折，拥有固定型思维模式的你可能会这样想："我是个失败者""我是个傻瓜""我太差了""没人喜欢我"，你之所以感到失败感和无力感，是你把发生的事当作一个衡量自己能力和价值的直接的标尺。

拥有成长型思维模式的你则会这样想："这次没考好对我是一个提醒，我会更努力地学习，我还有半学期的时间来提高成绩。""一次考不好不能说明什么。""自行车总算修好了，并没有报废。""我的好朋友今天是不是也过得不开心。"

固定型思维模式会让当事人给自己贴上负面标签，自我限制，放弃努力；成长型思维模式会让当事人直面挑战、积极行动、取得进步。作为教师，我们要善于积极引导学生，用成长型思维和学生对话，并培养学生的成长型思维。

面对孩子的进步或者成功，教师或父母要避免表扬他们聪明。所有的孩子都喜欢听到表扬，当老师或父母称赞他们的智力和天赋时，确实能给他们带来喜悦感，但这种感觉只能维持很短的时间。一旦遇到棘手的问题，他们的自信心就会消失，积极性也会跌到谷底。如果成功意味着他们很聪明，那么失败则意味着他们很愚蠢。这就是固定型思维模式的思考方式。

面对孩子的进步或者成功，教师或父母要表扬他们的努力过程，夸奖他们通过自身的实践、学习、坚持不懈和有效的学习策略达到的成就。"你的进步是你真的付出了很多努力。你反复整理笔记，画出了重点，对自己进行测试。你的方法确实有效！"

"今天的作业题难，题目又多。我非常欣赏你能专注、高质量地全部完成。"

"这幅画的色彩非常丰富，说说你是怎么做到的。"

如果一名学生学习刻苦，却没有取得好成绩，我们该怎么办呢？

"我欣赏你为学习付出的努力，让我们一起来看看你到底在哪些方面没有弄明白。"

"每个人的学习方式都不同。我们应该继续尝试，找到适合你的方法。"

优秀的教师相信人的智力和才能是可以成长和发展的，他们也都善于学习，对学习的过程非常感兴趣。当教师拥有成长型思维，并用成长型思维的语言和行动与学生互动，才会把成长型思维传递给学生们，帮助他们积极地面对学业、人际等生活中的挫折和失败，努力寻找解决的方法，不断取得进步。

(四) 培养乐观的学生

首先，我们需要正确地理解乐观。乐观不是对自己高唱赞歌或空洞的口号，比如"我是最棒的""所有的人都喜欢我"或"我的生活会越来越好"让你在短时间内心情良好，却不利于你进步或者帮助你达成目标；乐观不是否认或避免负性情绪，比如悲伤、愤怒等，负性情绪是我们生活的一部分，同时它们也是鼓励我们了解或改变不好事情的正常的、健康的反应。总体上说，乐观只是一种有力的工具，教会孩子乐观就是我们引导孩子对自己的世界及生活采取积极的态度，而不是消极地等待、接受发生在他身上的事。

塞利格曼认为悲观还是乐观虽然有一部分是由遗传因素决定的，但很多孩子的悲观并非与生俱来，也不是直接从现实生活中得来的。值得庆幸的是，乐观同样可以习得。许多人生活在黑暗的现实里，比如事业失败、患了绝症，但是他们仍然保持乐观。悲观是一种来自现实的理论，孩子从父母、教师以及大众传播那里学到它，然后再传递给其他儿童。成人必须打破这种循环。

根据塞利格曼的研究结果，培养儿童的乐观风格有三项原则，这些原则是从习得性无助的研究中得来的，那就是：掌控感、积极情绪及解释风格。这三个原则构成了乐观金字塔，掌控感是乐观金字塔的基础层，正向积极的情绪是第二层，解释风格是乐观金字塔的塔尖。

1.掌控感

法国作家维克多·雨果曾说："当命运递给我一个酸的柠檬时，让我们设法把它制造成甜的柠檬汁。"我们在生活中难免会遇到各种挫折，有时甚至会感觉自己深陷困境且无力挣脱，只得继续随波逐流，任由命运摆布。然而事实上，即使环境再艰难，我们依然有选择的权利。如果我们能积极主动一些，往往就可以看到第三个甚至更多选择，从而重新对自己的生活获得掌控感。

维克多·弗兰克尔在《活出生命的意义》一书中记录了自己在奥斯维辛集中营的非人经历。他随时徘徊在死亡的边缘，目睹了很多死亡后，他经历了从惊恐到冷漠、麻木、对一切都漠不关心，以及努力讨好牢头，拼命劳动避免被处罚和处死的求生本能反应。有些体弱生病的人被送进焚烧炉，有些人被疾病夺去了生命，还有人失去了希望选择了自杀。即使在这样艰难的、没有自由的、随时可能失去生命的恶劣环境里，仍然有一些让他感到温暖和感动的事发生，他努力帮助身边的狱友，一有空就思念妻子，甚至强迫自己想象自己站在明亮、温暖而欢快的讲台上，给专注的听众讲授集中营心理学。

通过这些办法他成功地超脱出当时的境遇和苦难，好像这些都成了过去。他这样写道："即使在苦难中，悲剧的乐观主义仍然存在；也仍然可以发现轻松的时刻，可以在最悲伤的时刻发现个人的意义。"他通过自己的亲身体验领悟到，人们一直拥有在任何环境中选择自己的态度和行为方式的自由。当一个人对自己的生活还有一些掌控感，就会存有希望激发生存的动力。

有一个心理学实验，把两只随机挑选的健康仓鼠分别置于一样的转轮中，其中一个是电动转动的，另一个需要仓鼠自己动，这两只仓鼠分别处在这样的状态 24 小时后，电动转动即被动转动的那只仓鼠因挣扎耗竭而死，而主动转动的仓鼠则仍健康活着。

动物实验观察到的现象适用于人类吗？研究表明，一旦人们在某个时期失去了控制的能力，就会变得郁郁寡欢、茫然无助、悲观绝望，并陷入抑郁的深渊。有时候，他们还会因此而死亡。在某研究过程中，研究人员送给当地养老院的老人们一盆室内植物。其中一半老人被告知，这株植物的照料和浇水施肥是由他们控制的（高控制组），而另外一半老人被告知，工作人员会负责这株植物的照管工作（低控制组）。6 个月后，低控制组 30% 的老人去世了，而高控制组只有 15% 的老人去世。后续的研究再次证实掌握控制权对养老院的老人身心健康的重要性，不过，也带来了意料之外的悲剧结局。研究人员安排学生实验对象定期看望养老院的老人们。高控制组的老人们可以决定学生拜访的时间安排和会客时间的长短（"请你下周四来陪我一个小时"），而低控制组的老人们则没有这个权力（"下周四我会来陪你一个小时"）。两个月后，人们发现高控制组的老人们比低控制组的老人们更快乐、更健康、更有活力，需要的医护服务也更少。这个时候，研究人员心满意足地结束了研究活动并停止了学生们的拜访活动。几个月后，这些研究人员懊恼万分地发现，高控制组中相当大的一部分老人纷纷离世。在进行反思之后，他们发现了导致这个悲剧的原因：研究结束后，那些在研究过程中得到控制权，并从中获得相当益处的老人在无意中被剥夺了控制权。很显然，获得控制权对一个人的身心健康起着积极的作用，但是丧失控制权比从来都没有得到控制权更糟糕。

著名的家庭治疗师萨尔瓦多·米纽庆在《家庭与家庭治疗》中记录了一个和掌控感有关的案例，大致内容是一位年近七旬的意大利寡妇，在同一所公寓中已经住了二十五年。有一天，她回到家中，发现家里已遭到偷窃。于是她决定搬家，并打电话叫了一个搬家公司来帮忙。如她描述的那样，这是梦魇的开始。她感觉这些来帮她搬东西的工人试图监控她的行踪，她觉得搬家公司的人跟踪她和想害她。她去看了一位精神科医生，这位医生给她开了一些镇静剂，但她的这些体验并没有得到改善。后来，另一位精神科医生建议她住院，但她拒绝了。

然后她去看另一位治疗师，这位治疗师向老妇人解释说，她已经失去了她的壳——即先前的家，她在那里熟悉每一件东西，熟悉周围的街区，以及街区里的邻居。治疗师向她保证，当她长出一个新壳后，这些问题就会消失。他们在一起讨论怎样去缩短长出一个新壳要花费的时间。她应当打开所有的包裹，墙上挂上她原来公寓的装饰画，把书都摆到书架上，并且整理房间，使它变成更熟悉的样子。她所有的活动也要变得规律起来，如准时起床、准时去买东西、去固定的几所商店，以及同样的一些收款台等。她还应当回去拜访她的老朋友。但为了不给她的家人和朋友造成负担，她应当不诉说她的任何遭遇。过了一段时间后，老妇人的症状消失了。

治疗师的成功在于帮助老妇人建立了一套生活习惯，并增加了她对新地方的熟悉感。通过给予老妇人对她世界的控制权，一直到这个世界变得为她所熟悉，帮助她回复到有能力控制自己生活的状态。

因此，掌控感对我们每一个人都至关重要。当我们感到无力，特别是感到有些抑郁时，需要增强自己的掌控感。增加自己的掌控感首先要做的就是，暂时不去做自己不熟悉的事情。其次，我们也要保持规律的生活，经常和老朋友交流。最后，每天至少要给自己留出一定的时间，来做自己喜欢并且觉得享受的事情，从中获得愉悦感和成就感，从而提升自己的掌控感。

对于学生来说，教师布置学生可以自主选择的作业菜单，让学生讨论班级规则、让学生自主管理等，都是增加他们掌控感的方式。

2.积极情绪

情绪是指个体伴随着认知和意识过程产生的对外界事物的态度，是对客观事物和主体需求之间关系的反应。情绪是以个体的愿望和需要为中介的一种心理活动。

每一种情绪都是有价值的，情绪并无绝对的好坏之分。人类的基本情绪是喜、怒、哀、惧四种，此外还有几十种情绪。心理学家为了研究的方便把情绪分为积极情绪和消极情绪两大类。积极情绪主要指宁静、愉悦、高兴、开心、幸福、感激、感动等；消极情绪主要指抑郁、焦虑、愤怒等。

芭芭拉弗·雷德里克森在《积极情绪的力量》一书中提出这样的观点：要想获得美好的人生，你必须借助积极情绪的力量。让我们生机勃勃的积极情绪包括喜悦、感激、宁静、兴趣、希望、自豪、逗趣、激励、敬佩和爱等。积极情绪能扩展我们的思维和视野，建构帮助我们成功的各项资源。最重要的是，我们可以通过努力来提高自己的积极情绪。你是想要欣欣向荣还是衰败凋零？这完全取决于你内心由衷的积极情绪。积极情绪与消极情绪的最佳配比是 3:1，消极情绪并不来自我们遭遇的不幸，而是来自我们如何看待不幸。我们可以做一些事情让我们忘掉烦恼；我们可以把烦恼哭出来；我们还可以去欣赏让我们厌恶的人……

拥有积极情绪的前提是觉察和接纳所有的情绪，当遇到挫折困难或其他坏事时，允许负性情绪的出现，并用合适的方式表达和宣泄，然后用积极的视角去解读这些事情，正如心理学家艾利斯的观点，影响你心情的不是这件事情本身，而是你看待这件事的角度。

3.解释风格

习得乐观的一种有效的方法就是尝试用乐观的视角解释遇到的问题。在积极心理学里，这被称为"解释风格"。解释风格是乐观养成的基础。解释风格从儿时开始发展，如果未经干预，就会保持一辈子。当孩子解释为什么某一件好事或者坏事会发生在自己身上时，有三个重要的维度需要考虑：永久性、普遍性和个人化。

（1）永久性：偶尔还是总是

当坏事发生时，悲观的孩子认为，坏事情发生在他身上的原因是会永久存在的。既然永久存在，坏事就会不断发生。相反，乐观的孩子则相信导致坏事情发生的原因只是暂时的。比如，小雨和小乐都被好朋友小刚拒绝加入一场有趣的篮球比赛。

小雨认为：小刚讨厌我，他再也不会和我一起玩。于是他特别沮丧。

小乐认为：今天小刚不肯和我玩可能是人已经够了，我下次早点约他。

永久性原因与暂时性原因的不同，看起来也许并不明显，但是它对孩子的身心健康太重要了。悲观的小雨认为小刚永远不会和他玩了，乐观的小乐认为下次自己还有机会。悲观的孩子认为坏事是来自自身个性上的缺点，乐观的孩子则认为坏事是来自心情及其他短暂、可以改变的状态。

当好事发生时，乐观与悲观的孩子对好事的发生也会有不同的反应。相信好事发生的原因是永久的孩子会更乐观，这正好与对坏事的解释风格相反。比如，小雨和小乐都在期末数学考试中取得了好成绩。

小雨认为：这次数学考得好的唯一原因是我期末恰好复习的认真。

小乐认为：这次数学考得好是因为我是个努力的学生，我一直认真学习和复习。

乐观的孩子以永久性原因的方式来解释好事，他们将原因归为自身具有的特性与能力，比如努力工作或讨人喜欢，他们会用"总是"来形容好事的原因。悲观者则将好事归因于偶然性原因，"我这次努力学习"或"我那时状态好"，他们对好事的解释限于"有时候"和"今天"。相信成功是由永久性因素引起的孩子，下一次会更努力地去尝试；相信好事发生的原因只是暂时的孩子，即使成功了也可能放弃，因为他认为成功只是一次意外。

（2）普遍性：特殊还是一般

当坏事发生时，悲观的孩子认为原因是普遍的，概括化的，乐观的孩子认为原因是特定的。比如，小雨和小乐都在班级足球比赛中丢了关键的一个球而被同学们抱怨。

小雨认为：我运动时笨手笨脚，真糟糕。

小乐认为：我今天确实踢得很差。

由此得出的结论是：对失败解释持有普遍性看法的孩子，当他们仅在一方面挫败时，就会完全放弃；相信特定解释的孩子，也许在某一方面有了无助感，但是仍会坚定地走完全程。

面对好事时，乐观者相信成功的原因会强化他所做的每一件事（普遍的），但是悲观者相信好事的发生是由某一特定因素导致的（特定的）。比如小雨和小乐都在期末考试中数学考了满分。

小雨认为：我擅长数学。

小乐认为：我很聪明，善于学习。

聪明要比仅擅长数学包含很多信息。一般来说，认为好事的发生有普遍性原因的儿童，在生活的各个方面都显得比较好。

（3）个人化：内部归因还是外部归因

除了永久性与普遍性外，解释风格还有第三个维度，那就是个人化，即决定是谁的错。当坏事发生时，孩子可能会怪罪自己（内部归因），也可能怪罪其他人或是环境（外部归因）。失败时经常习惯性责怪自己的孩子自尊心强，他们觉得愧疚及羞耻。当坏事发生时，怪罪他人和环境的孩子，对自身评价较高。总的来说，怪罪其他人的孩子会更少地觉得愧疚和羞耻，并且更喜欢自己。当然，他们也是更容易愤怒的孩子。

比如，小雨和小乐都是小学六年级的学生。他们的父母经常为了生活琐事和如何教育孩子发生争吵，甚至提出要离婚。

小雨对自己说：爸爸妈妈总是为了我吵架，我老是做错事。如果他们离婚了，都是我的错。我是坏孩子，总是把事情搞砸。

小乐对自己说：爸爸妈妈最近总是吵架，可能他们最近都很不顺心，我也要小心一点，不火上浇油，让他们找茬。

内部归因和外部归因没有绝对的好坏。我们需要引导孩子对自己有正确的认识：首先，当孩子成为导致问题的原因时，他们必须对事情负责，不把责任推给别人，然后努力修正其行为。其次，当问题与他们无关时，他们仍然会觉得自己有价值。

教师或父母如何教出乐观的孩子？

赛利格曼认为，悲观的来源有四个：基因；父母的悲观，从父母、老师那里得来的悲观性批评；掌控感和无助感的体验。

孩子的解释风格有一部分是从父母、老师那里学来的。他们听成年人如何批评他们，同时也吸取了批评的方式。如果今天你批评孩子懒惰或者笨，而不是批评他不够努力，那么孩子不仅会相信他是懒惰的或是笨的，同时也相信他的失败是来自永久的、不可改变的因素。

因此，父母或教师在批评孩子或者当着孩子的面批评自己时，必须十分谨慎。因为你在塑造孩子的解释风格。你需要遵循以下原则：一是要准确；二是在实际情况允许时，以乐观的解释风格批评孩子。任何时候当你发现孩子犯错误时，如果事实允许，那么着重于特定及暂时性的个人原因，避免责怪孩子的个性或能力。

以上强调了乐观的好处，并不是说乐观是万灵丹。乐观是有利有弊的。乐观的好处是显而易见的：它帮助孩子在面临不可避免的挫折和坏事时抵抗抑郁；它帮助孩子在学校、体育场上及课堂上得到超过他人预期的成就。乐观也会促进身体更健康、更强大的免疫系统、较低的传染病概率甚至是长寿。这些好处相当重要，但是它们并非是绝对的。因为，有一件事，乐观者不见得比悲观者强，那就是悲观者可能对现实看得更清楚。

总而言之，当我们聚焦于积极面的时候，我们就看到了希望。拥有积极心理学视角可以让人们更乐观，更幸福。用积极心理学视角开展心理健康教育，有利于培养学生积极的心理品质，提升学生的抗挫折能力。

聚焦素养提升，助力名师成长

——金城名师绍兴高研班培训心得

2017 年 10 月，兰州市教育局组织 100 多名金城名师和骨干教师相聚于文化名城绍兴进行高端研修。作为初加入金城名师这个优秀团队的新人，我有幸和其他名师一道聆听了 11 位名师和专家的精彩报告，同时也领略了其他金城名师的风采，享受了一次精神盛宴。本次培训是一次理念的冲击、思维的碰撞和教育情怀的升华。

认真聆听不同名师、专家的报告后发现，尽管每一位专家研究的领域和个人的风格各不相同，然而在他们身上有些东西是相同的，那就是他们都学识渊博、学养深厚，有自己的教育思想或理念、有批判性思维、有丰富的教学实践经验、善于总结和表达、有人格魅力和感染力、善于写作，有自己的论著。由此引发了自己对名师应具备的素养的思考，简要总结如下。

一、名师要有深厚的学养

我国宋代文学家苏轼曾言：博观而约取，厚积而薄发，这句话是名师成长的关键词。本次培训的专家中无论是张丰老师、虞大明老师，还是赵志毅老师、刘松老师等都具有深厚的学养，不但精通本专业领域的知识，而且有广博的综合素养，这是成为名师的首要条件。

在金城名师中很多老师都有深厚的学养。师大附中的蒋永鸿老师是数学名师，却有极高的文学素养，讲话中引经据典，一首首原创诗歌信手拈来，令人赞叹不已。正如一位老师所说，不敢在群里发言，生怕一发言就暴露出自己的浅薄。

要成为真正的名师要广泛阅读，以丰富文化底蕴、拓宽知识结构。既要阅读经典文学名著，也要阅读哲学著作，更要坚持阅读本学科专业知识与理论以及教育学、心理学著作。只有不断地学习，活学活用才能厚积而薄发。

二、名师要有自己的教育主张和教学风格

教育主张，是教育思想、教学理念的具体化，是个性化的教育思想和教学理念。有无教育主张和批判性思维也是名师教育思想成熟与否的重要标志。

桑新明教授是一位研究学习的专家，他倡导学习方式的变革。桑教授认为自己结合信息化手段和传统文化提出的"太极学堂"是中国特色混合学习模式。桑教授引发了我们对什么是好课、什么是学习、什么是学习方式的讨论。在我看来太极学堂是翻转课堂的一种形式，注重前置性学习，注重小组交流合作学习和课后的延伸学习。

尝试教学法的提出者邱学华老先生已经 83 岁高龄，他在讲述自己"先练后讲，先学后教""学会学不会，试试就知道"的尝试教育理念时充满自信和激情，感染和鼓舞了所有的听课教师。他经历丰富，分别担任过小学、初中、高中、师范学校、大学的教师，当过教导主任、小学校长、师范学校校长等，几十年来一直致力于"尝试教育"理论的发展和完善，这样的名师是真正的名师和教育家型教师。

名师之所以成名，主要原因之一，是他们经过若干年的教学研究和积累，形成了个性化的教学风格，如于永正善言语交际，李吉林擅长"情境教学"，王崧舟崇尚"诗意语文"。作为金城名师，我们必须学会用教育理想来观照教学行为，不断完善教学，逐步形成自己的教学特色和教学风格。

三、名师要具备独特的人格魅力

教师人格是思想、道德、行为、举止、气质、风度、知识、能力等众多因素的综合。法国文学家罗曼·罗兰认为："要播撒阳光到别人心中，总得自己心中有阳光。"教师人格高尚、积极乐观、充满激情，就对学生有感染力、辐射力，教育效果就好。

虞大明老师在做《有为教师的快乐修炼》报告时指出，有为教师要懂孩子，修四心（童心、爱心、耐心、责任心），修炼童趣、童味，用儿童的立场、儿童的方式和儿童交往，激发学生兴趣，使学生乐学。他强调教师要修炼"秀"自己的意识和水平。他生动讲述了自己"秀下水文""秀光辉形象和典型事迹""秀十八般武艺"的故事。大明老师曾经一度发福，他向学生宣布要利用暑假减肥二十斤。暑假里他每天坚持跑步，结果两个月瘦了四十斤。学生开学见到他都惊呆了。如今的大明老师身材非常健美，他依然坚持跑步，每年参与全程马拉松。他热爱书法，凡是学习进步的孩子都得到一幅大明老师的书法作品，每个孩子都以得到大明老师的书法作品为荣。教师自身就是丰富的课程资源，像大明老师这样才华横溢，有毅力、有人格魅力的名师，学生怎能不崇拜？怎能不喜欢？怎能不受益？

俄国教育家乌申斯基说："在教育工作中，一切都应以教师的人格为依据。因为教育的力量只能从人格的活的源泉中产生出来，任何规章制度，任何人为的机关无论设想得如何巧妙，都不能代替教育事业中教师的人格作用。"教育学生是一个师生交往的过程，不管教师自觉不自觉，对学生都在起作用，产生影响。

四、名师要具备超强的表达能力

名师有别于一般教师的重要特征还在于能"说"、会"说"、善"说"。"说"不仅是传递信息、交流思想的手段，也是思维再创造的一种方式。教师要勇于"说"、巧于"说"，加强语言功底的修炼。

刘松老师是一位数学名师，他除了具备数学老师缜密的思维和有逻辑的表达外，非常有激情，率真，语言犀利而富有哲理，有浓浓的人文气息。

赵志毅教授语言风趣幽默，极具感染力。赵教授可谓是一个高明的段子手，他讲座的过程宛如一场单口相声表演秀，紧紧抓住听课老师的注意力。他在讲座过程中对着来自兰州的我们大秀地道的兰州话，听起来格外亲切。很多老师都说听赵教授的课是一种享受，丝毫没有疲惫的感觉，直到下课还意犹未尽。

教学中，教师通过有限的语言来构建无限的世界，用巧妙的语言去引导生本对话、生我对话、生师对话、生生对话，从而促成学生的发展。每一位老师都需要好好学习修炼表达能力，成为讲故事的高手。

五、名师要有自己的教学论著

从某种程度上说，"写"是"做"的提升。写作是教师与学生心灵、教育问题、教育现实、教育明天对话的方式。它可以提高教师反思的能力，培养其敏锐的洞察力和深刻的分析力。教师通过"写"来实现经验的提升、理论的建构，从而形成独特、深邃的教学思想。

本次培训主讲的名师几乎都有自己的著作。邱学华先生潜心研究小学数学教学六十多年，发表论文600多篇，编著出版图书260多册，成果极为丰硕。张丰老师有两本关于校本教研的著作，虞大明等老师亦有多部专著。金城名师团队中也有多位名师出版了专著，并坚持笔耕不辍。

自己目前最需要提升的就是教育写作能力。过去常常用教学任务重、工作忙，作为自己疏于写作的借口。直到近两年，我才开始真正意识到教育写作对教师专业成长有重要促进作用。以后要勤于动笔，养成经常写教学反思、随笔的习惯。

名师的成长是一个系统、全面的工程，名师只有通过持之以恒的修炼，才能具备以上素养和能力，才能名副其实，成长为引领教师群体发展的排头兵。

送教交流，点亮心灯

——赴阿干镇中心校送教记

2020 年 6 月 28 日清晨，伴着悦耳的鸟叫声和汽车的轰鸣声，前往阿干镇送教的金城名师团队如约在小西湖桥旁的七里河第二小学门口会合，在兰州市教育局教师工作科贾科长的带领下我们一起向阿干镇中心校进发。想想就要回到自己曾经挥洒汗水十几年的七里河区，我的心情格外激动。我在心底暗暗告诉自己：这次送教，最重要的还是要让学校的老师和学生感受到实效，要让他们的内心更充盈、更明亮。

点亮教师心灯：苔花如米小，也学牡丹开

经过四十分钟的颠簸后，我们到达了阿干小学。抬头望去，天空湛蓝，没有一丝云彩，映衬得校园格外宁静，我激动的心也顿时安静下来。

按照活动流程，在课前的说课交流环节，我提前五分钟走进会场，当我进去时，已有六位老师静坐等候。我看到老师们有些拘谨，就招呼他们围成一个小圈坐下，随着位置的改变，会场的氛围顿时轻松了很多。我先简单地介绍了自

己，也请每一位老师介绍了自己的任教学科和所在学校。我们相互认识之后做了简短却走心的交流，我也了解到老师们的心理学知识储备情况。虽然几位老师都不是专职心理老师，但是他们能在农村学校坚守这么多年也着实让我肃然起敬。

随着交流的深入，我对六位老师也有了更多的了解，他们中有四位七年前都听过我的课，而且他们都是同一年入职的。我当时就在心底告诉自己：看看，缘分就是这样的奇妙，我们如今竟又以这样的方式再次见面了！就在我暗自思索时，有着书卷气息的体育老师甄捷说，他记忆犹新的是我当年做培训时问过他们的一个问题："你们在中小学阶段记忆最深刻的是什么？"当时大家回答的几乎都是老师关心自己、鼓励自己或者误解自己的事件和场景。我当时曾对他们说："当你离开学校忘记了一切之后留下的那部分就是教育。"甄老师说自己在这几年的教师生涯中才真正体会到这句话的真谛："在教育中发挥最大作用的就是情感，是欣赏和爱，是良好的师生关系。"好学善思的他已经于2018年被评为兰州市教学新秀。

是啊！作为教师，平心而想，也许我们所处的教育生态和工作生活环境并不是那么理想，尤其是几年甚至十几年如一日地坚守在农村教学岗位的他们，生活和工作的艰辛更是可想而知。但是他们把生命之魂扎进农村教育大地的深处，用生命之光点亮和照亮学生。就像袁牧的《苔》中所描写的"苔"一样，即使渺小，我们也应该在自己的位置上顽强向上、努力向美、积极进取、突破局限。我们努力让自己的生命绽放光彩的同时，也让每一个孩子成为最好的自己，这才是教育的初心。

我深知作为一名人民教师，要想点亮别人生命中的心灯，须得先点亮自己的"心灯"。我想让我们的送教之光点亮老师们的心灯，让他们一路前行，无所畏惧！我也希望老师们有力量为自己点亮"心灯"，让这光辉映射职业，照耀人生，同时也照亮孩子们前行的路。

点亮学生心灯：随风潜入夜，润物细无声

课前五分钟，我来到了要上课的六一班教室，孩子们坐得端端正正，看起来非常拘谨。为了让学生放松下来，我提议孩子们唱首歌，孩子们安静地看着我，没有唱起来，这让我有点意外：孩子们平时上音乐课吗？我随即改为让大家诵读古诗，孩子们顿时在班长的带领下背诵起来，声音洪亮而整齐。看到孩子们渐渐放松下来，我说："一位陌生的老师要给你们上课，你们对我好奇吗？你们想了解我的哪些信息？"很快几位同学举手了。"老师您姓什么？""您教课多少年了？""您来自哪个学校？""您的兴趣是什么？"随着我们的互动交流，班里的气氛逐渐活跃起来。

课堂的前三分钟，我设计了全员参与的"三打白骨精"热身游戏，孩子们两人一组玩得很"嗨"。这时我发现最后一排有一个女孩子小李面无表情安静地坐着，我动员她前面的伙伴转过来和她玩，我发现她只是做动作，不说一句话。她是什么情况呢？为什么不参与也不说话？在后面的教学中我对小李进行了更多的关注。

为了让孩子们切身体会谣言是怎样传播的，我还设计了一个"我是传声筒"游戏。每组第一位学生逐个向后一位同学传一句话，最后一位同学要向全班大声说出这句话。我心里有些疑虑：小李可以吗？我让理解了游戏规则的同学举手，我发现她没有举手，便走到她的面前问："你听清楚规则了吗？"她点点头。游戏在热烈紧张的氛围中完成了。每组最后一位同学开始汇报自己听到的那句话了，轮到小李时，我终于听到了她的声音，只是非常小，听不清楚她在说什么。我走到她面前，鼓励她摘下口罩说话，她的声音大了一些，说出了一部分内容，我肯定了她的努力，小李露出了笑容。

评课时，六一班的班主任阮鸿雯老师这样说："曾老师设计了许多丰富有趣的活动让学生自己去感知和体验，向我们展示了心理健康教育课需要注重学生的心理体验。老师要和学生建立安全和谐的师生关系，才能让学生愿意敞开心扉，畅所欲言。尤其是我们班的小李同学，平时上课从来不发言、不参与，和同学交流也有一定的困难，今天上课竟然也参与了活动，我很惊讶！"

是啊，老师的积极关注会让孩子发生改变。在课堂上我努力关注每一位学生，为他们创设安全可信任的氛围，让每一个孩子都有参与和表达的机会。在讨论分享时孩子们的发言非常精彩。

泰戈尔曾说："教育的目的应该是向人传递生命的气息。"教育应该从关注和尊重每一个生命开始。"随风潜入夜，润物细无声"，教育虽无痕，却有着惊人的力量；润物虽无声，但能"于无声处听惊雷"。当我们真正关心每一个孩子，就能和他们建立良好的师生关系；当我们和孩子们建立起融洽的关系，孩子就愿意向我们诉说；当我们能认真倾听并理解孩子，孩子就得到了治愈和帮助。老师的关爱会点亮学生心中的灯，温暖和照亮他们成长的路。愿每一位教师都能点亮自己的"心灯"，与学生进行"心与心"的真诚交流，愿每一位老师都能做学生的点灯人，成为学生生命中的"贵人"。

下 篇

心育实践研究

心育实践研究

教育家苏霍姆林斯基认为："教育者应当深刻了解正在成长的人的心灵……只有在自己整个教育生涯中不断地研究学生的心理，加深自己的心理学知识，才能够成为教育工作的真正能手。"

教师行动研究是教师对自己的思想、理念、知识及其实践进行有目的、有系统、批判性研究的方式，是提升自身教育实践理性，获得专业成长的过程。理论与实践联系、研究与行动结合、在研究中改进行动是教师行动研究的特征。在心理健康教育实践中开展行动研究有利于提升心理健康教育的有效性和科学性，能够有效促进心理教师的专业发展。

小学心理健康教育活动课设计与实施

一、研究背景

1.教育行政部门对心理健康教育的重视程度日益提高

在中小学开展心理健康教育，是学生身心健康成长的需要，是全面推进素质教育的必然要求。《中共中央 国务院 关于进一步加强和改进未成年人思想道德建设的若干意见》和《国家中长期教育改革和发展规划纲要（2010—2020年)》要求，要进一步科学地指导和规范中小学心理健康教育工作。

教育部颁发的《中小学心理健康教育指导纲要（2012修订)》（以下简称《纲要》）指出，学校应将心理健康教育始终贯穿于教育教学全过程。全体教师都应自觉地在各学科教学中遵循心理健康教育的规律，将适合学生特点的心理健康教育内容有机渗透到日常教育教学活动中。要注重发挥教师人格魅力和为人师表的作用，建立起民主、平等、相互尊重的师生关系。要将心理健康教育与班主任工作、班团队活动、校园文体活动、社会实践活动等有机结合，充分利用网络等现代信息技术手段，多种途径开展心理健康教育。各地和学校要通过多种途径和方式，结合教育教学实际，保证心理健康教育时间，课时可在地方课程或学校课程中安排。各级教育行政部门要将心理健康教育工作列入年度工作计划，纳入学校督导评估指标体系之中，教育督导部门应定期开展心理健康教育专项督导检查。

教育部研究制定的《中小学心理辅导室建设指南》指出，要关注全体学生的心理健康水平，提高全体学生的心理素质，开展面向全体学生的心理健康教育活动和团体心理辅导活动。心理辅导室至少应配备一名专职或兼职心理健康教育教师，并逐步增大专职人员配比。专兼职教师原则上须具备心理学或相关专业本科学历，取得相关资格证书，经过岗前培训，具备心理辅导的基本理论、专业知识和操作技能，并定期接受一定数量的专业培训。心理健康教育教师享受班主任同等待遇。

2.心理健康教育活动课成为必修课程

《纲要》指出，心理健康专题教育可利用地方课程或学校课程开设心理健康教育课。心理健康教育课应以活动为主，可以采取多种形式，包括团体辅导、心理训练、问题辨析、情境设计、角色扮演、游戏辅导、心理情景剧、专题讲座等。心理健康教育要防止学科化的倾向，避免将其作为心理学知识的普及和心理学理论的教育，要注重引导学生心理、人格积极健康发展，最大程度地预防学生发展过程中可能出现的心理行为问题。

兰州市教育局出台的《全市中小学心理健康教育工作三年行动计划（2017—2019）》规定："开足开齐心理健康教育课，积极建设校本化心理健康教育课程，中小学起始年级与毕业年级每周开设一节心理课，其他年级每学期不少于10节。"

3.心理健康教育活动课缺乏统一规范

2022年4月，教育部印发《义务教育课程方案（2022年版）》和16个学科的课程标准。作为地方课程或校本课程的心理健康教育未列其中。心理健康教育目前唯一的依据是《纲要》，《纲要》指出，要加强心理健康教育材料的管理。各种有关心理健康教育的教育材料的编写、审查和选用要根据本指导《纲要》的统一要求进行。自 2013 年春季开学起，凡进入中小学的心理健康教育材料必须经省级以上教育行政部门组织专家审定后方可使用。

由于《纲要》的精神是宏观的，而目前并没有出台甘肃省或者兰州市的心理健康教育教材或者教师指导用书，对广大心理教师来说，如何设计科学、系统、注重不同学段衔接的心理课程缺少具体的指导性文件，心理健康教育的科学性、系统性不能得到保证。

4.心理辅导教师专业化水平有待提高

目前国内高校设立临床心理学、应用心理学、心理健康教育等专业方向的历史还不长，专业课程和专业训练也不尽成熟，致使心理学专业的大学生专业能力不足，不能很快胜任中小学心理辅导教师的岗位。部分中、小学心理辅导老师是兼职教师或由其他学科转岗而来，心理学理论基础和心理辅导技能较薄弱，教育行政部门对心理教师的继续教育和督导体系尚未完善，部分老师对心理健康教育课的理念理解有误，甚至将心理健康教育活动课上成了讲解心理知识的理论课或以说教为主的思想品德课。

二、研究目标

本课题的研究目标聚焦于探寻心理健康教育活动课的有效设计与实施方法，植根心理课堂，有效心理辅导，促进师生共同成长。

1.明确心理健康教育活动课的目标和内容。

2.总结出心理健康教育活动课的设计思路。

3.通过行动研究总结优秀课堂实录和活动设计。

4.总结心理健康教育活动课操作实务，促进教师专业发展。

三、研究方法

本研究在教学实践中开展行动研究，研究方法采用课堂观察法、经验总结法、个案研究法等。研究者在心理健康教育活动课的实践过程中，紧紧围绕《纲要》精神，进行科学规范的教学设计与课例研究，有效凝聚集体的智慧，集思广益，博采众长，通过课堂观察、课例研讨等相互启发，不断反思、优化设计，最终形成了一些具有示范性的教案及课堂实录，为一线心理辅导教师的教学提供参考和借鉴。

四、研究成果的主要内容

（一）小学心理健康教育活动课的目标

心理健康教育活动课是心理教师依据学生心理发展的规律和特点，以团体心理辅导及其相关的理论与技术为指导，以班级为单位，通过各种体验活动，有目的、有计划、有步骤地去培养学生的积极心理品质、激发潜能，增强社会适应力，帮助学生解决成长中共性的问题、维护心理健康，达到塑造和完善人格的活动课程。心理健康教育活动课的课程目标应该定位于面向全体学生的发展性心理辅导。

《纲要》指出："学校心理健康教育的总目标是：提高全体学生的心理素质，培养他们积极乐观、健康向上的心理品质，充分开发他们的心理潜能，促进学生身心和谐可持续发展，为他们健康成长和幸福生活奠定基础。心理健康教育的具体目标是：使学生学会学习和生活，正确认识自我，提高自主自助和自我教育能力，增强调控情绪、承受挫折、适应环境的能力，培养学生健全的人格和良好的个性心理品质；对有心理困扰或心理问题的学生，进行科学有效的心理辅导，及时给予必要的危机干预，提高其心理健康水平。"根据《纲要》精神，心理健康教育活动课的目标可以归纳为以下几个方面：

1.培养学生积极的自我意识

人格是指个体稳定且有倾向性的对己、对人、对事的认识，是情感态度和行为方式的总和。在人格结构中，自我意识始终是一个核心成分。心理健康教育课程从本质上是一门认识自我、管理自我和完善自我的课程。一个具有积极自我意识的学生，会有良好的适应性和自主性。一个感到自己没有价值、对自己没有自信的学生，会出现诸多情绪、行为问题。

2.培养学生的积极情绪和健康情感

健康情绪和情感是学生人格和谐发展的基础。积极的情绪状态可以用六个字来表述，即平和、稳定、愉悦。平和，是指心境宁静、心平气和；稳定，是指情绪平稳，不大起大落；愉悦，是指心情快乐，不烦躁、不怨天尤人。

中小学生处于心理迅速发展时期，情绪波动性大，容易冲动，表现外露。发展性心理辅导着重于帮助学生觉察自我情绪，学习调节情绪，从而有效管理情绪。

健康情感是促进心理与道德和谐发展的纽带。学校的心理健康教育不仅要重视情绪辅导，更要发展情感辅导、培养中小学生积极健康的情感，如同理心、爱、责任感和正义感等等。这些积极的情感有助于中小学生人格和谐发展。

3.引导学生发现和发挥潜能

每个人都有潜能，只是大小不同。每个人的智慧和才能水平都有两个状态，一个是实际表现的状态；另一个是潜在的状态，这就是我们所说的潜能。潜在状态不等于实际表现状态，在这两个状态之间还存在一个空间，这就是维果斯基讲的"最近发展区"。学校的心理健康教育要开发潜能，就是要让学生发现自己具有潜能，并尽可能让自己的实际表现接近或者达到潜在的能力水平。积极人格因素是学生发挥潜能的内在动力，引导学生发挥潜能，促进其自我实现，这是学生人格发展的主要目的之一。

4.建立个人与社会的和谐关系

学校的心理健康教育，首先是要让学生懂得个人是社会中的一分子，个人生命质量是与社会发展水平密切相关的，和谐社会、美好生活需要每个人用智慧与力量去创造。其次要让学生学会积极地适应环境：既要让学生用与时俱进的眼光看到社会环境的变迁，让自己不断顺应变革的社会；又要增强其抵制不良社会风气的道德判断力和承受挫折的意志力。再次要让学生明白，个人与他人关系的和谐是个人与社会关系和谐的一个重要部分，社会和谐的基础是人与人之间关系的和谐。现代社会一个人的成功，需要良好的人际关系来支持。要培养学生的人际沟通能力，就要从他们小时候，与同伴、父母、教师，以及周边的其他人群和谐相处，培养他们的合群性和合作性。

（二）小学心理健康教育活动课的内容

《纲要》指出，学校"心理健康教育应从不同地区的实际和不同年龄阶段学生的身心发展特点出发，做到循序渐进，设置分阶段的具体教育内容。"

小学低年级主要包括：帮助学生认识班级、学校、日常学习生活环境和基本规则；初步感受学习知识的乐趣，重点是学习习惯的培养与训练；培养学生礼貌友好的交往品质，乐于与老师、同学交往，在谦让、友善的交往中感受友情；使学生有安全感和归属感，初步学会自我控制；帮助学生适应新环境、新集体和新的学习生活，树立纪律意识、时间意识和规则意识。

小学中年级主要包括：帮助学生了解自我，认识自我；初步培养学生的学习能力，激发学习兴趣和探究精神，树立自信，乐于学习；树立集体意识，善于与同学、老师交往，培养自主参与各种活动的能力，以及开朗、合群、自立的健康人格；引导学生在学习生活中感受解决困难的快乐，学会体验情绪并表达自己的情绪；帮助学生建立正确的角色意识，培养学生对不同社会角色的适应；增强时间管理意识，帮助学生正确处理学习与兴趣、娱乐之间的矛盾。

小学高年级主要包括：帮助学生正确认识自己的优缺点和兴趣爱好，在各种活动中悦纳自己；着力培养学生的学习兴趣和学习能力，端正学习动机，调整学习心态，正确对待成绩，体验学习成功的乐趣；开展初步的青春期教育，引导学生进行恰当的异性交往，建立和维持良好的异性同伴关系，扩大人际交往的范围；帮助学生克服学习困难，正确面对厌学等负面情绪，学会恰当地、正确地体验情绪和表达情绪；积极促进学生的亲社会行为，逐步认识自己与社会、国家和世界的关系；培养学生分析问题和解决问题的能力，为初中阶段学习生活做好准备。

发展性与预防性相结合的心理健康教育课程，应形成和学生的成长历程相对应的内容体系，引领学生为幸福生活奠基。具体来说，心理健康教育活动课的内容可以分为人格辅导、学习辅导、生活辅导和生涯辅导。

1.人格辅导。指着重对学生的自我意识、情绪和情感、人际交往、青春期性心理等进行辅导，帮助学生接纳自我、情绪平和、自信乐观，培养其良好的个性品质和社会适应能力。

2.学习辅导。指教师运用学习心理学、脑科学理论等，帮助学生学会有效学习。一是智力因素的发展和训练，对小学生来说，注意力、观察力、想象力、记忆力训练非常重要；二是非智力因素发展性辅导，主要有学习需要、学习动机、学习习惯、学习方法、学习情绪等辅导，提高学生的学习心理品质和技能。

3.生活辅导。包括生活适应辅导和休闲、消费辅导，培养学生健康的生活情趣、乐观的生活态度，提高生活适应能力。

4.生涯辅导。生涯辅导是为学生未来的生活做准备的教育活动，旨在帮助学生了解自己的能力、兴趣、特长及不同职业，为今后的升学择业及幸福生活打下良好的基础。

（三）小学心理健康教育活动课的特点

心理健康教育活动课主要是一种活动课程，强调学生的参与、体验和感悟，通过促进学生自我探索的过程，达到培养学生积极的心理品质和健全人格的目标。心理健康教育活动课主要有以下特点：

参与性。强调学生的全员参与，参与游戏、活动，参与谈论分享，人人表达。

互动性。注重师生、生生之间的互动，小组与小组之间的互动，实现多元互动。

开放性。主张学生积极参与游戏活动，敞开心扉真实表达自己的感受与想法，教师要涵容和抱持学生不同的感受与想法。

操作性。强调学生参与活动要动脑、动口、动手，强调学生自己尝试和实践。

体验性。贴近学生的生活实际，关注学生的真实经历，用积极关注、真诚、共情等态度引发学生的感受与思考。

情境性。从发生在学生身边的人或事切入，创设学生有亲历经验或感受的情景，营造一种氛围，引发学生的共鸣和触动。

多样性。学生参与活动的形式多样，游戏、故事、视频、实验、角色扮演、辩论、艺术性表达等，活动形式多元，活动内容丰富。

（四）小学心理健康教育活动课的设计流程

心理健康教育活动课要以活动为主，让学生在参与活动中，获得体验与感受，促进分享与感悟，从而达成心理健康教育课的目标。活动设计是否科学有趣是一节心理健康教育课程成败的重要因素之一。学生能否产生深刻的内心体验和感悟，关键在于活动设计和课堂组织实施是否恰当。心理健康教育活动课的教学设计可以参照以下几个基本环节：

1.确立主题及目标

主题选择要符合本学段学生心理发展和认知特点，目标要具体、明确。目标越具体越细，实施起来就越便利，越容易实现。有些活动设计，目标定的高、大、空，教师在活动的时候就不好把握，增大操作难度，甚至容易使活动失控，不利于目标的实现。

2.灵活选择教学方法

（1）创设情境

创设情境是心理健康教育活动课的主要教学方法之一。它是指教师针对学生成长中的心理、行为问题，以学生的身心发展水平为基点，创设出一系列丰富多彩的活动情境，让学生模拟参与有关的活动，获得心理体验和感悟的一种教学方法。

（2）角色扮演

角色扮演是心理辅导中"心理剧"的一种形式，它能让扮演角色和进入角色的学生忘却自我，尽兴表演。教师通过让学生扮演情境中的人物，让学生试图把自己想象成他人，体会他人的喜、怒、哀、乐，以他人的视角看问题，促进学生对他人的理解。学生通过角色扮演充分表露自己的情绪、情感、人际关系、内心冲突等，通过这种方式，达到消解个体的心理困扰，促进其心理健康发展的目的。

（3）游戏体验

福禄贝尔曾说："游戏是儿童内心活动的自由表现，是儿童最纯洁、最神圣的心灵活动的产物。"儿童天然喜欢游戏，在游戏中学习，能大大激发学生参与活动的兴趣与动机。学生通过参与游戏活动，在轻松、愉快、活跃的氛围中自由表露自己的情绪，投射自己的内心世界，体验与反思自己的行为，分享同伴的经验与感悟，在玩中学习了规则，学习了合作，耐挫力得到提升，促进人格的自我完善。

（4）讨论交流

讨论交流是确保学生人人参与的重要教学手段。讨论交流法是指在教师的引导和组织下，让学生分小组对情境中的人和事，或者教师设置的问题自由地发表自己的见解，各抒己见，畅所欲言，与同学互相交流，互相启发，互相学习。对小学生来说，小组讨论的人数以 4 人以内为佳，至少每人发言 1分钟，要分工明确，有序讨论交流，避免流于形式。

（5）艺术表达

在课堂上通过绘画、音乐、舞动、身体雕塑等不同媒介表达情绪、情感和潜意识。艺术性地进行表达，意味着寻找内心深处的感受，并通过可视的艺术形式、动作、声音、写作及戏剧等方式表现出来。对中小学生来说，艺术性表达的形式天然具有吸引力。

（6）说明讲解

说明讲解是教师运用口头语言或借助漫画、图片、音乐等多媒体手段，通过科学、生动有趣、内涵丰富的讲解、演示和暗示来启迪学生，以影响学生情绪、认知和行为。教师在讲解的过程中要重视师生之间思想、情感的交流，要有互动性，而不是教师的单向信息传递。

3.精心设计体验活动

一般来说一节课由热身活动、主题活动及分享、总结拓展三部分组成。心理辅导教师应设计聚焦于目标的多样化的体验活动，要有根据需要改编和原创设计活动的能力，选择活动时要符合本学段学生心理和认知特点，不能生搬硬套一些团体活动和游戏，活动要有新意。课堂上活动不能贪多，活动与活动之间要有逻辑性。活动不能浮于表面，热闹之后要使学生有所启发和思考。

（五）小学心理健康教育活动课的操作要点

心理健康教育活动课既不同于学科教学也不同于团体辅导。心理健康教育活动课借鉴团体辅导的一些理论和方法，但有其独特性。小学心理健康教育活动课的操作要点主要引用钟志农老师的观点。

1.重感受，不重教导

心理健康教育不是说教，不是安慰，不是训导，也不是逻辑分析；心理健康教育是心灵的碰撞、是人际的交流、是情感的体验，让学生在体验感受的过程中，审视自己的内心，反思自我的成长。心理健康教育是"非指示性的"，教师不应该对学生作强制的说理和武断的解释，而是要抓住契机，注意分寸，及时提出一些有启发性的问题，引发学生思考，而不是直接告诉学生"应该怎么样"或"不应该怎么样"，力求做到"随风潜入夜，润物细无声"。

2.重真话，不重有无错话

心理健康教育活动课是建立在成员之间相互信任、关心、了解、接纳的氛围中的一种互动的人际交往过程，每个成员的心扉就是在这种人际氛围中打开的。信任使人感到安全，安全才能敞开心扉。因此，催化出温暖、安全的团体氛围非常重要。说真话难免会有错话，但对学生在成长过程中出现的错话持一种宽容而积极的态度，可强化学生自我向善的意向与努力。

3.重应变，不重原定设计

心理健康教育活动课面对的是充满动感的学生个体和交互影响的班级群体，课堂上的社会心态是千变万化的，教师必须灵活把握辅导活动的发展势头，不可刻板依照原定设计行事，必须随机应变，随机引导，不要死守原定的活动设计方案。特别是当有的学生涉及多数同学关心的共性问题时，教师一定要及时抓住，充分展开讨论分析。

（六）心理健康教育活动课教师操作须知

1.营造氛围。心理健康教育活动课成功的关键在于营造真诚、和谐、宽松的团体氛围。构建这种团体氛围的技巧在于：教师精心设置活动情境、善于抓住学生反馈中的共性问题，以及教师准确把握学生情感共鸣、心灵共振的团体互动的时机。

2.构建关系。心理教师要注意改变"教育者"的角色定位，和学生平等相处，具有"积极关注""真诚""接纳""共情""尊重"等基本态度，使学生感到温暖、安全，从而在团体中真正敞开心扉，形成相互信任、相互关怀的师生关系和同伴关系。

3.专注倾听。倾听是最基本的心理辅导技术，是每位辅导教师的基本功。教师要"心耳并用"，认真听懂学生在活动中语言表述的真正涵义。必要时，教师要采用"复述"和"澄清"的技术，把学生表达的信息加以浓缩、精简，突出重点，并使信息明朗化、具体化。

4.注重互动。心理健康教育活动课的目标，主要是在学生的互动中达成的。教师要把关注的着力点放在推动学生团体的互动关系上，积极使用小组合作学习模式，并使小组活动与全班反馈有节奏、流畅地结合起来。互动的最终目的是为了达到团体成员之间的沟通、理解与互助，以促进学生在同伴的启发下自我成长。

5.聚焦中心。心理教师必须明确辅导主题及其理念，在活动中将焦点集中在中心问题上，防止因界定不清、似是而非而出现辅导理念的错位或辅导主题的偏移。

6.临场应变。心理健康教育活动课在活动过程中最生动、最感人、最富有教育启示意义的素材，往往来自团体互助及全班反馈的过程中。每当这种难得的辅导素材突然在团体活动中闪现时，辅导教师必须紧紧抓住，随机应变，调整原有的活动方案。

7.包容歧见。心理教师要鼓励学生在活动中讲真话，为学生创造一种发表己见的安全氛围，允许并尊重学生的不同看法，不要强制性地改变学生的原有认知或行为方式，并相信学生在不同见解的争议当中，早晚会做出适合自我发展的正确抉择。

总之，在心理健康教育活动课中气氛是相互支持、安全而无威胁的，学生身在其中可以平等地分享各自的信息；讨论是开放并以对话交流为特色的，成员可以自由、坦诚地表达相反意见甚至是负向感受，若有观点的分歧或冲突能以建设性的方式加以解决；团体的规范对每个人都是适用的，因而活动的组织和群体的互动是有秩序的；师生之间和学生之间的关系是友善、温情、关怀、助人的，个人的见解在其中能得到鼓励和尊重，因而学生富有较高的参与性和创新精神。

（七）研究论文

怎样上好心理健康教育活动课

近年来，省、市教育行政部门越来越重视中小学心理健康教育，除了创建省市标准化心理咨询室外，要求所有中小学都要配备专、兼职心理教师，开设心理健康教育活动课，以推动中小学心理健康教育工作。

然而，目前中小学心理健康教育活动课尚在起步阶段，既不成熟也不规范。笔者在多次观摩心理健康教育活动课的过程中发现，心理活动课堂存在两种极端：一种是将心理健康教育活动课上成以教师说教为主的传统课堂，不能引起学生的情感共鸣，效果自然打折扣；一种是心理健康教育活动课游戏泛滥化，整节课就是游戏的大拼凑，看起来热热闹闹，学生嘻嘻哈哈，却没什么深刻的体验与收获，这样的课堂是低效的课堂。下面，笔者结合工作实践谈一谈怎样上好一节心理健康教育活动课。

一、构建融洽的关系，热身活动是关键

良好的开端是成功的一半。在心理健康活动课上，能否在一开始建立信任的师生关系，营造民主、温暖、安全的氛围是心理活动课成败的关键。一般来说心理教师通过充满动感的热身游戏来破冰、建立良好的师生关系。如常用的热身游戏有"大风吹""雨点变奏曲""飞飞跑跑""成长三部曲"和反口令游戏等通过让学生身体动起来放松心情，唤起积极情绪。好的热身游戏不但能破冰，建立关系，还能巧妙地导入新课。

如果热身活动不充分，会影响到融洽师生关系的建立，影响课堂氛围，使学生不愿意也不敢敞开心扉，从而影响课堂效果。所以心理教师要精心选择和创造令学生耳目一新的热身游戏，让学生始终有新鲜感，充分调动学生参与的热情，让师生之间建立真诚的、信任的关系，为学生营造一种安全的心理氛围。

二、充分体现活动性，动感第一、活而不乱

心理健康活动课中关键是"活动"二字，让课堂充满动感。充分体现在做中学，在游戏中学，在参与中学。通过活动，为学生提供更多更广的人际交往机会，与同伴的亲密、融洽以及合作会使学生产生积极的情绪体验并易于形成开朗、积极主动的心理品质；通过活动，学生能够在团体中承担一定任务，担当一定角色，促使他们形成积极的行为方式。

如在二年级《团结合作收获多》一课，笔者设计了四人小组合作画画的活动，规则是不能交流，听老师口令轮流画画，共同创作完成一幅画。完成绘画作品后小组合作起好题目，选一名代表讲述画中的故事。该活动受到了学生的热烈欢迎，非常积极和认真地参与，在活动中初步体验到了什么是合作。在五年级《记忆高手》一课，笔者设计了记忆闯关的系列活动，同时穿插了趣味记忆游戏活动，将较枯燥的内容变得生动有趣，学生学习的积极性高涨，信心大增。

心理活动课上的所有活动都是为了达成教学目标而设计的，教师要精心设计与选择。然而，笔者在观摩心理健康教育活动课的过程中发现，目前的心理活动课堂存在两种极端。一种是将心理健康活动课上成以教师说教为主的传统课堂，不能引起学生的情感共鸣，效果自然打折扣；一种是心理健康活动课游戏泛滥化，整节课就是游戏的大拼凑，看起来热热闹闹，学生嘻嘻哈哈，却没什么深刻的体验与收获，这样的课堂是混乱无序、低效的课堂。如何组织"活而不乱"的有效心理课堂，是每一个心理老师需要认真思考和研究的问题。

三、精心创设情境，引发学生不同的情感体验

按照皮亚杰的观点，任何学习都应该从情境开始。活动离不开具体情境的创设。心理健康活动课要从情景体验开始，引发学生的情感共鸣。

心理健康活动课模拟的情境要符合学生的年龄特点和生活实际。如笔者在执教五年级《情绪小主人》时创设了魔法盒送礼物的情景。上课伊始，教师就拿出一个漂亮的盒子说："今天我给大家带来了一些礼物，猜一猜会是什么呢？"教师话音未落，学生情绪高涨，纷纷举手猜是什么礼物，一下子调动起学生参与的兴趣。接着教师随机让学生从魔法盒里抽取不同的字条，得到不同的"礼物"。礼物分别是一本书、即兴演讲一分钟、讲一件让自己委屈的事等意想不到的礼物，让学生体验喜悦、紧张、委屈等不同的情绪，使原本抽象的情绪具体化了。在后面的活动中教师说："魔法盒很神奇，可以化解你的烦恼。"引导学生将烦恼写下来，放入魔法盒里，帮助学生学会宣泄。由于创设了让全体学生积极参与其中的情景，本课取得了良好的效果。由此可见，创设情景，引发学生情感体验是心理活动课中非常有效的活动方式。

四、突出学生的主体性，教师是引导者和组织者

杜威认为："教师是一个引导者，他掌着舵，学生用力把船划向前方。"教育的最高境界是自我教育。心理教师要引导学生用心参与活动过程，耐心启发学生自主获得感悟。让学生通过同伴互动，自我反思及情感体验，在融洽的心理氛围中自由表达，认识自我，接纳自我，从而培养学生健全的人格和积极的心理品质。

心理健康活动课作为一个活动课程综合性很强，对教师的要求极高。心理教师需不断学习，不断实践，不断总结，用开放的心态实现专业成长。努力做一名学生健康成长的引导者、启发者、激励者、鼓舞者和唤醒者，让心理课堂焕发出生命的活力。

让低年级心理健康活动课更有效

《中小学心理健康教育指导纲要（2012 修订）》指出："心理健康教育课应以活动为主，可以采取多种形式。"对小学生来说活动和游戏是他们最喜欢的学习方式。低年级小学生活泼好动，自控力还不足，注意力容易分散，在组织活动时对老师的要求极高，否则课堂看起来热热闹闹，却是混乱、无序、低效的。

心理学家弗雷法利克·琼斯认为："无序的课堂会使教师失去 50% 的教学时间。"在上低年级心理健康活动课时如何做到"活而不乱"，是很多新手心理教师困惑的问题。下面，笔者结合工作实践谈谈自己的思考和做法。

一、制定规则，建立课堂默契

没有规矩不成方圆。面对几十名低年级活泼好动的学生，要想让热闹的心理健康活动课有序进行，规则尤为重要。

1.教会学生认真做好课前准备。预备上课音乐响起，约定让学生集体唱课前歌曲，等待老师上课。当老师进入教室而学生还未安静下来，可以让学生对提前约定的"暗号"。老师说"小花猫"，学生马上答"喵喵喵"，老师说"汪汪汪"，学生马上答"小黄狗"，通过小游戏让学生的注意力迅速集中，做好课前准备。教师在上课的过程中发现学生注意力水平下降时，也可以用类似的小游戏组织课堂。

2.教会学生发言前先举手。低年级学生发言的积极性很高，总是迫不及待地想说出答案，如果不举手就发言，在大班额的班级谁也听不清楚。有些学生发言时声音很小，我这样鼓励他："你很有想法，如果声音再响亮一点就更好了！你能大声说一遍让大家都听到吗？"一二年级学生还往往急于表达自己的意见，没有耐心倾听别人的意见，老师要训练引导学生学会倾听，教会学生先认真倾听别人的发言，等别人讲完，再举手发言。

二、利用多种教学手段，吸引学生注意力

英国哲学家及教育家洛克说："教师的巨大技巧在于集中与保持学生的注意力。"低年级学生注意力集中的时间短暂，有意注意时间大约为 10 分钟。

所以，教师要不断变换活动的组织形式来吸引学生的注意力。

1.巧用游戏，激发兴趣。托尔斯泰指出"成功的教学所需要的不是强求，而是激发学生的学习兴趣。"游戏是最能激发学生参与兴趣的活动。心理健康活动课就是通过不同的游戏和活动，让学生在参与中体验，并分享自己的感受。如"听物拍手""雨点变奏曲""大风吹"等热身游戏既能激发学生兴趣，又能迅速让学生集中注意力，并导入新课。笔者在执教一年级《我喜欢上学》一课时设计了"画画我在学校的故事"活动，孩子们都很兴奋，纷纷拿起画笔画起了自己开心和难忘的时刻，画好后同桌互相分享自己在学校开心的事有哪些。艺术性表达的方式符合低年级学生的形象思维，特别受学生欢迎。

2.善用多媒体，辅助教学活动。在低年级心理健康活动课教学中，我常常利用生动形象的多媒体课件，利用视频、音乐等辅助教学。比如，在一年级上册《学习要专心》一课，教师自己拍了两段视频，分别是一个小学生专心写作业和不专心写作业的场景，在课堂上播放，视频直观生动，孩子们看完后马上就明白了什么是专心学习。在二年级上册《团结合作收获多》一课，课前播放《拔萝卜》儿歌动画视频，一下子吸引了学生，学生情不自禁会唱起来，等唱完歌曲，老师提问，大萝卜最后被拔出来的原因是什么？由此顺利导入新课。

3.创设情境，寓教于乐。实施情景教学，能使学生在一种愉快和谐的特殊气氛中受到熏陶、感染，从而激发其学习兴趣，增强教学效果。如，在二年级《我该怎么办》一课我创设了"六一儿童节你和妈妈去公园游玩，人非常多，你和妈妈走散了，你会怎么做？"的情景，学生马上回忆出自己和爸爸妈妈之间发生的类似的事，这样结合学生生活，帮助学生学会冷静应对意外情况，学会保护自己。

4.借助绘本，寓教于乐。

近年来笔者尝试将绘本引入低年级心理课堂，受到学生喜爱和欢迎，取得了良好的效果。绘本，也叫图画书，是用图画与文字共同叙述一个完整的故事而构成的书。作为一种儿童读物，近年来，绘本被广泛运用在幼儿园和小学低年级课堂中，用来教授学生说话、阅读、讲故事等语言技能。绘本具有图画叙事性、完整的故事性、内容的趣味性、主题教育性等特点，运用于心理健康教育活动课中，可以有效地促进学生认知、情绪情感、意志行为等方面的发展。

如在一年级《我上一年级了》《校园生活》等课中用绘本《大卫上学去》《小魔怪要上学》《小阿力的大学校》等帮助学生消除小学的陌生感，喜欢上学并尽快适应学校生活；在一年级《大家都是好朋友》一课用绘本《两只羊的故事》《敌人派》等教会孩子们去分享并学会交朋友；在一年级《情绪大转盘》一课用绘本《生气汤》教会孩子们合理宣泄情绪；在一年级《我爱我自己》一课用绘本《糟糕，身上长条纹了》教会孩子们接纳自己……总之，绘本在低年级心理课堂中起到了催化剂的作用，效果显著。

5.声情并茂，感染学生。低年级学生注意力容易分散，所以教师要恰当地用眼神、动作、表情等肢体语言的变化来感染吸引学生。这样能加强师生之间的沟通，建立良好的师生关系，从而提高教学效果。例如，开始上课时，教师用微笑的表情、亲切的目光注视全体学生，可以感染学生的情绪，吸引他们的注意力，使其愉快地投入学习。同时，教师课堂语言要富有启发性和感染力，要善于运用声调的变化。例如，有时突然降低声音，有时加重语气或提高声调，都能集中学生的注意力。运用短暂的沉默也可以引起学生的注意，起到"此时无声胜有声"的效果。

三、善用评价，点燃学生激情

著名的心理学家威廉·詹姆士说过："人性最深切的渴望就是获得他人的赞赏，这是人类之所以有别于动物的地方。"低年级学生尤其渴望得到老师的鼓励和表扬。教师的鼓励像一颗火种，瞬间可以点燃学生激情。教师希望学生是什么样，就经常肯定他是什么样，学生会成为教师期望的样子，这就是期望的效应。为此，心理健康活动课上我及时肯定鼓励学生。如："你的想法真有创意！""你的眼神很专注！""你很诚实！""你听得真认真！"让学生感受到努力的喜悦，学习的乐趣，更积极地参与到课堂中。期末时，评选出发言最积极奖、听讲最专注奖等，并发给学生一个小小的印章笑脸来肯定孩子们付出的努力。

低年级的课堂组织与管理是教学的灵魂所在。构建有效有序的心理健康活动课堂，需要教师在和谐愉快的课堂氛围中，精心设计活动，不断吸引学生的注意力，唤起学生参与的兴趣与热情，教师要善于运用生动多变的教学方法，创造性地开展各种活动，让学生始终以饱满的热情参与活动，成为学习的主人，这样的心理课堂才是有效的心理课堂。

（八）优秀心理健康教育活动课课堂实录示例

用积极心理学理念培养学生积极的思维方式

——《积极乐观》教学实录

执教：兰州市城关区水车园小学　曾爱莉

【教学内容】五年级，原创校本课程

【活动目标】

1.养成关注美好的习惯。

2.对合理归因有初步理解。

3.学习换角度看问题，培养学生积极的思维方式。

【活动重点】

1.养成关注美好的习惯。

2.学习将消极想法转换为积极想法。

【活动难点】

了解合理归因，培养积极的思维方式。

【活动形式】

游戏、讨论、角色扮演等。

【活动准备】

多媒体课件

【活动过程】

一、课前热身游戏：快乐大风吹

师：同学们，早上好！欢迎你们来到心理课堂。首先请你们和我玩一个游戏。请同学们围成一个大圈顺时针走起来，我说"快乐大风吹"，同学们就一起说"吹什么"，我会说一个特点，如果你符合这个特点，请你轻轻地走回自己的座位。

师生做游戏，营造轻松愉快的氛围，同时了解学生今天的心情，为上课做好准备。

二、创设情景，动画短片导入

师：同学们，我们现在正式进入今天的心理课堂。首先我给你们介绍几位朋友，谁认识他们？请给大家介绍一下。

生1：这是一部电影，叫《头脑特工队》，从最左边开始穿蓝色衣服的叫"忧忧"，全身发光的叫"乐乐"，全身红色的叫"怒怒"，瘦瘦的叫"怕怕"，绿色的叫"厌厌"。

师：看来你看过这部电影，谢谢你的介绍。谁愿意来说"乐乐"代表了什么？"忧忧"代表了什么？

生2："乐乐"代表了快乐开心，而"忧忧"代表了忧伤。

师：正如他们的名字一样，他们代表了不同的情绪。下面请仔细聆听"乐乐"和"忧忧"的对话，比较一下他们看待事情的视角有什么不同？

请学生观看小视频。

师：他们看待事情的态度有什么不同？

生：我觉得"乐乐"看待事情都是积极的向上的，我从刚才的小片段里看到办法总比问题多。然后"忧忧"呢？就遇到事情总是往悲观的方面来思考。

师：你聆听得特别认真，而且特别善于总结，你一下子就看到了它们之间的区别。"乐乐"总是特别的乐观，同一件事情总是能看到乐观的方面，而"忧忧"却看到了坏的一方面，想到了悲观的一方面。今天我们就一起向乐乐学习，来学会积极乐观地看待事情。

三、用积极视角关注生活中的美好

师：首先请同学们轻轻地闭上眼睛。请回忆昨天到今天让你快乐的事情，如果想好了，就请你轻轻地睁开眼睛。如果你愿意分享，就请举起你的手。浮现在你脑海中的是什么事？是快乐的还是不快乐的？现在越来越多的同学想好了。

师：快乐因为我们的分享而加倍，现在请跟你身边的伙伴两人一组分享一下你刚才想到的快乐的事情，我从同学们的笑容当中感受到了你们的快乐，有谁愿意分享？让全班同学都感受到你的快乐。

生1：我觉得这两天让我最快乐的一段时间是练琴的时候，我觉得那种感觉让我非常的快乐。

师：练琴让你享受其中。的确，当你投入地做一件自己喜欢的事情，就会乐在其中。

生2：昨天下午，旁边幼儿园的小朋友们来参观我们的学校，然后我负责带领一部分小朋友去给他们介绍我们学校，在给他们介绍的途中我非常的开心。有一个叫杨瑞鑫的小朋友，他一直在和我聊天。我觉得他们非常的童真、可爱。

师：是的，和纯真的小朋友在一起，我们每个人会感受到那种发自内心的快乐。谁还愿意来分享你的快乐？

生3：昨天晚上我和爸爸出去散步的时候，一人买了一瓶汽水，爸爸打开汽水太使劲了，就全都喷到了脸上，觉得很好玩。

师：刚才我看到你笑得特别开心。同学们你们发现了吗？刚才这些同学分享的快乐有什么特点？

生4：都是些很有趣的事情，或者是让自己开心的事情。它们也是生活中很平常的一些小事。

师：是的。快乐就在我们平凡的生活中，就在日常小事当中，生活中并不缺乏美，只要你是一个善于发现美好的人，我们就能感受到非常多的快乐。我们平时要像乐乐一样，像刚才这三位同学一样能够多关注生活中美好的事情，我们就会变得更快乐。

四、分享烦恼，共情支持

师：生活当中也并不是每天都有开心的事情，也会有各种的烦恼和不顺心的事。今天早晨就有三位同学表示他们非常的不开心，刚才也有同学一直在想并没有睁开眼睛，我想你可能没有想到让你特别开心的事情，也许你现在有困难，谁愿意来分享倾诉你的烦恼呢？如果有人倾听我们、理解我们，我们的烦恼会得到缓解，这也是一个非常好的倾诉机会。

生1：不知道为什么我最近总是晚上做噩梦，梦到的都是一些特别特别可怕的场景。

师：（走近这位学生）这让你醒来会特别害怕，是不是你最近生活中遇到了什么事情？

生1：这个倒没有。

师：或者说最近有没有遇到让你有压力的事情，让你感觉非常疲惫。

生1：我经常想起我以前养的小松鼠。有一天早晨，它就无缘无故死掉了。

师：这件事让你到现在还特别难过，是吗？当我们心爱的宠物离开我们时，我们心里很难接受。也许这种悲伤还需要一段时间才能够慢慢缓解。我感受到了你是一位非常有爱心的孩子，如果需要，你也可以下课后找我聊一聊。我们的确常常会遇到一些不如意的事，最重要的是我们怎样来看待这个事情，让我们能够化解这些烦恼，走出悲伤。

五、头脑风暴：小组合作积极归因

师：小利同学最近也遇到了烦恼的事，小利期中考试没有考好，这对于我们同学来说也是非常常见的。假如你是小利，你认为他没有考好的原因是什么？请你自由地思考，并在小组进行交流。

请一名学生朗读讨论规则，小组讨论5分钟后分组汇报。

师：请各组的发言人来汇报你们小组的观点，按照我们的讨论规则，声音要清晰。

学生分组讨论后派代表交流。

生1：我们小组的观点是，小利没有考好的原因有：一是他提前没有复习好，二是他太紧张，三是他答卷不认真。

师：有可能，你们找到了三个可能的原因。五年级的数学就是有点难，也有可能小利学习数学有点困难。

生2：我们赞成第一小组的回答，还有可能他在考试的前一天沉迷游戏，导致他没有认真复习。

师：沉迷游戏确实影响学习成绩。现在很多同学都是用手机打游戏的。一项研究发现，如果学校允许学生带手机进教室，学生的成绩会马上大幅下降；相反，如果学校杜绝学生带手机进课堂，过一段时间学生整体成绩都会上升。所以手机对学习的影响非常非常大，同学们也要注意不要将手机带到我们的课堂来。

生3：我们小组和他们小组观点不一样，可能小利上次在考试的时候考得比较好，所以他过于骄傲，导致这次考试没有考好。

师：这也是可能的，骄兵必败。

生4：我们觉得还可能就是考试前一晚上，他的父母给他太大的压力。

师：有可能，如果我们压力过大是不利于发挥的。什么样的情况下是最好的状态，能发挥出最好的水平呢？就是压力程度适中，既不是很大也不是没有压力，这个时候最有利于水平的发挥。

生5：可能考前一晚小利的情绪不稳定，总是觉得自己考不好，结果就真考不好了。

师：他有一种信念，就是认为自己考不好，这是一种消极的自我暗示，也是种消极的思维，这样的思维会影响到我们的行为。当你在内心认定自己做不好一件事的时候，缺少信心，注意力不集中，不能全身心地去努力，结果你真的就会做不好。相反，如果你内心相信自己能做好，就会有信心，也能集中精力努力做到最好，这样考试结束后即使考得没那么理想，也不会后悔，会去找原因，下次做到更好。

师：同学们的思维都是比较积极和正向的。假如小利认为自己太笨，不是学习的料。他的思维方式是怎样的？

生6：他很消极，会破罐子破摔。

师：真的是这样，这是一种消极的思维，小利会觉得无能为力。我们来看看面对一件坏事时同学们找到的几种可能的原因：（1）我太紧张没发挥好。（2）这次考试题比较难。（3）我没好好复习。对比一下小利自己找的原因和同学们找的原因有什么不同？

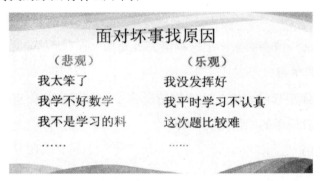

生7：小利认为自己太笨是比较悲观的态度，其实大家都不笨。我们找的原因是乐观的态度。

师：大家来对比悲观的态度会导致什么样的行为？

生8：悲观的态度会让小利不去努力，觉得努力了也学不好数学，他的成绩会越来越差。

师：我赞同你的观点。悲观的态度会导致他不去采取行动，对吗？悲观就会让我们放弃，反正我就这样，我也做不好，我就不去做了。相反，当我们是用乐观的态度去看待这件事情的时候，我们会怎么做？

生9：我们会积极想办法提高成绩。

师：是的，刚才大家都进行了积极的归因，因此会采取积极的行动。乐观还是悲观，取决于我们怎么解释这件事情，也就是我们怎么给这件事找原因。现在小利的同学明明和乐乐也遇到了一件事情，我们来看一看他们两个看待事情的态度有什么不同？

六、角色扮演，强化积极归因

师：我们来看一下明明和乐乐的故事，他俩口渴的时候都找到了半杯水，可是他们的心情却大不一样。我想请两位同学分别扮演乐乐和明明。

师：我们先来请一位同学扮演明明，然后其他同学扮演旁白，半杯水放在这儿。谁愿意扮演明明？一定要注意用你的语言、表情、动作把他内心的活动表现出来。

全班：读旁白内容

生1：扮演明明

师：我再请一位明明来，把这种沮丧表现得更强烈点。

生2：扮演明明

师：谢谢你精彩的表演，让我们感受到了那种沮丧、失望和不满。接下来，我们来看看乐乐的心情是怎样的？

全班：旁白

生3：扮演乐乐

师：同样是半杯水，明明关注的是杯子有一半是空的，而乐乐关注的是还有半杯水，他们看待事物有什么不同？

生4：明明只看到了不好的方面，杯子里的水缺了一半。乐乐看到了杯子里还有半杯水，我喝了可以解渴。

师：是的，乐乐看到了拥有的部分，所以他说，太好了，这杯水还有一半！而明明只看到缺少的那一部分。当我们只看到缺少的一半的时候，我们就会失望不满，因为我们期待的是满杯水。所以乐观的人会关注自己拥有什么，而悲观的人会关注自己没有什么。

师：同样，如果医生对病人说他长了一个肿瘤，有一半的可能是恶性的，一半的可能是良性的，悲观的人会怎么想？乐观的人会怎么想？

生5：悲观的人会这样想，这个肿瘤是恶性的。

师：一半可能是恶性的，太可怕了！乐观的人会怎样想？

生6：乐观的人想，我这个肿瘤还有一半的可能是良性的。

师：是的，还有一半的可能是良性的。当病人的态度积极乐观的时候，他的健康程度就会更好。有医生做过这样的研究，得了同样疾病的人，如果病人的态度特别积极乐观，他的病情就会有好转的迹象，痊愈的可能性就更大。相反，如果病人整天非常绝望，非常沮丧，不断抱怨，病情就真的会越来越重。

因此，当我们学会了合理归因，用积极的态度看待发生在自己身上的事时，我们也会感受到更多的幸福，少一些消极的情绪。当我们学会了积极乐观的思维方式时，我们就会更加努力。

七、分享感受：多元视角重新看待烦恼

师：同学们，对比悲观和乐观的人在看待问题时，你发现有什么不同？

生1：角度不同。

师：请看这张图片，你看到了什么？

生2：我从这个图片中看到了两个人，一个是看起来很不高兴的老人，如果换个角度看，会看到一个很漂亮的小公主。

师：是的，同一幅画面换个视角，如果转180度，我们看到的内容完全不同。当我们面对同一件事情的时候，我们换一个视角从积极的方面去看待的时候，我们的心情也就截然不同的。所以，现在我们要换个角度重新看待那些不开心的事情。刚上课时有同学分享了自己不开心的事情，我们如何用积极的视角来看待这件事？

生3：我如果某一次考试没考好的话，我会告诉自己这次所有的错题我要把它记下来，我下一次就不会错了，这样我下次就能考好。

师：你关注的是怎么把错题都学会做正确，没有把关注点放在那个糟糕的分数上，这就是一种积极的思维和解决问题的思维。祝贺你，你有积极的思维方式！

师：前面有一位同学说到宠物去世很难过，我能理解你面对分离的难过，难过的情绪说出来会好受一些，难过也是需要时间去疗愈的。现在如果换一个角度来看待这件事，你会怎么想呢？

生4：我养的这只小松鼠之前被关在笼子里，它没有自由，所以它是不开心的。它去世了，可能去天堂了。

师：你是从小松鼠的视角看问题。我们养宠物一方面能够满足我们自己的情感需要，另外一方面从宠物的角度来看的话，它离开了自己的家人，失去了自由。当然我相信小松鼠如果有感情的话，它也能够感受到你对它的爱。经历了和宠物分离的悲伤事件，也让我们学会了怎么样面对分离。因为在未来的一生，我们难免会跟自己所爱的人逐渐分离，学会接受分离是我们在成长中必须要面对的一个课题，尽管会非常痛苦，但是我们要去接受。

师：哪位同学还想和大家分享自己的感受？

生5：我今早正在做美梦的时候，楼底下的人一直在敲墙，还放着音乐，然后就把我吵醒了，挺生气的。但是通过今天的课我换了一种想法，邻居把我吵醒我就可以早起，我就不会迟到了，这样就不生气了。

师：掌声送给你，你能从积极视角看待一件事。面对一件事的时候，我们的心情是糟糕的，还是平静的或快乐的取决于我们的思维和对它的解释。

八、总结升华、付诸行动——每天记幸福日志

生活中总有不如意的事情，我们也会遇到很多的困难。当我们选择多关注美好的事，用积极的态度来看待这些事情的时候，我们就能比较顺利地面对这些困难。乐观的人总是从绝望当中看到希望，而悲观的人在希望当中看不到希望。

今天我们还学会了一个调节心态的方法——合理归因。当我们在找这件事情发生的原因时，乐观的人就会给出一个自己可以改变的原因，而悲观的人就会给出一个自己没有办法去解决，自己无能为力的原因。所以我们学会选择关注美好，学会合理的归因，就会让我们变成一个积极乐观的人。

同学们课后可以每天坚持写自己的幸福日志，每天都抽出几分钟去记录今天的三件好事，坚持久了，你会发现快乐其实很简单，你的思维方式也会更积极。

（本课在 2018 年甘肃省"一师一优课"大赛中获得省级一等奖）

【点评】

本节心理健康活动课设计理念新颖。充分运用积极心理学理念，设计了学生感兴趣、贴近他们生活经验的活动。学生积极参与，深度思考，充分交流。通过分享快乐的事、自己的烦恼、头脑风暴、角色扮演等多种方式引导学生多关注美好，学会合理归因，换个角度将消极的想法转换成积极的想法，对积极的思维方式有了一定的理解，从而培养学生积极的思维方式和乐观、健康向上的心理品质。

授课教师具有丰富的心理辅导经验和扎实的心理辅导功底，在课堂上曾老师创设了民主、温暖的氛围，用真诚、积极关注的态度，让学生愿意打开心扉分享真实感受、想法和烦恼，并对学生现场生成的问题进行共情、支持与积极的引导，在化解学生困惑与烦恼的同时培养学生积极的思维方式。这是一节师生在心灵深处对话的心理辅导课。

在体验中培养学生管理情绪的能力

——《我的情绪我做主》教学实录

执教：兰州市城关区水车园小学　曾爱莉

【教学内容】五年级，原创校本课程

【活动目标】

1.通过活动认识、体验各种情绪，体会到消极情绪是需要调节的；

2.初步掌握一些调节情绪的方法，学会合理地表达和宣泄自己的情绪；

3.培养乐观、积极的心理品质。

【活动重点】

1.体验常见的情绪，了解情绪是多样的，了解四种基本情绪。

2.小组合作分享，互相学习不同的表达、宣泄情绪的方法。

【活动难点】

理解消极情绪也有积极意义。

【活动形式】

游戏、体验活动等。

【活动准备】

"魔法盒"、多媒体课件

【活动过程】

一、热身游戏：飞飞跑跑

师：同学们好！上课之前我们做一个热身活动。请注意听游戏规则，当我说"一"的时候，同学们做原地飞的动作，当我说"二"的时候，原地跳，当我说"三"的时候，原地跑，当我说"四"的时候，原地不动。我讲清楚了吗？

生：讲清楚了。

师：我们来试一下。

师：一（学生做原地飞的动作）

师：二（学生原地跳）

师：三（学生原地跑）

师：四（学生原地不动）

反复练习，打乱顺序练习

师：同学们都非常认真，非常棒。

师：很好，请坐。

【点评】

通过课前游戏让学生动起来，缓解紧张，放松心情，活跃气氛，初步建立良好的师生关系。

二、谈话导入，采访心情

师：我想采访一下现在同学们的心情，你来说。

生1：我现在感觉很愉快。

生 2：我有点激动。

生 3：非常高兴。

生 4：非常欢乐。

师：同学们状态这么好，让我特别开心。

师：同学们看看曾老师此时此刻的心情是怎样的？

生 1：充满力量的。

生 2：很高兴的。

生 3：又兴奋又紧张的。

师：你太了解我了，的确，我今天既激动又兴奋，略有点紧张。我们刚才感受到的都是情绪。

师：在下面的活动当中，我们将一起体验更多的情绪。

【点评】

关注每个学生。曾老师在课堂中努力创设一种宽松的课堂氛围，关注每个孩子的心理状态，关注学生的参与度，让每个学生都有机会参与到活动中，使学生能够亲自体验不同的情绪。

三、体验活动：情绪魔法盒

师：今天我给同学们带来了一些特别的礼物，就装在这个盒子里，猜一猜它会是什么呢？有三次机会，谁来猜一猜？

生 1：各种各样的玩具。

生 2：文具。

生 3：学具。

师：答案即将揭晓，有谁愿意亲自看一看？（学生拿出纸盒中的东西）

师：请你打开，请将你看到的内容大声读给同学们听。

生：送给全班同学一本优秀童书，祝贺你成为第一个读者。

师：现在感觉怎么样？

生：很高兴。

师：你很幸运，能够先睹为快，你能告诉我你的名字吗？

生：×××。

师：很高兴认识你，这本书你是第一个读者，读完后请在班里漂流，你们现在感觉怎么样？

全班齐说：高兴。

师：这么好的礼物被他率先拿走了，你的心情怎么样？

生1：有点嫉妒。

生2：我很羡慕。

师：如果是我，我也会的。不要着急，后面的同学还有机会，谁想要第二件礼物呢？（学生纷纷举手）

师：好，给你。

生：想想让自己特别委屈的事情。

师：讲不讲都可以，现在你说一下自己的心情。

生：很紧张。

师：如果紧张是十分的话，你现在是几分呢？

生：八九分

师：请你自我缓解一下，深呼吸。谁还有办法帮帮他？

生：想一个轻松的笑话。

师：现在有没有缓解一些？打几分呢？

生：三分。

师：这么快就缓解了。其实适度的紧张有利于我们最好水平的发挥，紧张并不是一个不好的情绪，适度就可以。

师：刚才我们体验到一种紧张，有谁愿意讲一讲自己特别委屈的事情呢？

生：爸爸冤枉了我，妈妈为我洗清冤屈。

师：幸亏真相大白了。当你的委屈在说出来时，你是什么感觉？

生：现在感觉轻松多了。

师：嗯，好的。还有谁想要礼物？

生：请你站在台前做一分钟即兴演讲。

师：你感觉怎么样？

生：非常紧张。

师：愿意挑战一下吗？我尊重你的决定，可以不用勉强。

师：有没有人想接受一下这个挑战？

生：我来替他回答，收到老师这个礼物我非常惊喜。今天听课的老师很多，我们应该怎样来迎接这些老师听课呢？没关系，首先谢谢各位老师来听课，其次我们会把最好的精神面貌展现给大家，谢谢。

师：我想这是我们本节课最惊喜的礼物。还有人想要礼物吗？非常遗憾，礼物已经送完了。当你听到礼物已经送完了，你的心情是怎样的？

生：很沮丧。

师：我相信在下次的活动当中还有机会，在以后的活动当中积极地参与就会有很多的机会。在刚才的活动中除了体验兴奋、紧张、恐惧以外，你还体验到哪些情绪？

生：激动。

师：情绪的种类有很多种，但是最基本的情绪是四种，你知道是哪四种吗？

生：喜、怒、哀、惧。

师：你知道的真多。喜悦、愤怒、哀伤、恐惧，在你体验过的情绪中，哪些情绪让你感觉好？

生 1：喜悦。

生 2：宁静。

师：这些情绪让我们感觉好，让我们感觉好的情绪叫做积极的情绪。当你处在积极情绪的状态时，你学习、做事的态度是怎样的？

生：愿意学习，很喜欢学习，效果也很好。

师：的确，拥有积极情绪时，思维会更活跃，学习兴趣会更高，效率也会更高，会有益于我们的身体健康。那么，在你体验过的情绪当中哪些让你感觉不好？

生：愤怒、委屈。

师：我们一般把愤怒、委屈等让我们感觉不好的情绪叫做消极的情绪。然而消极情绪也有一定的积极作用，比如恐惧会保护我们，愤怒会让我们更有力量。可是我们处在消极情绪时，会无法专心学习，经常处于消极情绪当中，还会影响我们的身心健康。所以我们每个人要学会表达和管理自己的情绪，努力让我们的积极情绪多一些，消极情绪少一些。学会我的情绪我做主。

四、小组合作：怎样表达情绪

师：下面的活动中我们来探索怎样来表达自己的情绪。请同学们觉察一下自己最近的情绪状态是怎样的？你可以试着将它写下来或者画出来，写完、画完之后，不写名字，投到这个魔法盒里，这个魔法盒非常神奇，会化解我们的烦恼。（教师配乐，学生开始写或画，教师巡视）

师：老师想采访一下此刻同学们的感受，现在你觉得心情怎么样？

生：很舒畅，很轻松。

生：最近的不开心一扫而空。

师：刚才我们把自己的情绪写下来放在魔法盒里，感觉轻松了很多，有时候我们不想对别人说的一些情绪可以写下来或者画出来。在下面的活动中，我们小组一起讨论合作交流分享更多表达情绪的方法，同学们把自己平时的好方法贡献出来，每小组六人，推选出组长一名，记录员一名。（教师出示规则，学生读规则，小组内进行讨论，教师巡视）

汇报交流

生：我们小组讨论的方法是：第一，心情不好时用涂鸦宣泄消极情绪；第二，听音乐，让自己的心情好起来；第三，写日记，把不好的心情写出来；第四，看看绿色的植物，放松心情。

生：我们小组讨论的方法是：第一，在不高兴时，想一些开心的事情；第二，有烦恼时向别人诉说；第三，不伤及别人的情况下，自己调整情绪；第三，把烦恼的事写在纸上。

生：我们小组讨论的方法是：第一，听舒缓的音乐放松心情；第二，诉说烦恼；第三，看笑话；第四，转移注意力；第五，运动。

生：我们小组讨论的方法是：第一，运动，尽量不去想别的事情；第二，休息；第三，娱乐。

生：我们小组讨论的方法是：第一，外出旅游，通过观赏美丽的风景，释放自己的情绪；第二，写信；第三，听歌，优美的歌曲让自己暂时忘记烦恼；第四，喝牛奶，产生快乐激素。

师：刚才同学们总结了这么多好的方法，在我们紧张的时候我们该怎么做呢？

生：深呼吸。

师：深呼吸是很有效的方法，大家也可以用肌肉渐进放松法，比如捏紧拳头，再放松，反复做，紧张就会缓解。

五、拓展、总结

师：刚才同学们讨论分享了特别多的方法，希望你能学习到表达情绪的新方法。我也打算给大家介绍一种新的管理情绪的方法。

师：请你看看大屏幕，你看到了什么？

生：一只猫，还有一只老鼠。

师：你同时看到了两种动物，看到两种动物的同学请举手，你们太厉害了。这幅图让你想到了什么？

生：凡事都有两面性，换个角度看。

师：是啊，换个角度就会看到不同的风景。看问题的角度不同，我们的心情就会不同，所以改变什么就会改变心情？

生：改变看问题的角度。

师：是的，换个角度看问题，心情就会不同。影响我们心情的并不是这件事情本身，而是我们看待这件事的角度。

师：今天我们不但在现场体验了丰富的情绪，也和组内的伙伴们分享了这么多表达情绪的好方法，让我也有新的收获。同时，我们也发现改变自己看问题的角度也能改变心情，我相信在未来同学们能逐渐学会我的情绪我做主。

师：谢谢同学们和我一起度过了愉悦的一节课，希望大家多一些积极的情绪，少一些消极的情绪，学会做情绪的主人，每个人做最好的自己，快乐自己，温暖他人。

（本课在 2013 年中国教育学会学校心理分会举办的全国首届心理课程观摩活动中代表甘肃省展示获得一等奖。）

【点评】

通过"情绪魔法盒"活动创设情景，让学生现场体验到了不同的情绪，紧张、兴奋、意外、羡慕、惊喜等，学生兴趣高涨，参与度高，体验深刻。教师在课堂上用尊重、共情、积极关注等态度激发学生敞开心扉，全情投入，同伴互助总结出了调节消极情绪的方法。同时，引领学生初步理解情绪是由我们的看法决定的，改变看法就可以改变心情。整节课充分体现了以学生为主体的理念，活动目标的确立，是建立在了解学生的年龄特点、认知起点和心理特征的基础上，活动目标明确具体，可操作性强，目标达成度高。

六、效果与反思

在实践研究的过程中，研究者将积极心理学理念运用于活动设计中，活动设计密切联系学生生活，旨在提高全体学生的心理素质，培养他们积极乐观、健康向上的心理品质，充分开发他们的心理潜能，促进学生身心和谐可持续发展，为他们健康成长和幸福生活奠定基础。通过几年的努力，研究者的教学理念进一步优化，教学能力和心理辅导技能进一步提升。研究者所在学校师生对心理健康教育活动课的认可度、参与度得到了提升，取得了显著的效果。

1.培养学生积极心理品质，提升学生心理素质。通过心理健康教育活动课、心理班会课等途径，帮助学生认识自己、接纳自己、自信乐观，学会表达和管理情绪，学会与同伴友好交往与合作，找到有效学习的策略，对职业世界有初步的认识等等，充分开发学生潜能。

2.促进了心理教师的专业发展。水车园小学共有 5 名教师取得二级和三级心理咨询师资格。专职心理教师先后被评为金城名师、甘肃省陇原名师和心理健康教育特级教师。学校依托曾爱莉心理健康名师工作室有效深入落实心理健康教育活动课程，确保每班两周 1 个课时，专职心理教师授课。

3."情商训练营"校本课程见成效。为了教会学生情绪管理的策略。培养学生自信、乐观的态度，学会站在别人的角度看问题，有较好的人际关系，有较强的心理承受能力，提高情商水平，水车园小学面向四五年级学生开展了"情商训练营"系列团体辅导活动，情商训练营每期开展 8 次辅导，心理教师发布招募海报，学生自主报名参加，迄今共有 300 名学生参与，收到了良好的效果。

今后我们将进一步深入学生生活实际，全面了解学生心理健康状况，在心理健康教育实践中不断摸索、总结、借鉴成功经验，进一步提升心理健康教育活动课的教学技能，总结出更多的经验和好的做法供一线心理教师借鉴参考，为培养学生积极的心理品质，健全的人格而努力。

期待有更多的教师关注心理健康教育课程和学生的心理健康发展，加强心理健康教育教师队伍建设，提高心理健康教育活动课的时效性，为学生的心理健康保驾护航。

附录：优秀心理健康教育活动课设计示例

《愤怒来临时》教学设计

五年级

【设计意图】

情绪管理是小学心理健康教育的重要内容。五年级学生开始逐步进入青春期。大脑前额叶还未发育成熟，同时受到性激素的影响，情绪多变，冲动，对他们来说学习觉察、表达愤怒情绪，和情绪共处是成长的重要议题。学生已经了解基本的情绪和一些宣泄情绪的方法，本节课聚焦于对愤怒情绪的觉察、理解和合理表达。

【活动目标】

1.理解愤怒是正常的情绪反应，能识别、觉察愤怒时的身心反应，评估自己愤怒的程度。

2.初步理解情绪产生的原因，觉察愤怒背后的心理需要或者想法。

3.反思自己表达愤怒的方式是否有效，学习恰当的表达愤怒的方式。

【活动重点】

1.理解愤怒是正常的情绪反应，能识别、觉察愤怒时的身心反应。

2.学习恰当的表达愤怒的方式。

【活动难点】

理解愤怒情绪产生的原因和自己有关，觉察愤怒背后自己的心理需要或者想法。

【活动过程】

一、热身活动："情绪天气预报"

让学生根据老师播报的不同天气做出不同的肢体活动，调动学生情绪，创设轻松愉悦的课堂氛围。

启发学生将情绪和天气联系起来，导入新课。

二、了解情绪，识别愤怒

1.情绪是我们不期而遇的朋友，每种情绪都有价值。你体验过哪些情绪？

小结：喜怒哀惧是我们经常感受到的四种基本情绪，其中愤怒是特别有力量的，适度的愤怒可以调动我们的力量，保护我们；过度的愤怒会使我们失控，甚至可能做出伤害自己或者他人的行为。长期处在愤怒、忧伤、焦虑等情绪中会对身心健康造成影响。

2.请学生讲述绘本故事《菲菲生气了》，请学生观察菲菲生气时的表情、动作是怎样的？并思考菲菲为什么生气？

3.请学生回忆一个最近让自己感到愤怒的时刻，当时的身体有哪些感受和反应（表情、心跳、呼吸、肌肉等）？采取的行动是什么？请学生评估当时愤怒的程度，并用适合的颜色涂在五角星上，愤怒的最高等级为五颗星。完成后和同桌分享。

（1）当时你的身体有哪些反应_____。

（2）你采取的行动是＿＿＿＿。

（3）这件事让你愤怒的程度（最高程度4颗星），请用你认为合适的颜色涂色

☆　　　☆ ☆　　　☆ ☆ ☆　　　☆ ☆ ☆ ☆

不满　　　　生气　　　　　愤怒　　　　　　暴怒

小结：愤怒时身体反应：心跳加速、呼吸急促、面红耳赤、肌肉紧张……这是身体在做好逃跑还是战斗的准备。识别，觉察自己愤怒的程度，接纳愤怒的来临是面对愤怒的第一步。

三、探寻愤怒的原因

1.这件事让你愤怒的原因是：＿＿＿＿＿。

（思考是由于别人的原因，还是自己的内心需要没有得到满足，或者是你的某种想法让自己愤怒呢），写完后小组交流。

2.四人小组讨论愤怒背后的原因，并派代表在全班分享。

小结：过去我们常常觉得别人让我们很生气，今天通过讨论我们明白了生气主要是由于我们自己内心的需求或者想法没有得到满足而产生的，需要自我调整而不是指责他人。

四、反思学习表达愤怒的方法

1.学生独立完成学习单上的小调查

（1）在你愤怒的时候，你做出的反应通常是（多选）

A.压抑、忍耐、生闷气　　　B.宣泄：摔东西、大喊大叫，运动等

C.打骂惹我生气的人　　　　D.转移注意力：打游戏、听音乐或者吃东西等

E.找人倾诉　　　　　　　　F.沟通，说出自己的愤怒

G.深呼吸，离开现场，睡觉等等　　　H.你还采取的其他方式＿＿＿＿

（2）在那么做之后，你会觉得：

A.更加愤怒　　　　　　　　B.变得平静

C.觉得压抑　　　　　　　　D.感到愉悦

（3）你用这种方式处理完愤怒后，和惹你愤怒的人的关系：

A.让彼此更亲密了　　　　　　B.没有影响

C.让彼此疏远　　　　　　　　D.关系破裂

2.四人小组交流，分享自己的方法是否有效，并派代表在全班分享。

五、总结，学生分享收获

1.总结：愤怒来临时首先要识别觉察愤怒。理解愤怒是正常的情绪反应，每一种情绪也都有它的价值。觉察身体的反应，倾听愤怒带来的内心信息。其次要面对、表达愤怒：深呼吸、转移注意力、合理宣泄、寻求专业心理服务……

可以用"当……时，我感到很生气，因为……我希望……　"来说出自己的愤怒。

2.请学生思考并分享：如果可以重新回到那个让你生气的场景，你会有什么不同？

请学生自由分享本节课的收获。

《男生与女生》教学设计

五年级

【设计意图】

性别角色是以生理性别为标准进行划分的一种社会角色，它决定着一个人的行为模式。性别角色是从儿童时期受到成人影响、教育的结果。五年级学生的性别意识更加明显，内心希望得到同性及异性的肯定和欣赏。这一阶段的学生最具可塑性，通过本课让学生看到自己和异性的优点，认同自己的性别，促进学生人格健全发展。

【活动目标】

1.感受男孩女孩的不同，了解性别意识是受社会文化和规范来影响的；

2.悦纳自己的性别，并尊重异性的思维方式和行为特征；

3.发挥自己的性别优势，懂得性别互补，促进人格完善。

【活动重点】

悦纳自己的性别，并能尊重异性的特征。

【活动难点】

发挥自己的性别优势，懂得性别互补，促进人格完善，让自己成为受欢迎的人。

【活动准备】

1.多媒体、室外采访视频。

2.将学生分成 6 个小组。

【活动过程】

一、热身活动："性别猜猜猜"

同学们，课前我们做个"性别猜猜猜"的游戏好吗？（出示两个婴儿图片，让学生猜猜哪个是男孩，哪个是女孩。）

学生意见不统一，各持己见。启发学生分享自己猜测的依据是什么。

揭题：其实仅仅根据外形、衣服的颜色等是很难猜准两个小婴儿的性别的。小时候男生女生的差别好像没那么大，我们渐渐长大了，男女开始有别。

板书课题：男生与女生

二、男生女生小调查

下面的玩具你喜欢哪些，为什么？

大多数男生喜欢拼装玩具、枪等，而女孩子喜欢洋娃娃的会多一些。我们对男孩、女孩应该是什么样的认识主要来自父母长辈老师对我们的影响和塑造。

一起做个调查。（选 A 举左手，选 B 则举右手）

（1）着装上

A.父母给我买牛仔装、运动服

B.父母给我买色彩亮丽的衣裙

（2）发型上

A.给我理平头

B.给我留长发

（3）性格上

A.希望我坚强勇敢

B.希望我温柔可爱

（4）兴趣爱好上

A.鼓励我打篮球或踢足球等体育活动

B.鼓励我学习舞蹈、学习古筝等

（5）行为上

A.要求我遇到困难挫折不要轻易流泪

B.要求我在公众场合要文静，坐姿端庄典雅

大家有什么发现？（男孩大多数选 A，女孩大多数选 B）

小结：从小到大，大人们按照社会的文化和规范，对男孩女孩有了不同的要求，所以渐渐让男孩和女孩的兴趣爱好、性格特征、服饰体态、行为习惯等有了较大差异。

三、男女生特点大讨论

1.四人小组，请用四个形容词分别描述男生和女生的特点，请各小组分享。

男生：勇敢　　坚强　　爱运动　　调皮……

女生：温柔　　细心　　爱哭

小结：大家都很善于发现对方的特点，的确，好动、调皮是男孩的天性。女孩子比男孩子更容易表达出情绪。

其实男孩和女孩的差异不是截然不同的，有相同点也有不同点。由于生理的原因，有些特点是男孩和女孩独有的，比如男生长大后肌肉更发达，更有力量；女生皮肤更细腻，体型更娇小等。而品格特点是大家共有的，比如诚实、阳光、开朗等，男女生要相互学习、取长补短。

2.如今在偶像明星中也有一些中性化的形象，你怎么看待这种现象？请学

生自由分享。

小结：同学们特别善于思考，能正确看待一些非主流的现象。不同的时代对性别的要求有所不同。"女汉子"其实也是女性越来越独立的象征，所谓的"娘炮"也许是男生想表达自己温柔的一面。男生可以很温柔，女生也可以很独立和勇敢。

四、什么样的男生、女生受大家欢迎

作为女生，你想知道男生欣赏什么样的女生？不欣赏什么样的女生吗？

同样，作为男生，你想知道女生欣赏什么样的男生？不欣赏什么样的男生吗？

将学生分成男生组和女生组，组成新小组。

小组讨论后组长将相关记录写在答题板上。

男生组：我们欣赏什么样的女生？不欣赏什么样的女生？

女生组：我们欣赏什么样的男生？不欣赏什么样的男生？

请各组发言人汇报你们的讨论成果。

（播放采访视频。）

同学们，听了刚才男孩和女孩所欣赏和不欣赏的异性特点，你有什么想要说的话吗？

五、男生女生宣言

让学生完成男生女生宣言，并交流。

我是男生，我＿＿＿＿＿、＿＿＿＿＿、＿＿＿＿＿、＿＿＿＿＿，我接纳这样的自己。

我是女生，我＿＿＿＿＿、＿＿＿＿＿、＿＿＿＿＿、＿＿＿＿＿，我接纳这样的自己。

六、总结

你在这节课上有哪些收获？

我们每一个人都是独一无二的，社会对男女孩的性别要求也在不断改变，女孩子不只有温柔的一面，还有独立、勇敢的一面；同样，男孩不仅有勇敢的一面，也有温柔、细致的一面。男生和女生都是我们校园中的一道美丽的风景线。只有男生和女生互相学习、互相合作、取长补短，并接纳自己，你才能成为最好的自己。

《学会识别谣言》教学设计

六年级

【设计意图】

在移动互联网和自媒体时代，每天不同的平台发布着海量的信息，这些信息有些是不实或者错误的，而越来越多的小学生通过网络接收大量消息，因此我们需要培养学生识别信息真伪的基本能力。面对一些突发的危机事件，小学生知识储备不足，判断能力不足，容易受到各种谣言的影响而产生恐慌，形成错误认知，甚至做出不当行为。六年级学生的思维正在由具体形象思维向抽象思维转变，本课主要通过体验活动和具体事例引导学生了解谣言产生的心理原因以及尝试初步运用科学思维和批判性思维识别谣言，引导学生不轻信谣言和传播谣言。

【活动目标】

1.认识到遇到社会大众关注的重大事件时，人们因恐慌会出现各种传言和谣言。

2.理解谣言产生的心理层面的原因，学会识别谣言，不信谣不传谣。

3.初步培养科学思维和批判性思维。

【活动重点】

理解谣言产生的心理层面的原因。

【活动难点】

1.理解谣言传播的心理层面的原因。

2.初步学会识别谣言，不信谣不传谣。

【活动准备】

查阅资料，制作 ppt，准备游戏素材。

【活动过程】

一、热身游戏："孙悟空三打白骨精"

学生两个面对面站一起说："孙悟空三打白骨精！"在说到最后一个"精"字时，必须同时做下面一个造型动作。

1.抬起左膝，右手反掌心在额前作搭凉棚状为孙悟空。

2.双手叉腰，两腿分开为白骨精。

3.双手合掌于胸前为唐僧。

这三个神话人物的制约关系是：孙悟空胜白骨精，白骨精胜唐僧，唐僧胜孙悟空。如果正巧造型相同，那么重来一次，负者每次要给胜者恭敬地鞠一个躬。

谈话导入：刚才的游戏中你最喜欢哪个角色？为什么？

很多同学都喜欢孙悟空，因为他本领高强，有七十二般变化和火眼金睛，能够看出伪装妖怪的原形。今天我们也来学习一种本领，那就是学会识别谣言。

二、考眼力，辨真伪——初识谣言

前一段时间网传"钟南山院士建议盐水漱口防病毒"。由于病毒或细菌首先通过鼻腔潜伏于咽部，淡盐水能第一时间杀死它们，从而达到预防感染的目的。

你怎么看待这则消息？为什么？

什么是谣言？谣言就是某些人利用各种渠道传播的，对公众感兴趣的事件的未经证实的观点。

你还听到过哪些谣言？请你和同桌说一说。

每当遇到一些突发事件，各种消息满天飞，真假难辨。如果我们相信了一些错误的观点，就会误导我们的认知和行为，带来严重的后果。比如，传染病暴发后类似"熏醋能消灭病毒"等谣言在朋友圈和家庭群中流传一时，导致人们抢购醋。如何应对这些谣言呢？我们首先要了解人们为什么会传播谣言。

一些突发事件发生后你的心理状态是怎样的？你是否害怕、担心、恐慌呢？人们传播谣言是否和这些情绪有关呢？

三、探究人们为什么传播谣言

1.头脑风暴：小组讨论发生突发事件后人们传播谣言的原因。

分组交流，并总结。

恐慌情绪，缓解焦虑。

面对突如其来的挑战和危机，人们会产生恐慌、焦虑、害怕等情绪，为了缓解恐慌、满足获得真相的心理需求，会出现各种传言，尤其是移动互联网时代，传言更多，传播速度更快，会引起新的恐慌，误导大众的认知。例如：由于对一些传染病的恐慌，类似"吃维生素 C 防病毒""喝酒能消灭病毒"等谣言广泛流传。

传播谣言的原因是多方面的，下面我们通过一个活动对谣言传播的原因做一些探索。

2.活动："我是传声筒"

每组一张纸条，上面写一句话。将纸条发给最后一名同学，该学生仔细看完后把看到的内容轻声说给倒数第二位同学，依次从后向前传递信息，第一个学生听到后说"信息到"，并举手依次说出纸条上的内容，看哪一组传递的最准确。

思考：为什么大多数小组都传错了？并且与原来的内容有很大的偏差？

小结：一定要核实信息，人的记忆力并不可靠。我们对信息的加工会重构，出现偏差。一件事，一传十，十传百，最终内容就会大相径庭。

同时，由于从众效应的存在，我们容易在大量未经证实的信息甚至流言面前，放弃自己原有的立场和主见，无意中助长非理性的跟风行为。比如同学们都传的消息我们就会认为是真的。这些心理机制都是我们人类认知的局限性，我们要有所了解。

四、怎样识别谣言——火眼金睛

请你对以下观点说出自己的看法，并说出理由。

1. "喝酒能杀死病毒"

（只有 75% 的酒精能杀死病毒，其他浓度不能。）

2. "鱼刺卡喉可以咽米饭、喝醋"

（鱼刺卡喉最科学的方法是及时就医。鱼刺卡在食道里，会导致食管损伤甚至穿孔。吞咽米饭会让异物往深处移动，不但增加取出来的难度，同时会引发感染。而且喝醋不能软化鱼刺。）

识别谣言需要科学思维和批判性思维。对不确定的观点要深入思考，查阅资料，判断其是否具有科学依据和证据。

五、全课总结

谣言止于智者——不信谣，不传谣。

移动互联网和自媒体时代，海量信息，真假难辨。我们要认识到自己的心理特点和局限性，学习科学常识，训练科学思维，用事实说话。同时，我们要培养批判性思维，理智冷静地对待传言。

《沟通，从"心"开始》教学设计

五年级

一、设计理念

日常生活中，亲子之间、同学之间、朋友之间、师生之间难免会有意见不合，甚至发生冲突的时候。如何恰当地表达自己的感受，让别人了解自己的需要，是学生需要学习的沟通技能。本课通过"角色扮演"等体验活动，通过讨论的方式，帮助学生觉察自己的感受和需要、理解他人的感受和期待，主动表达自己的感受和需要，学会运用走心的沟通方式，与他人建立良好的关系，增进学生沟通的能力。

二、教学目标

1.觉察自己的感受和感受背后的需要、期待等，并能初步换位思考，同理他人。

2.学会主动表达自己的感受、需要和想法。

3.培养与他人建立良好人际关系的信心与能力。

三、教学重难点

1.重点：初步学会运用有效的沟通方式表达自己的感受、需要与想法。

2.难点：理解他人的感受、需要与期待，提升人际沟通能力。

四、教学过程

（一）课前热身游戏，导入新课

组织学生进行"老师说"游戏，提醒学生认真倾听老师的话，出错的学生要大声说："对不起，我错了。"

师：沟通的过程要表达清晰，更要专注地倾听。今天我们一起讨论沟通的话题：沟通，从"心"开始。

（二）评估和父母的沟通情况

生活中，你和父母相处时间最长，沟通最多，请你用 1—5 分给和爸爸妈妈在以下沟通场景打分：

1.和爸妈一起玩

2.爸妈催你写作业

3.爸妈拿你和别人比较

4.和爸妈谈共同感兴趣的话题

5.爸妈冲你发脾气

6.和爸妈一起做家务

请学生分享得分。启发学生思考对自己和父母的沟通过程是否满意？是否希望改善和父母的沟通方式？

（三）观看短视频《我有一个唠叨的妈妈》

你有什么感受？

随着你长大，你或许认为爸爸妈妈越来越唠叨，一点儿也不理解你。

小结：很多同学有同感，不过也庆幸自己的妈妈没有短片中的妈妈唠叨。适当的幽默、吐槽可以表达和化解心中的烦闷情绪。我相信，如果这位妈妈听到了孩子的这段话，会有所反思，有所改进，说出自己的感受，别人才可能理解我们。

（四）角色扮演，体验感受与需要

用图片呈现三个情景，让学生自由选择扮演，先扮演孩子，然后交换角色，扮演父母。

1.晚上 10 点了，你的作业还没写完。妈妈开始数落你。

2.写完作业，你想放松一会儿，刚拿起手机，只听一声怒吼："又在看手机！"

3.你今天的作业有三个叉，爸爸很不满意。

首先学生扮演孩子，老师扮演父母进行角色扮演示范；

其次，由学生分别扮演孩子和父母，再变换角色，体验父母的感受；

学生分享感受，老师总结。肯定学生能投入体验角色的感受，启发学生思考以下问题：

（1）作为孩子，你是什么感受？感受背后有哪些需要、想法？

你的感受可能是委屈、不耐烦、生气、无助、伤心、无奈……

你感受的背后可能是需要父母的信任、鼓励，给自己一些自由。

（2）作为父母，你是什么感受？感受背后有哪些需要、期待？

父母的感受可能是生气、焦急、担心、紧张、失望、遗憾、无奈……

父母的想法、期待可能是担心孩子的视力、健康，期待孩子优秀……

教师小结：在觉察到我们自己的感受、需要，理解了父母的感受和期待之后，你可以怎样和父母沟通呢？一个走心的沟通方式就是说出自己的感受。

（五）走心的沟通方式

走心的沟通，关键是要说出自己的感受。感受是一种情绪体验，不是对别人行为的评价或指责。如果你想让自己说的话被别人接受、重视，就要主动说出自己的想法和感受，使沟通更有效。

1.可以用下面的句式表达：

当……（事件）时，我感到（我的感受）……因为（我的需要）……

举例：

当我听到你反复说我磨蹭时，我感到很委屈，更不想做了，因为我需要你的信任和鼓励。

2.练习对话

请学生尝试运用新学习的沟通方式对话。

a.爸爸答应全家假日一起出去玩，但临时取消了。

当（爸爸临时取消全家出去玩的决定）时，我感到（既难过又失望），因为（这是我期待已久的日子）。

b.表妹弄坏了我最喜欢的玩具。

当（表妹弄坏了我最喜欢的玩具）时，我感到（很生气），因为（这是妈妈送我的生日礼物，我打算珍藏的）。

c.同学小林在背后说你的坏话，你感到很生气。

当（　　　　　）时，我感到（　　　　　），因为（　　　　　）。

教师向学生说明：遇到事情时，如果主动说出自己的感受和想法，会有助于对方理解自己，解决问题。

（六）沟通小纸条

如果你当面说不出口，可以写一个小纸条来表达。用纸条可以更全面、更准确地表达出自己的感受、需要和想法。这是一种有效的沟通方式，值得试试。

（七）拓展与总结

1.影响沟通效果的还有说话时的语音语调和肢体动作。我们的身体会说话，沟通时运用合适的身体语言也很重要。

2.总结

学生分享收获。

教师总结：在和父母以及其他人沟通时，需要主动说出自己的感受和需要，同时要理解别人的感受和想法，让沟通从"心"开始。

《接纳不完美的自己》教学设计

六年级

一、设计理念

六年级的学生已经进入青春期。根据埃里克森的理论，自我同一性是青春期学生心理发展的重要议题。客观认识自己，并接纳自己的不完美之处对学生建立自我同一性有重要意义。本课用积极心理学理念、表达性艺术启发、引导学生对自己的不完美之处积极赋义，寻找资源，不断完善。

二、教学目标

1.正视自己的不完美之处。

2.对不完美之处能换个角度积极赋义。

3.接纳自己的不完美之处，能寻找资源，不断完善。

三、教学重难点

重点：正视、接纳自己的不完美之处，能换个角度积极赋义，并采取行动不断完善。

难点：用积极的视角看待不足，接纳自己的不完美。

四、教学过程

（一）出示《我不是完美小孩》片段，引发共鸣

大家好，我叫"郝完美"，现在读三年级。这个名字是爸妈为我取的。他们说，我小时候不管正面看背面看，睡着醒着，或哭或笑，我看起来都好完美。

可是，随着我慢慢长大，事情就变了……

爸妈的要求愈来愈多，学校的要求越来越严。我觉得很累，真想大叫：我不是完美小孩！我想知道，世界上有多少人跟我一样觉得自己不完美。

请学生分享阅读感受。

小结：你不是完美小孩，但正因为这样，你才是你。

（二）观看动画短片，引出课题

思考：故事中的小男孩最初是怎样看待自己的不完美的？后来发生了什么让他做出了改变？

请学生自由分享，引出课题。

（三）我的不完美之处

和小组的伙伴分享自己有哪些不完美，不满意的地方？

认真倾听，积极回应伙伴，交流时间4分钟。

各小组代表发言。

启发学生觉察：你此刻有什么感受？

让学生自由分享感受。

小结：每个人都有一些自己不满意的地方，比如身高、容貌、性格、才能等，世界上没有完美的人和事，所以我们要学着接纳不完美的自己。

（四）头脑风暴：不完美的另一面

请你和小组伙伴找出以下不完美有哪些积极面，换个角度看自己的不完美。

例如：皮肤黑、个子矮、胖、胆小、爱哭、懒

启发学生觉察：你此刻有什么感受？

让学生自由分享感受。

教师肯定、鼓励学生能换个角度，积极赋义。

（五）一个"黑点"的N种表达

给每个学生发一张印有一个"黑点"的A4纸。

这个"黑点"就是你不完美，有缺憾的地方，请你拿起画笔，尽情创作、尽情表达。画好后，起个名字。

先在小组内分享，然后每组派一个代表分享。

1.如果"黑点"会说话，它会说什么？

2.你现在对"黑点"有什么新感受或理解？

小结：换个视角，小小的黑点有无限可能。不完美的世界更真实，更精彩。我们既可以扬长避短，也可以寻找资源，弥补不足。

（六）拓展与总结

我们每个人要扬长避短，弥补遗憾，不断完善。

你可以采取哪些行动？

请把你的思考和行动作为课后作业写下来。

《职业初认识》教学设计

六年级

一、设计理念

小学生正处在学习生涯的探索阶段，他们对社会和未来的人生充满了好奇和憧憬，他们渴望探究，了解真实的社会生活和多变的职业世界，认识工作的意义和价值，从而为自己未来的成才之路打好基础。本课让学生在活动中初步体验不同职业的工作内容、对不同职业对能力的要求、职业价值有所了解，打开学生初步了解社会职业的一扇窗。

二、活动目标

1.了解家人的职业和常见的职业。

2.了解不同的职业分类和职业价值。

3.初步探索自己的职业价值观。

三、活动重点

了解家人的职业和常见职业的能力要求、发展前景等。

四、活动难点

初步探索自己的职业价值观，了解自己感兴趣的职业。

五、活动形式

游戏、讨论、调查等。

六、活动准备

1.学生课前完成职业采访提纲。

2.教师准备多媒体课件。

七、活动过程

（一）课前热身游戏：职业猜猜猜

1.每个职业最多出示三个提示。请学生根据尽可能少的词语提示猜出相关职业。涉及的职业有医护人员、记者、售货员、设计师、教师、律师、空乘、交警等。

2.小组交流

上述几个职业有你喜欢的或者觉得不错的职业吗？为什么？

小结：很多同学喜欢该职业的理由有感兴趣、自己擅长、收入可观、受人尊敬等。我们继续了解更多的职业。

（二）汇报课前职业小调查

1.请学生和小组伙伴交流自己课前采访的有关职业调查的内容。了解不同职业相关信息，该职业需要的专业能力、学历、工作内容、收入等，帮助学生形成较全面的认识。

2.请学生交流聆听采访后对不同职业的新认识、新感受。

小结：今天的活动让大家对一些常见的职业有了新的认识，每种职业工作的内容和对能力的要求是不同的，你可以对自己感兴趣的职业在课后做更深入的了解。

（三）了解职业分类与职业变迁

介绍我国职业分类标准规定的 9 类职业以及新兴职业，让学生尝试将课前调查的职业对应到不同分类中。

启发学生认识到，随着科技的发展，有些职业在消失，比如邮递员、电报员。有些职业成为大量需要的职业，比如服务业（护理人员、快递员等），还有不断涌现的新职业，比如电竞选手、大数据分析师等。只有终生学习，才能跟上时代的步伐。

（四）拓展：了解职业价值

给学生介绍利他主义、美的追求、创造发明、智性激发、成就满足、独立自主、声望地位、管理权力、经济报酬、安全稳定等10种职业价值，并了解相应的职业有哪些。

让学生初步了解每种职业都有各自的特性，不同的人对职业意义的认识，对职业好坏有不同的评价和取向，这就是职业价值观。

小结：职业是随着经济、科技的发展不断变化的。每种职业都有其独特的价值，我们要了解自己的兴趣、特质和不同的职业特点，为未来的职业生涯打好基础。

附录：职业采访提纲

姓名：　　　　　　　　职业：

1.该职业需要具备哪些专业能力，需要具备什么样的学历？

2.该职业主要的工作内容有哪些？

3.该职业的收入在什么水平，发展前景如何？

中小学校园欺凌现状调查与对策研究

一、研究背景

近年来，校园欺凌事件已经不止一次走进公众视野。2018 年联合国儿童基金会 （United Nations International Children's Emergency Fund，以下简称 UNICEF） 发布的调查报告显示，在我国 13~15 岁的青少年群体中，有 31.21% 的学童遭遇过校园欺凌 [1]，可见校园欺凌的现象较为普遍。大量研究证实校园欺凌不仅带来了可见的身体伤害，更会对受欺凌者的心智发展、学业表现、情绪健康和社会生活带来长期的消极影响。更为重要的是，校园欺凌威胁的不仅是受欺凌学生的受教育权和健康权，而且对欺凌者本身以及旁观的青少年也带来了负面且深远的影响。研究发现，经常欺凌他人的儿童成年后的犯罪率是正常人的 4 倍 [2]。同时，这些儿童也往往更难找到稳定的工作，难以与他人形成持久稳定的关系，也难以用科学的养育方式培养自己的后代。而对于欺凌的旁观者来说，目睹同伴欺凌所带来的不安感和威胁感，有可能引发抑郁，导致社交障碍，影响学业。欺凌高发的校园环境所造成的令人焦虑、恐惧和缺乏安全感的氛围对全体学生的学习和情绪健康都是不利的 [3]。

针对校园欺凌，国务院和相关部门已发布了多个文件，2016 年 4 月，国务院教育督导委员会办公室印发了《关于开展校园欺凌专项治理的通知》；同年 11 月，教育部等 9 部门又出台了《关于防治中小学生欺凌和暴力的指导意见》；同年 12 月，国务院教育督导委员会办公室则印发了《中小学（幼儿园）安全工作专项督导暂行办法》。2017 年 12 月，教育部等 11 部门联合出台了《加强中小学生欺凌综合治理方案》（以下简称《方案》），首次以官方文件的形式界定了校园欺凌的概念，明确了治理这一问题的指导思想、基本原则，以及具体的治理措施与分工，这为相关机构协同治理校园欺凌再次提供了政策支持 [4]。国务院于 2018 年 4 月 28 日颁布了《国务院教育督导委员会办公室关于开展中小学生欺凌防治落实年行动的通知》 [5]。在中小学校园欺凌受到国家重视之后，各地方政府也相继开始针对此问题出台各种预防及治理方案并着手推进，近几年各个地区结合本地情况出台了一系列的政策和干预措施。

近年来校园欺凌的研究分析越来越多，但诸多研究停留于对校园欺凌的表象化、一般化描述，部分研究成果存在概念模糊，提出的干预策略和教育建议有较强的同质性，缺乏较为具体的实践策略。基于以上情况，本研究从心理学的视角以实践研究的方式探究兰州市中小学校园欺凌的现状与应对策略。

二、课题的界定

不同语言或文化对英文"bullying"一词的理解和解释是不同的。实际上，在任何文化中，对欺凌的界定都是准确测量欺凌发生率、欺凌发展变化、评估反欺凌成效、区分个人权利与义务的核心性问题 [6]。

挪威学者丹·欧维斯（Dan Olweus）在其著作《学校中的攻击：欺凌者与替罪羊》（Aggression in the Schools：Bullies and Whipping Boys）中以"一个人或多个人直接对另一个无抵抗力的人进行长期重复的有害行为"来定义

"欺凌"[7]。Willard（1989）认为，学校中的欺凌行为是一组可以识别的欺负者对另一组特定的同伴实施的经常性的伤害行为。学校欺凌领域研究的权威人士、英国伦敦大学 Smith 教授（1991）进一步总结，认为欺凌行为在本质上是一种特殊的攻击行为，是指有意地造成受欺负者身体或心理的伤害性行为，包括打、推、勒索钱物、讲下流故事或社会拒斥等形式。与一般攻击行为相比，欺凌有三个基本特征：双方生理或心理力量的非均衡性，行为的重复发生性，以及欺凌者的故意性或未受激惹性。在通常情况下，欺凌是力量强的一方对力量弱的一方进行攻击，如以大欺小，以多欺少，恃强凌弱，这是欺凌行为典型的特点。且欺凌行为并不是偶然发生一次，而是相对固定和频繁的，有时候欺凌者会把受欺凌者作为固定的欺凌对象。欺凌行为并不是因为受欺凌者激惹欺凌者发生的，而是无缘无故的。

郑希付（2000）认为学校欺凌行为是发生在学生间的相互欺负现象，包括殴打、侮辱、敲诈勒索、哄起外号、散布谣言等。我国研究欺凌行为的专家张文新教授则比较倾向于 Smith 的概念界定，在操作测定中也都采用 Smith 的概念，应用较广。在社会学领域中，学者也提出了不同的欺凌行为的概念。有研究者提出，欺凌是个体用以达到或维持社会支配权的行为，这一行为发生的原因是受欺凌者缺乏与同龄人交往的有效技巧和能力。此外，有的社会心理学家从社会互动过程中的权力关系出发，将欺凌行为定义为一种系统的、故意的权力虐待，它容易出现于权力关系明确、角色分工明晰的社会团体中，比如军队、监狱和学校等。在《关于开展校园欺凌专项治理的通知》里这样描述校园欺凌：发生在学生之间蓄意或恶意通过肢体、语言及网络等手段，实施欺负、侮辱造成伤害的事件。欺凌主要表现为语言欺凌（辱骂、挑逗、取笑、嘲讽、恐吓、威胁、诅咒），身体欺凌（攻击、殴打、推搡、控制、骚扰、猥亵），关系欺凌（强行使唤、敲诈勒索），心理欺凌（集体孤立、跟踪骚扰）和网络欺凌（造谣中伤、侵犯隐私）。

本研究中采用的中小学校园欺凌的定义为：欺凌行为是中小学生中力量较强的一方（或者多人）故意地、频繁地对力量较弱的一方（或者多人）实施的身体的和心理的有伤害性结果的活动。具体表现为：以大欺小，打人，骂人，损坏抢夺他人财物，挑拨离间，起外号，在班上排挤他人等行为。

三、国内外研究文献综述

（一）国外研究现状

国外对校园欺凌的研究相对国内研究起步要早，理论相对全面、成体系，同时也为我国学者对校园欺凌的研究奠定了理论基础。

早在1978年，早期研究欺凌概念的代表人物——挪威学者Olweus就提出，欺凌同时包括个体对个体实施的攻击及群体对个体实施的攻击。

Olweus制定了校园欺凌问卷，为后续研究提供了工具支持。为了干预校园欺凌，挪威斯塔万格大学行为研究中心发布了"零容忍方案"。"零容忍方案"依据社会心理学理论，凭借其学校、家庭和社会的立体干预，有效地遏制和干预了学校的欺凌现状 [8]。

为预防校园欺凌，加拿大安大略省积极采取校园预防欺凌行动，形成较为完备的校园欺凌预防体系，明确界定欺凌的含义，政府协调相关部门制定系列政策法规，统筹管理，并给予充足的资金支持。同时引进第三方机构追踪研究，经过多年的实践，形成成熟的评价工具，客观公正地对校园环境进行评价，此外，明确校长、教职员工、家长、学生和社区成员的角色，针对性地进行指导，确保校园预防欺凌计划的有效实施。

在美国校园欺凌事件被广泛视为一项紧迫的社会健康和教育问题，并且已经转移到了学校立法和政策的最前沿。为了有效治理校园欺凌，美国政府从国家立法、各州政策以及学区规定等层面对校园欺凌事件作出了多项富有效力的努力，并且取得了较大成效。在美国的46个州中都颁布了有关欺凌的法律，有45个州制定了学区治理欺凌事件的政策。

澳大利亚颁布了一项国家级别的安全学校建设指导政策，即《国家安全学校框架》，以解决国内小学日益严重的校园欺凌和学生的心理安全问题。

（二）国内研究现状分析

与其他国家相比，我国关于校园欺凌行为的研究起步较晚。1999年，我国学者张文新和武建芬在《心理发展与教育》杂志发表了《Olweus 儿童欺负问卷中文版的修订》，为其他学者研究校园欺凌提供了工具支持 [9]。张文新（2002）等利用修订的欺凌问卷，采用分层整体抽样法对山东省的城市和农村学校进行调查，发现小学生和初中生"时常"或更频繁地受欺凌或欺凌别人。这些数据表明我国中小学校园也存在严重的欺凌行为问题，同时引起了国内对欺凌问题的关注。

21 世纪以来，在学术界和电视广播媒体的不断关注和探讨下，校园欺凌逐渐走入了社会视野，本土化研究迅速发展，取得了大量有意义的研究成果。

1.关于校园欺凌概念的分析研究

台湾学者王美恩在《终结欺凌》一书中指出，相较于偶然发生的冲突而言，欺凌是一种长期存在并持续发生的行为，而且双方由于势力不均，力量薄弱的一方常常不敢反抗，因此一直遭受压迫。

2.关于校园欺凌行为产生原因的分析研究

从社会学的视角看，有学者认为，伴随着现代学校和社会之间的围墙被逐渐打破，作为社会系统一部分的学校难以独善其身，其中的学生不可避免地会受到整个社会大环境"失范"的影响。如，安徽某小学一副班长利用手中掌握的检查作业、监督背书的权力向同学勒索财物。面对诸如此类事件的频繁发生，我们不得不承认社会失范已经浸染校园，为欺凌事件的出现提供了一个很大的"温床"。

3.关于校园欺凌行为现状的调查研究

2014 年张琼对湖南永州某小学采用问卷调查法，选取了 293 名年龄在 8~12 岁之间的 3—6 年级学生，其中被欺凌者的人数为 86 人，占所有被调查者的 29.4%，欺凌者的人数共 39 人，占总数的 10.9%，6.8%的被调查者被欺凌过又欺凌过别人。其中欺凌与被欺凌的人数都以男生居多，且随着年级上升而递增。这说明欺凌现象在小学生中是较常见的。 [1]

4.关于社会欺凌的相关对策

吴竞在 2016 年的研究中认为，个案干预和团体干预能够有效降低校园欺凌发生率。通过模仿法进行团体干预，实验班欺凌和被欺凌的发生率均有下降，其中被欺凌者比例有十分显著的下降，并且操作简便，具有一定的推广价值 [2]。

四、欺凌行为原因的理论假设

欺凌行为的真正原因是什么，什么导致儿童发生欺凌行为，这些问题是欺凌问题研究领域中的核心问题，也直接制约干预方案的提出。然而目前欺凌行为的研究仅仅停留在描述性阶段，研究者无法提供系统全面的理论解释。接下来阐述目前研究领域中，比较流行的几种关于欺凌形成原因的理论假设。

（一）竞争假设和外部特异性假设

竞争假设认为，欺凌行为是儿童在学校参与竞争和追求好的成绩，失败受挫后产生的一种必然反应。该假设能在一定程度上解释欺凌行为的发生原因。而 Olweus（1993）研究中发现，成绩差与欺凌行为之间存在着一定的关系，但并不能证明成绩差就是导致欺凌行为产生的原因。外部特异性假设指出儿童之所以受到欺负，是因为本身有一些"外部特异特征"，如红头发、肥胖、讲外地口音、戴眼镜等 [12]。拥有这些和别人不同的特征才导致自己受欺负，这一假设被 Olweus 推翻，研究中发现，与控制组中没有受过欺凌的男孩相比，受欺负的男孩一般并无"外部异常特征"。这两组假设，是早期关于欺凌行为原因的观点，现在看来都具有一定的局限性，只能在一定程度上解释欺凌发生的原因。

（二）社会信息加工理论

Dodge 等人提出了儿童攻击行为的社会信息加工模型。SIP 模型将人的单一行为产生的心理加工过程分为六个阶段。第一阶段，线索译码阶段。个体选择性地输入周围情境中重要的特定信息，并将之储存在个体的短时记忆中。个体首先要对环境中的线索进行译码，然后才能进行下一步的解释和反应。第二阶段，线索解释和表征。个体将线索译码后加以解释，然后储存在长时记忆里。第三阶段，澄清目标。个体于众多预期可能达到的目标中选择可能的目标。第四阶段，构建新反应。个体在长时记忆中搜寻过去曾经使用、学习过、观察过的行为，或者在认知中建构新的行为。第五阶段，评估与决定行为反应。个体评估预定行为再做出反应。第六阶段，启动行为。个体发起已经决定选择使用的行为。儿童从感知到某一刺激到发生攻击行为，经历了译码时的对敌意线索的注意偏向、对模糊情境的敌意性归因、自我防御目标的社会目标、攻击行为的生成、对攻击行为的后果评价以及对自我完成动作的预期这样六个阶段。这六个阶段组成一个信息加工的循环模式 [13]。Dodge认为个体还存在一个由过去经验组成的潜在知识结构，这些知识结构影响着信息加工的每一个阶段，使个体在译码、解释、表征线索时选择和自己知识结构相一致的线索。SIP 模型的重点是反映长期的信息加工模式，它描述了一个易于操作、测量和评定的社会认知过程。目前很多实验已经证明，卷入欺凌行为的儿童在社会信息加工的某些阶段存在不足。欺凌者存在社会技能缺陷，缺乏处理问题的正确方式，采取攻击作为处理社会冲突的手段。SIP 理论在解释攻击行为时有一定的合理性，但是该理论未关注价值和道德判断，没有涉及情绪，有一定的局限性。

（三）"冷认知"理论

随着研究深入，人们发现用"社会信息加工能力低下"已经无法解释某一类人的欺凌行为的发生。从欺凌者所采用的欺凌形式来看，有一类欺凌者，他们的认知能力较高，在 SIP 模型中的六个阶段不存在缺陷，但是依旧会运用自己的人际关系或关系网络来欺负他人。于是，研究者开始用"心理理论"来解释这一现象。心理理论，是儿童头脑中形成的一种理解自己和别人情感、思想和动机的方式。欺凌者拥有着很好的理解他人心理的能力，能认识到自己行为给他人造成的痛苦，但是喜欢给别人制造痛苦。Smith 等人指出，有些经常欺负他人的儿童具有较高的认知能力，但是他们不能共情，相反，他们可能对攻击或欺凌行为持有积极的信念和有偏差的价值观。Smith 把经常欺负他人的儿童的这种基本认知能力正常，但是不能共情的现象称为"冷认知"。欺凌者了解受欺负者的感受，但是不愿意分享，这种完整的但歪曲的认知称之为"冷认知"。该理论在一定程度上解释了欺凌产生的原因，但是不能解释为什么有些个体虽然能够理解他人但往往缺乏共情这个问题。认知理论从共情角度，提出了欺凌行为理论研究的新方向，将共情和道德判断纳入到欺凌的认知研究中，弥补了 SIP 模型的不足。但是该理论仅仅从静态角度考察儿童心理理论能力与行为的关系，而不能考察儿童是如何运用社会知识的，也无法解释欺凌者社会认知能力正常而共情能力低下的原因。这也需要该理论的进一步发展 [14]。

（四）依恋理论

Bowlby（1969）认为，在出生的前几年里，照顾者与儿童之间的相互作用是儿童形成人际交往的内部工作模式。如果照顾者对儿童的行为作出积极的应答，那么儿童就会对照顾者形成安全的依恋关系，安全依恋的儿童能够充满自信地适应新的环境。该理论主要观点是：儿童早期与照看者（主要是母亲）之间形成的依恋类型影响着儿童将来处理人际关系的"内部工作模式"，在儿童期没有形成安全的工作模式，可能会导致儿童在学校感觉不安全并产生焦虑，从而被他人欺负。Troy 和 Sroufe 发现，具有不安全依恋历史的儿童更容易发生欺凌行为，而具有安全依恋历史的儿童则能回避欺凌行为。他们观察了不同依恋类型的四到五岁儿童，把儿童分为安全依恋、回避依恋和焦虑依恋，后两种为不安全依恋。大多数安全依恋类型的儿童能够与他人和平相处，并且避免自己陷入欺凌行为。

五、课题意义及研究价值

（一）理论意义

欺凌理论是对欺凌发生机制的系统、概括的描述。在发展心理学中，社会学习理论、挫折攻击假说以及认知理论等从不同的角度对攻击行为的影响因素与发生机制做出了解释，这些解释攻击行为发生机制的理论观点同样适用于欺凌这种特殊类型的攻击行为。

按照社会学习理论，欺凌和攻击行为是小学生直接学习和观察学习的结果。在现实生活中，如果小学生接触到攻击或欺凌的榜样行为时，如父母对子女的体罚、暴力电影、暴力游戏等，他们可能会模仿并习得攻击性行为模式，促使他们在与同学的相处中更多地表现出欺凌行为 [16]。

挫折—攻击假说是代多拉德等人提出的一种攻击理论。该理论认为，人类的攻击由挫折所致。尽管人在受挫折之后并非必然导致攻击，攻击的发生也不一定总是以挫折为前提，但一些研究确实发现，不管是儿童还是成人，在受到挫折后，易出现愤怒等与攻击相关的情绪，其攻击行为会增多或被进一步加强。这与前文提到的竞争假设有内在的联系，即学生在学校中参与竞争失败时倾向于表现出欺凌行为 [17]。

（二）实践意义

校园欺凌行为的频繁出现，对卷入其中的小学生身心的健康发展有着多方面的消极影响与危害。同时，欺凌问题的存在破坏了校园安定和谐的氛围，降低了小学生的安全感以及家长对学校的信任感。通过本课题的研究，尝试在中小学通过系列辅导和专题讲座的形式让学生学会冷静处理和同学的矛盾，了解什么是校园欺凌，校园欺凌会给当事人带来哪些生理和心理伤害，怎么保护自己不受欺凌等，预防和减少校园欺凌事件的发生。

（三）研究价值

我国中小学生在校数量居世界首位，创建健康、和谐的校园环境，保证庞大数量的学生群体的身心健康发展，已成为当前基础教育改革发展面临的新课题。责任使然，我们应该在小学阶段就把这股不正之风治理好。小学生作为祖国未来的花朵，国家之栋梁，其学校生活的各方面都会受到社会各界尤其是家长的格外关注。但就目前的情况来看，家长所了解的校园欺凌问题都是片面的，他们了解信息的渠道极其有限，除了听自己的孩子诉说和老师及其他家长的反映外，就是通过网络等媒体接触到的校园欺凌案例。

本课题通过研究兰州市城关区中小学校园欺凌问题的情况，让教育者了解校园欺凌现状，正确认识和对待校园欺凌问题，为政府和教育部门整治校园欺凌提供决策依据。

六、课题研究的目标、内容、对象及方法

（一）研究目标

1.初步使学校、学生、家长对校园欺凌有一定的认识，提升其安全意识。

2.帮助学生学会识别哪些行为属于欺凌，能用同理心感受被欺凌同学的内心痛苦，不去欺负他人。

3.帮助学生掌握应对校园欺凌的基本方法，培养学生反对校园欺凌的意识，减少校园欺凌事件的发生。

（二）课题研究的内容

1.对中小学校园欺凌现象开展调查研究。

2.初步通过欺凌问卷、访谈问卷进行数据统计、根据中小学校园欺凌的数据，分析校园欺凌现象产生的原因。

3.科学制定适合本地区学校预防校园欺凌的策略。

4.根据地域特点挑选实验校（农村学校、城乡接合部学校、城区学校），对四、五、八年级的部分班级（实验班）开展系列预防校园欺凌团体辅导和专题讲座，比较实验班和对照班校园欺凌发生的数据。

（三）课题研究的对象

本课题研究对象是中小学生，以实验学校四、五、八年级的实验班为主要研究对象，进行追踪研究，将初期与末期的结果进行对比。

（四）课题研究的方法

结合本研究需要，主要采取实证研究和质性研究相结合的方法，即文献法、调查法、自我报告法和访谈法。

一是文献资料法。通过查阅书籍、报刊、网络中已有的关于校园欺凌方面的文献资料，收集国内外有关校园欺凌的各种观点来研究本课题，为论文寻找更为充实的理论依据。

二是自我报告法。在欺凌行为的研究中，自我报告法中的匿名问卷法是迄今研究儿童欺凌问题的一种最有效的、切实可行的方法。用欺凌问卷（小学生版）来测查小学生欺凌行为发生的频率（或普遍性），欺凌者与被欺凌者

的性别与年龄的关系，欺凌行为发生的方式，地点，稳定性，小学生对欺凌问题的态度及反应，他们对被欺凌者的情感，他们向谁诉说这类问题以及谁向他们提及此事等问题。

三是访谈法。相比较问卷调查法而言，访谈法灵活性更强。访谈者可以视访谈情况对有关问题进行有必要的重复阐述和解释，如有需要甚至还可以修改访谈的题目。

七、开展的研究工作

本课题研究周期为两年。课题组成员在课题负责人的带领下多次研磨、交流、讨论、学习，积极实践、深刻反思、总结经验，分别通过问卷调研、系列课程、团体辅导等活动方式，逐步完成课题研究的既定目标。

第一阶段：拟定实验方案，对试点学校开展校园欺凌现象的调研。通过问卷、访谈、数据分析中小学校园欺凌的现状及成因。

（一）问卷调研工作

本次调研在兰州市城关区中小学范围内挑选实验校、实验班，鉴于小学低年级学生对个别字、词、句的理解还不很清楚，因此本次小学阶段参与问卷调研对象为四、五年级的学生，初中为八年级学生。总计参与调研的学生人数为618人。

（二）问卷调研前测结果

由课题组成员担任施测者。施测前，所有施测者都经过严格的培训。让学生以匿名的自我报告法回答。在施测过程中，强调答案的匿名性和保密性。施测统一采取逐一读题的方式进行，适时对欺负进行适当解释，以统一儿童对欺凌的理解。数据收集工作在两周内完成。采用SPSS10.0对数据进行统计处理。

本调研中设置了关于"朋友"的计量表，用于测量学生在学校朋友多少、直接或间接欺负的情况。学生越喜欢所在班级，发现特别要好的朋友越多，被欺负的次数越少，参与欺负别人的次数也越少。

根据对那些"时常"或更频繁地受他人欺负或欺负他人的人定义为"被

欺负者"和"欺负者"，并设计欺凌的方式与类型。35.4%的同学选择了"没有被欺负过"。被欺凌的方式中，选择最多的是"被同学起外号、嘲讽、取笑性别、相貌、身高"，共236次，占总数的38.2%，其他方式均占有一定比例，其中"受到拍打推搡、拉扯头发等暴力威胁""东西被别人故意损坏"较多。73.1%的人认为欺负行为曾经发生在身边同学身上，欺凌方式依然以"被同学起外号、嘲讽、取笑性别、相貌、身高"为最多，其他方式均占有较大比例。

调查发现，有264人，即42.7%的同学选择了"没有被欺负过"。被欺负的地点中，选择最多的是"在教室"和"在操场"，分别为172次、159次，占总数的27.8%、25.7%，其他地点均占有一定比例。这一调研结果应引起学校及教师的重视。

从受欺凌的学生群体中进一步调研了欺凌行为的力量组成发现：有275人，即44.5%选择了"同班的"，可见欺负人一般以同班同学为主。选择"被一个男生"和"被几个男生"欺凌的比例占39.8%，问卷调研结果显示校园欺凌行为中男生显著高于女生，也意味着男生具有较强的攻击倾向，有可能通过欺凌他人显出自己的强大和社会控制能力。

根据问卷调研发现，调查学生选择的反抗方式最多的是"告诉老师或家长"，其次分别为"义正词严地讲道理""远离欺负者"，直接以行动反抗的占13.9%。可见，调查学生对于校园欺凌的反抗方式比较被动。调查学生帮助他人反抗的方式以"报告老师"和"出手制止，帮助被欺负的同学"为最多，占绝大多数。这也进一步说明，学生的同伴关系建设尤其重要，同时要进一步加强师生关系，建立良好的亲子关系。

第二阶段：（2018年1月到2018年9月），开展不同形式的校园反欺凌活动，分析、探索并总结中小学校园反欺凌的对策方法和途径，进行辅导干预后再次测试，统计对比分析前后测试数据。

（一）开展了有针对性的干预和辅导

在实验校、实验班开展心理健康活动反对校园欺凌行为的系列课程，在课题负责人的带领下，课题组成员研磨、交流讨论制订出《班里的欺负行为》《我与绰号面对面》《请不要随便欺负我》《拒绝"校园欺凌"》等辅导课程，使学生学会换位思考、相互尊重。班主任教师也利用年级活动、班会课等，让孩子思考并认识到个体对解决校园欺凌问题的重要意义。

1.开展系列预防欺凌辅导和课程；

2.预防校园欺凌心理剧展演；

3.预防校园欺凌讲座和签名活动。

（二）后测数据统计分析

1.被欺凌频率前后测试数据结果：

表1　被试的性别分布（人）

性别	前测	后测	总计
男	117	116	233
女	106	103	209
总计	223	219	442

表2　被欺凌频率前后测对比图

	被欺凌行为		欺凌行为	
	无	有	无	有
前测	30	193	136	87
后测	127	92	177	42
P	0.01		0.01	

如表2，我们可以发现通过干预，从前后测的数据比较中，无论是"欺凌行为"还是"受欺凌行为"都有显著的差异（p<.005）。被欺负的学生明显减少，欺凌行为也在逐步减少。

2.欺凌应对方式的前后测统计结果：

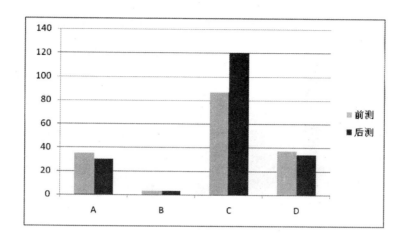

图1　欺负应对方式前后测描述统计图

A.大声吼叫，以牙还牙

B.请求对方停止，哭泣

C.告诉老师或家长

D.远离欺负者

从图1可知，学生在欺凌应对方式中出现显著差异，这个差异体现在C选项中，也就是通过上心理课他们更愿意将自己被欺负的事告诉老师和家长。告诉家长这一应对方式也能有效减轻学生受欺负后的心理压力，让学生可以在家长或老师那里学习到一些应对策略。但遗憾的是学生在其他应对方式中并没有显著差异，学生受到欺负后大声吼叫，以牙还牙这一应对方式有所减少，但并不明显，这也为我们后期干预提供了方向。从前后测试得分来看，"请求对方停止，哭泣"这一应对方式不是学生愿意去采用的方法，或者说这一应对方式并不是减少欺凌方式的最佳策略。

3.欺凌方式前后测数据统计结果：

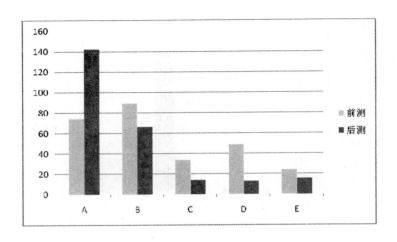

图2 欺凌方式描述统计图

A.没有被欺负过

B.被同学起外号、嘲讽、取笑性别、相貌、身高等

C.东西被别人故意损坏

D.受到推搡拍打、拉扯头发等暴力威胁

E.不让参加任何活动、游戏，受到排挤或孤立

从 A 选项的前后测对比中我们看出，没有被欺负的学生明显增加。与前测相比，无论是言语欺凌还是身体欺凌都在减少，比较显著。从前后测的得分来看，首先我们得出来的结论是被欺凌的学生数量减少，身体欺凌显著减少；其次是言语欺凌减少，学生之间起外号、嘲讽、取笑性别、相貌、身高等欺凌事件有明显减少趋势。这也证明了干预课程设计的合理性与科学性，学生在心理课堂中也真正学到了尽量不去欺负别人的行为准则。

4.父母或老师教育学生如何应对欺负的分布图结果：

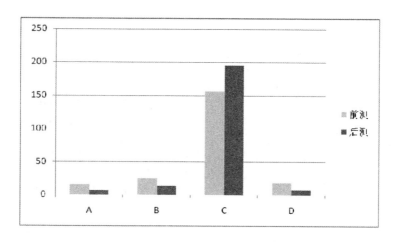

图 3　父母与老师教育学生如何应对欺凌状况图

A.只是教育我受到欺负时的应对方法

B.只是教育我不要欺负别人

C.会教育我受到欺负时的应对方法，同时也教育我不要欺负别人

D.从来没有过

如图 3 所示，前后测得分相比，学生学会了更合理更科学的应对方式，父母与老师的教育起到了显著作用。

5.欺凌原因前后测结果：

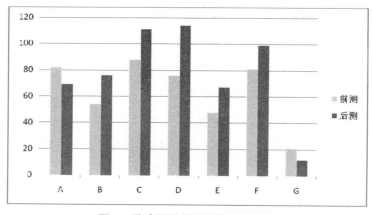

图 4　欺凌原因前后测描述统计图

A.无缘无故　　　　B.别人看着不顺眼

C.言语冲突　　　　D.同学关系不和

E.被人嫉妒　　　　F.性格软弱　　　　　G.其他

如图4所示，我们发现学生认为欺凌的原因发生了显著变化，主要原因在于言语冲突、同学关系不和、性格懦弱等三方面，无缘无故受欺凌这种想法有所减少。从前后测的分数对比看，学生对欺凌与被欺凌的原因有了科学的认识，他们认为欺凌行为的主要来源是同伴之间的言语冲突、其次是同学关系不和，最后是性格软弱，这也为我们今后的干预研究提供了清晰的思路。

八、研究结论

（一）主要结论

1.通过干预可以减少欺凌和被欺凌行为的产生。

2.通过干预可以改变学生应对欺凌的方式，如果被欺凌，学生会主动告诉家长和老师。

3.通过干预，对学生增强行为后果的认知训练，他们能够认识到欺凌后果的严重性，可以减少学生间的欺凌行为。

本课题通过问卷调研、系列课程活动的开展，已初见成效，实验校、实验班已建立校园欺凌的早发现、早处理机制，各实验校、实验班进一步完善应对校园欺凌事件的应急预案，并加强与班主任、心理老师、家长的协作。同时学校加强在教室、操场教学楼角落等重点区域的巡查，预防"校园欺凌事件"的发生。

（二）研究思考

1.对欺凌行为严重的学生进行单独干预

由于欺凌行为本身就是一种消极的行为方式，因此，关于学校欺凌问题的研究，研究者们最初强调的就是行为问题。就欺凌行为的实施者而言，这种不良的行为习惯逐渐形成一种稳定的性格特征。有研究也已表明，有欺凌行为的儿童成年后的犯罪率比其他儿童高出四倍。另外，欺凌者普遍受到同学们的拒绝。结合本研究，我们可以通过"同伴提名"的方法筛选出欺凌行为严重的学生，并且为这些学生做一些专属团体辅导，从而减少欺凌行为发生的可能性。

2.校园欺凌与中小学生同伴关系

Boulton 和 Smith（1994）的研究发现，欺凌者的同伴拒绝水平最高，显著高于其他类型的儿童；同伴接纳水平也很低。研究（王美芳，2002）也发现，欺凌者在被拒绝组的人数高于其他组。但也有研究发现，欺凌者的同伴接纳水平与未参与儿童之间无显著差异。本研究中也发现同伴关系和欺凌水平之间存在一定的相关。那么也可以采用匿名问卷和教师提名筛选出社交存在问题的学生，再次细致观察及后期追踪，根据结果也可以设计提高学生社交水平的干预方案来减少学生欺凌行为发生的可能性。

3.中小学生的欺凌/受欺凌对其心理健康状况的影响

过去大量的研究都证实了学校欺凌不仅对儿童的身体造成严重的伤害，而且还影响他们的心理健康，尤其是对受欺负者的身心健康有着多方面的消极影响和危害。经常受欺凌的儿童，不仅会有孤独、压抑和焦虑、恐惧等精神症状，在极度压抑的状态下，甚至导致学生选择自杀。

研究结果发现，卷入欺凌的儿童，无论是欺凌者、受欺凌者还是欺凌/受欺凌者都比一般儿童存在更多的心理精神症状。具体而言，欺凌/受欺凌者的孤独、压抑水平最高，欺凌者和受欺凌者的这些症状也很严重。国外的研究者也报告了相同的结果：他们发现欺凌/受欺凌行为更可能伴有孤独、压抑情绪，并且在欺凌者和受欺凌者身上也很常见。笔者认为，这与各类儿童的人格特征及同伴关系是有密切联系的。前面已经提到，欺凌/受欺凌者的人格特点是既具有欺凌者的情绪性、冲动性，又具有受欺凌者的过敏性，这种"双重性"人格更可能遭到同伴的拒绝和孤立，特别当他意识到自己的同伴身份时，自尊和自我评价就会降低，这种自卑感更加深他（她）的孤独、压抑情感。以往的研究也发现，害怕、焦虑和社交退缩与受欺负者密切相关。总之，卷入学校欺凌的中小学生都或多或少地存在一些心理精神问题，其精神健康水平普遍低于普通儿童。

另外，还发现随着儿童受欺负时间的延长，儿童的焦虑、压抑和孤独的情感更强烈。欺凌研究的先驱人物 Olweus 曾经写过一篇名为《替罪羊》的文章，写到对长期受欺凌的儿童而言，学校如同魔窟，在学校里被同学欺负、嘲笑，不被同伴喜欢、内心充满恐惧、焦虑，且非常孤独。这就说明学校欺凌，相比身体的疼痛，最严重的是心理或精神上的一种伤害。

本研究在一定程度上减少了学生欺凌行为的发生，但是欺凌与受欺凌的行为发生的原因比较复杂，因此多借助一些其他研究中的研究方法，采用有效的干预措施来减少校园欺凌行为发生的可能性尤为重要。

4.预防校园欺凌系列课程的开发

在该研究中我们详细研究了关于减少校园欺凌行为的课程，效果显著。教师可以继续研发相关系列课程，将该主题加入心理健康教育中，让更多的学生受益。心理课程是心理健康教育的主要途径，因此给学生上关于该主题的课程格外重要，而且省时省力，涉及面广。

九、教育启示

综上所述，学校欺凌是中小学中普遍存在的一种消极行为。它不仅影响受欺凌儿童的身心健康，使他们陷入极度恐惧、焦虑状态之中，而随之而来的同伴排斥和拒绝，更加深了这种伤痛；而且对欺凌他人的儿童而言，这同样也是一种不健康的人生经历，攻击性的人格的形成是以后其社会适应的一个毒瘤。因此，本研究的实践意义在于帮助更多的教育工作者更新对这一问题的认识，并做好以下几点：

首先，教师应该清醒地认识到学校欺凌发生的普遍性和危害性。只有认识到了这一点才会重视这一问题。作为一名教育者，在传授知识的同时，一定要培养学生良好的个性特征，使他们的身心健康发展。因此，学校欺凌现象的发生及其对儿童身心发展所产生的消极影响，无疑是对教育者的一大挑战。长期以来，人们对学校欺凌的危害性的认识比较笼统，并没有把这种现象与学生在学校中的各种消极的表现，无论外部行为问题，还是内部心理问题联系起来。但一个无须掩饰的事实是，为学生创造心情舒畅、自由成长的良好环境，可以极大地改善教育的质量，促进儿童个性和社会性的健康发展。

其次，要充分了解欺凌对儿童的行为、同伴关系、心理健康产生的"链状"影响，以及他们之间的循环关系，做到在不同的环节采取不同的干预措施，以避免形成一种恶性循环。

十、参考文献

［1］UNICEF.Developing a Global Indicator on Bullying of School-aged Children［EB/OL］.https：www.unicef-irc.org/publications/979 developing a global indicator on bullying of school aged children.html.2018

［2］Smith，P.Bullying：Definition，Types，Causes，Consequences and Intervention ［J］.Social and Personality Psychology Compass，2016，（9）.

［3］李帆.校园欺凌中的旁观者及其行为干预［J］.教育导刊：上半月，2021（6）：6.

［4］教育部等十一部门关于印发《加强中小学生欺凌综合治理方案》的通知［EB/OL］.［2017.11.23］.http://www.moe.gov.cn/srcsite/A11/moe_1789/201712/20171226_322701.html.

［5］国务院教育督导委员会办公室.《国务院教育督导委员会办公室关于开展中小学生欺凌防治落实年行动的通知》.［EB/OL］.［2017.11.23］.http://www.moe.gov.cn/srcsite/A11/moe_1789/201804/t20180428_334588.html

［6］任海涛."校园欺凌"的概念界定及其法律责任［J］.华东师范大学学报（教育科学版），2017，35（2）：43-50.

［7］俞凌云，马早明."校园欺凌"：内涵辨识，应用限度与重新界定［J］.教育发展研究，2018，38（12）：8.

［8］Dan，Olweus.Bullying at School：Basic Facts and Effects of a School Based Intervention Program［J］.Journal of Child Psychology and Psychiatry，1994，35（7）：1171-1190.

［9］张文新，武建芬.Olweus 儿童欺负问卷中文版的修订［J］.心理发展与教育，1999（2）：6.

［10］张琼.小学校园欺凌行为及其对策研究［D］.重庆师范大学.

［11］吴竞.小学校园霸凌行为调查及干预研究［D］.内蒙古师范大学.

［12］Griffiths，L.J，Wolke，等.肥胖症与欺凌弱小行为：对男童和女童影响差异的研究［J］.世界核心医学期刊文摘（儿科学分册），2006（9）：5-6.

［13］胡春光.校园欺凌行为：意涵，成因及其防治策略［J］.教育研究与实验，2017（1）：7.

［14］赵祥丽，贾林祥.童年中期关系攻击行为的社会信息加工理论与冷认知理论［J］.社会心理科学，2009（5）：4.

［15］Renken B,Egeland B,Marvinney D,et al.Early childhood antecedents of aggression and passive-withdrawal in early elementary school［J］.Journal of Personality,1989,57(2):257-281.

［16］阳科峰,孙明娟.社会学习理论下校园欺凌旁观者再侵害探究［J］.黑龙江教育:理论与实践,2018(7):2.

［17］张咏梅,吴荣先.国内外依恋研究述评[C]//第十届全国心理学学术大会.

附件一：预防校园欺凌论文

开展系列心理辅导，有效预防中小学校园欺凌

水车园小学　曾爱莉

【关键词】 心理辅导　有效预防　校园欺凌

近年来，我国中小学校园欺凌现象日趋严重，引起了社会广泛关注。2017 年 12 月 11 部门联合发布的《加强中小学生欺凌综合治理方案》提出，中小学生欺凌是发生在校园内外、学生之间，一方（个体或群体）单次或多次蓄意或恶意通过肢体、语言及网络等手段实施欺负、侮辱，造成另一方（个体或群体）身体伤害、财产损失或精神损害等的事件。

中国青少年研究中心 2015 年的调查显示，中小学生中经常受欺凌的占到 6.1%，偶尔受欺凌的占到 32.5%。笔者 2017 年调查兰州市部分中小学校园欺凌现状时发现，被欺负的方式中，学生选择最多的是"被同学起外号、嘲讽、取笑性别、相貌、身高等"，占总数的 38.2%，校园欺凌事件频发，给被欺凌学生带来身体、心灵的伤害，对实施欺凌的学生也有不良影响。基于调查数据，笔者带领课题组教师通过开展系列心理辅导活动来预防校园欺凌的发生，取得了一定效果。

一、初步辨识校园欺凌

第一次辅导的主题是《班里的欺负行为》，试图达成三个心理辅导目标，一是让学生学会识别什么是欺凌行为；二是知道欺凌行为中的三个角色，能换位思考、体会被欺凌者、旁观者、欺凌者内心的感受；三是初步学习一些制止、避免自己被欺负的自我保护技能。辅导的重点是学生能识别什么是欺凌行为。辅导的难点是让学生体会欺凌行为中三种角色内心的感受，不欺负别人，主动帮助被欺负的同学。

首先通过热身活动"好朋友手拉手"，营造友好的氛围，鼓励学生分享活动感受，捕捉不友好的行为，关注在游戏中受到冷落的学生。

接着通过观看视频《小珍的故事》，引导学生讨论哪些行为是欺凌行为？明确如何界定欺凌行为。懂得欺凌意味着一个或几个小孩故意使用其力量支配他人，使得受欺凌的同学感到伤心并非常痛苦。欺凌不是单方面的争吵或与人打架，也不是你生气时对人不好。欺凌是持续一段时间的行为，是故意的。明确欺凌的特征是不公平的、故意的、多次或经常发生的。在欺凌行为中有三个角色：欺凌者、被欺凌者、旁观者。

然后适时出示班级欺凌行为调查数据。偶尔被别人欺负的：33人，占50%；多次被别人欺负的：7人，占11%；欺负过别人的：17人，占26%。让学生认识到欺凌行为在班里是普遍存在的。

最后，鼓励学生分享自己被欺凌、目睹欺凌或者欺凌别人的经历，体会不同角色的心情。让学生感受到欺凌能使受欺凌的人感到痛苦、伤心、害怕。己所不欲，勿施于人。自己的快乐不能建立在别人的痛苦之上。欺凌或者协助欺凌他人，都是一种软弱的表现。通过欺凌他人来寻开心，或者通过欺凌弱小显示自己的强大，不仅给他人带来很大的伤害，也无法让自己得到真正的友谊和尊重。

二、学会正确看待绰号

第二次辅导的主题是《我和绰号面对面》，辅导目标是引导学生感知不同的绰号会给人带来不同的感受；帮助学生正确面对绰号给自己带来的困扰并找到应对方法；学生学会不随意为别人取绰号或叫别人绰号，让学生在人际交往中学会尊重他人。辅导重点是在活动中让学生体会恶意的绰号对同伴的心理伤害，引导学生采取正确积极的方法应对绰号。辅导难点一是让学生设身处地感受他人的感受，不随意为他人起绰号；二是使学生正确面对绰号给自己带来的烦恼，找到适合的、有效的解决问题的方式。

为了实现辅导目标，辅导教师采用课前制作采访学生对绰号的看法的小视频，让学生观看视频后谈自己的感受，这种直观的方式可以让学生设身处地感受不同绰号带来的不同感受。面对褒义性质的绰号学生心里是开心的、接受的，但是侮辱性的绰号让学生感到愤怒、尴尬、痛苦。教师创设安全、平等、尊重的氛围，鼓励学生勇敢地分享自己与绰号不愉快的经历。

如何智慧应对绰号呢？辅导教师设计了四人小组讨论环节，一部分有绰号而且不喜欢绰号的学生讨论应对绰号的方法，剩余学生讨论叫或给别人起绰号会带来哪些后果，针对被起外号者和自己两方面去谈。学生在短短的六分钟之内找到了很多方法，学会了如何智慧应对绰号。教师在总结时再次强调给别人起绰号会给同伴带来心理伤害，自己也会失去朋友，变成一个不受欢迎的人。

三、学会智慧应对欺凌

辅导教师创编心理剧本《校园风波》，通过角色扮演深入体验欺凌者、被欺凌者和旁观者的内心活动及应对校园欺凌的策略。让现场观看表演的学生感同身受，体会被欺凌者痛苦的心情，学会应对欺凌的方法，勇敢对欺凌说不。

在心理剧结束后让学生写一写表演和观看心理剧的感受，以及对校园欺凌的认识和应对欺凌的方法，深化辅导效果。

通过系列辅导，帮助学生学会界定哪些语言或行为是校园欺凌，学会了不随意给他人起侮辱性的绰号以及智慧应对别人给自己起绰号，学会了如何友好地和他人相处，当发生校园欺凌时如何保护自己等。此外，课题组通过家长会向家长普及预防校园欺凌常识，家校合作预防校园欺凌。由此可见，通过系列心理辅导，可以有效预防中小学校园欺凌。

附件二：校园欺凌调查问卷

小学生校园欺凌行为现状调查问卷（前测）

亲爱的同学们：

为了营造文明、和谐、友好、安全的校园环境，预防和避免校园欺凌行为的发生，我们设计了这份问卷调查表，问卷不署名，请你务必如实填写以下信息。校园欺凌包括言语欺凌（取外号，嘲讽取笑性别、身高、体重等，说威胁恐吓的话）、身体欺凌（推、踢、殴打、抢夺物品）、关系欺凌（排挤孤立同学、传播同学谣言、污蔑同学）等。

一、基本信息（请在你认为与你的状况相吻合的表述序号前打"√"。）

学校班级＿＿＿＿＿＿　　　　性别：　A.男　　B.女　　年龄：＿＿＿＿岁

是否独生子女：A.是 B.否

家庭情况：A.正常　B.离异　C.单亲　D.重组家庭　E.其他

父母是否在外务工：A.是　　B.否

二、问卷部分〔请将与你状况、想法相吻合的表述序号填在（　　）内。〕

1.你是否喜欢你所在的班级（　　　　　）

A.不喜欢　　　B.有点喜欢　　C.喜欢　　　　D.非常喜欢

2.你在班上有特别要好的朋友吗？（　　　　　）

A.没有　　　　B.有一个　　　　C.有两个　　　　D.有很多

3.这学期你在学校里被别的同学欺负过吗？（　　　　　）

A.从来没有　　B.有一两次　　C.多次发生　　　D.经常发生

4.别的同学是怎么欺负你的？【可选多个选项】（　　　　　）

A.没有被欺负过　　　　　B.被同学起外号，嘲讽取笑性别、相貌、身高等

C.东西被别人故意损坏　D.受到推搡拍打、拉扯头发等暴力威胁

E.不让参加任何活动、游戏，受到排挤或孤立

5.你是在哪里被欺负的？【可选多个选项】（　　　　　）

A.没有被欺负过　　B.在教室　　C.在操场　　D.在走廊或大厅

E.在厕所　　F.上、下学路上　　G.其他地方_____

6.欺负你的同学是哪个班的？【可选多个选项】（　　　　）

A.没有被欺负过　　B.同班的　　C.同年级别的班　　D.高年级同学

7.你是被一个同学欺负，还是被几个同学欺负？【可选多个选项】（　　　　）

A.没有被欺负过　　B.被一个男生　　C.被几个男生

D.被一个女生　　E.被几个女生　　F.男、女生都有

8.以下这些欺凌行为是否发生在身边同学身上【可选多个选项】（　　　　）

A.没有被欺负过　　　　B.被同学起外号、嘲讽取笑性别、相貌、身高等

C.东西被别人故意损坏　D.受到推搡拍打、拉扯头发等暴力威胁

E.不让参加任何活动、游戏，受到排挤或孤立

9.这学期以来你是否也欺负过或者参与欺负过别的同学（　　　　）

A.从来没有过　　B.仅一两次　　C.多次发生　　D.经常发生

10.你通常是怎么欺负别的同学的【可选多个选项】（　　　　）

A.没有欺负过　　　　　B.给同学起外号、嘲讽、取笑性别、相貌、身高等

C.故意损坏同学物品　　D.推搡拍打、拉扯头发等暴力威胁

E.不让参加任何活动、游戏，排挤或孤立同学

11.你觉得受人欺负的原因可能是【可选多个选项】（　　　　）

A.无缘无故　　　　B.别人看着不顺眼　　C.言语冲突

D.同学关系不和　　E.被人嫉妒　　　　F.性格软弱　　G.其他_____

12.如果你遇到别人欺负你，你会（　　　　）

A.大声吼叫，以牙还牙　　　B.请求对方停止，哭泣

C.告诉老师或家长　　　　　D.远离欺负者

E.义正词严地讲道理　　　　F.其他_____

13.如果你看到同学被欺负，你会（　　　　）

A.看个热闹　　B.适度参与，也跟着欺负这个同学

C.报告老师　　D.出手制止，帮助被欺负的同学　　　　E.没有看到过

14.你的父母或老师是否对你进行过避免欺凌行为的教育（　　　　　）

A.只是教育我受到欺负时的应对方法　　　　　B.只是教育我不要欺负别人

C.会教育我受到欺负时的应对方法，同时也教育我不要欺负别人

D.从来没有过

小学生校园欺凌行为现状调查问卷（后测）

亲爱的同学们：

　　为了营造文明、和谐、友好、安全的校园环境，预防和避免校园欺凌行为的发生，我们设计了这份问卷调查表，问卷不署名，请你务必如实填写以下信息。校园欺凌包括言语欺凌（取外号，嘲讽取笑性别、身高、体重等、说威胁恐吓的话）、身体欺凌（推、踢、殴打、抢夺物品）、关系欺凌（排挤孤立同学、传播同学谣言、污蔑同学）等。

一、基本信息（请在你认为与你的状况相吻合的表述序号前打"√"。）

学校班级_____　　　　　性别：　A.男　　B.女　　　年龄：_____岁

是否独生子女：A.是　　　B.否

家庭情况：A.正常　　　B.离异　　　C.单亲　　　D.重组家庭　　　E.其他

父母是否在外务工：A.是　　　B.否

二、问卷部分〔请将与你状况、想法相吻合的表述序号填在（　　　　）内。〕

1.你是否喜欢你所在的班级（　　　　　）

A.不喜欢　　　B.有点喜欢　　　C.喜欢　　　D.非常喜欢

2.你在班上有特别要好的朋友吗？（　　　　　）

A.没有　　　B.有一个　　　C.有两个　　　D.有很多

3.这学期你在学校里被别的同学欺负过吗？（　　　　　）

A.从来没有　　　B.有一两次　　　C.多次发生　　　D.经常发生

4.别的同学是怎么欺负你的？【可选多个选项】（　　　　　）

A.没有被欺负过　　　　　B.被同学起外号，嘲讽取笑性别、相貌、身高等

C.东西被别人故意损坏　　D.受到推搡拍打、拉扯头发等暴力威胁

E.不让参加任何活动、游戏，受到排挤或孤立

5.你是在哪里被欺负的？【可选多个选项】（　　　　　　　）

A.没有被欺负过　　　B.在教室　　　C.在操场　　　D.在走廊或大厅

E.在厕所　　　　　　F.上、下学路上　　　　G.其他地方＿＿＿＿＿

6.欺负你的同学是哪个班的？【可选多个选项】（　　　　　　）

A.没有被欺负过　　　B.同班的　　　　C.同年级别的班　　　D.高年级同学

7.你是被一个同学欺负，还是被几个同学欺负？【可选多个选项】（　　　　　　）

A.没有被欺负过　　　B.被一个男生　　　C.被几个男生

D.被一个女生　　　　E.被几个女生　　　F.男、女生都有

8.以下这些欺凌行为是否发生在身边同学身上【可选多个选项】（　　　　　　）

A.没有被欺负过　　　　　　　B.被同学起外号，嘲讽取笑性别、相貌、身高等

C.东西被别人故意损坏　　　D.受到推搡拍打、拉扯头发等暴力威胁

E.不让参加任何活动、游戏，受到排挤或孤立

9.这学期以来你是否也欺负过或者参与欺负过别的同学（　　　　　　）

A.从来没有过　　　B.仅一两次　　　C.多次发生　　　D.经常发生

10.你通常是怎么欺负别的同学的【可选多个选项】（　　　　　　）

A.没有欺负过　　　　　　　B.给同学起外号，嘲讽取笑性别、相貌、身高等

C.故意损坏同学物品　　　D.推搡拍打、拉扯头发等暴力威胁

E.不让参加任何活动、游戏，排挤或孤立同学

11.你觉得受人欺负的原因可能是【可选多个选项】（　　　　　　）

A.无缘无故　　　B.别人看着不顺眼　　　C.言语冲突　　　D.同学关系不和

E.被人嫉妒　　　F.性格软弱　　　　　　G.其他＿＿＿＿＿＿

12.如果你遇到别人欺负你，你会（　　　　　　）

A.大声吼叫，以牙还牙　　　　B.请求对方停止，哭泣

C.告诉老师或家长　　　　　　D.远离欺负者

E.义正词严地讲道理　　　　　F.其他＿＿＿＿＿＿

13.如果你看到同学被欺负，你会（　　　　）

A.看个热闹　　　　　B.适度参与，也跟着欺负这个同学

C.报告老师　　　　　D.出手制止，帮助被欺负的同学　　　　　E.没有看到过

14.你的父母或老师是否对你进行过避免欺凌行为的教育（　　　　）

A.只是教育我受到欺负时的应对方法　　　　B.只是教育我不要欺负别人

C.会教育我受到欺负时的应对方法，同时也教育我不要欺负别人

D.从来没有过

15.你从老师有关校园欺凌的教育中学到了哪些内容？

附件三：预防校园欺凌心理辅导课程

《班里的欺负行为》教学设计

四年级

一、设计意图

近年来，中小学校园欺凌现象日趋严重，因校园欺凌引发的危机事件也时有发生。在笔者所做的研究中发现，欺负行为在小学生中普遍存在。为了帮助学生识别什么样的行为是欺负行为，既保护自己，也避免伤害其他同学，学会和同学友好交往、应对校园欺凌设计本次辅导课。

二、教学目标

1.学会识别什么是欺负行为。

2.知道欺负行为中的三个角色，能换位思考，体会被欺负者、旁观者、欺负者内心的感受。

3.初步学习一些制止、避免自己被欺负的自我保护技能。

三、教学重点：

能识别什么是欺负行为

四、教学难点：

体会欺负行为中三种角色内心的感受，不欺负别人，主动帮助被欺负的同学。

五、教学过程

（一）热身活动：好朋友手拉手

游戏结束后问学生感受，捕捉不友好的行为，关注在游戏中受到冷落的学生，让学生分享感受。

大家感受到了和同学一起做游戏的快乐。是啊，我们在学校的快乐一方面来自学习，另一方面来自和同学们一起玩的时候。可是有时候，有些同学觉得自己不受同伴欢迎，心情会非常难过，一起来看看小珍的故事。

（二）观看视频，揭题

播放授课教师拍摄的短视频《小珍的故事》，请学生判断发生了什么事？引出课题。

（三）演一演，分组讨论哪些行为是欺负行为？

1.演一演：四人小组演一演发生在自己身边的欺负行为。

请几个小组角色扮演，点评。

2.分组讨论哪些行为是欺负行为，汇报交流，总结。

欺负意味着一个或几个小孩故意使用其力量支配他人，使得受欺负的同学感到伤心并非常痛苦。（起外号、嘲笑、故意损坏物品、打人、勒索、不让参加集体活动、背后说坏话、散布谣言等）欺负不是单方面的争吵或与人打架，也不是你生气时对人不好。欺负是持续一段时间的行为，是故意的。

3.欺负的特征是不公平的、故意的、多次或经常发生的。在欺负行为中有三个角色：欺负者、被欺负者、旁观者。

（四）出示班级欺负行为调查数据

偶尔被别人欺负33人，占50%

多次被别人欺负7人，占11%

欺负过别人17人，占26%

（五）学生在四人小组分享自己被欺负、目睹欺负或者欺负别人的经历，体会不同角色的心情。

各小组代表发言时，倾听、共情和引导。

小结：受欺负的人感到痛苦、伤心、害怕。己所不欲，勿施于人，自己的快乐不能建立在别人的痛苦之上。我们既要保护自己不受欺负，更不能欺负他人，也不能做冷漠的旁观者。

（六）拓展、总结

播放避免和阻止欺凌的短片，让学生学会对欺负说"不"。

让学生谈感受，教师总结。

欺负或者协助欺负他人，都是一种软弱的表现。通过欺负他人来寻开心，或者通过欺负弱小显示自己的强大，不仅给他人带来很大的伤害，也无法让你得到真正的友谊和尊重。

《和绰号面对面》教学设计

五年级

【设计意图】

笔者在调查兰州市部分中小学校园欺凌现状时发现，在被欺负的方式中，学生选择最多的是"被同学起外号，嘲讽取笑性别、相貌、身高等"，占总数的 38.2%，因此有针对性地设计了本次辅导课，带领学生分享绰号带来的烦恼，从而让学生理解恶意绰号带给他人的伤害，能站在他人的立场考虑感受，不随意给他人起外号。

【活动目标】

1.感知不同的绰号会给人带来不同的感受。

2.学会面对绰号给自己带来的困扰。

3.不随意为别人取绰号或叫别人绰号，在人际交往中学会尊重他人。

【活动重点】

在活动中体会恶意的绰号对同伴的心理伤害，学习采取正确积极的方法应对绰号。

【活动难点】

1.设身处地地感受他人的感受，不随意为他人起绰号。

2.正确面对绰号给自己带来的烦恼，找到适合的、有效的解决问题的方式。

【活动准备】 PPT，卡片。

【活动过程】

一、热身活动："小风吹"

带领学生做"小风吹"游戏。由老师开始说"小风吹"，所有同学回应

"吹什么"，老师说一些学生的特征，具备这个特征的同学竖起大拇指。

特征：①喜欢心理课同学；

②上课踊跃发言的同学；

③有绰号的同学；

④喜欢自己绰号的同学；

⑤不喜欢自己绰号的同学。

引出课题：原来咱们班有这么多人有绰号，而且很多同学并不喜欢自己的绰号，那我们今天就和绰号面对面。

二、感受同伴的烦恼

看短片后采访学生有什么感受？

让学生交流自己的感受。

小结：同样的绰号有的让人喜欢，有的让人不喜欢，有的绰号会让我们开心，有的绰号让我们难过。

三、诉说自己绰号的烦恼

除了这几位同学有这样的经历外，你们有这样的情况吗？谁愿意勇敢地说出自己和绰号不开心的经历？

这个绰号给你带来什么样的感受？说说你的感受，你为什么不喜欢它？这个绰号让你联想到了什么？

现场采访其他学生，当别人这样叫你时，你会有怎样的感受？

小结：有时候当朋友亲切地叫我们绰号时，我们能感受到彼此的友谊。然而有时候，当我们听到那些冷冰冰，有贬义色彩的绰号时，我们感到十分难过。

四、总结自己不喜欢的绰号的特点

从以上几位学生的分享中发现他们为什么不喜欢这些绰号，它们有什么特点。

总结：恶意的绰号就像一把刀会狠狠地刺进别人的心里，我们将心比心，想到他们心里面的伤痕，我们还忍心随便给别人起绰号吗？还忍心随意地叫别人绰号吗？

带有侮辱、恶意、不尊重他人等这些特点的绰号我们坚决不去叫、也坚决不给别人起这样的绰号。

五、如何面对不喜欢的绰号

孩子们，如果我们被别人起了恶意的绰号该怎么办呢？

四人小组讨论：

（1）请有绰号并且不喜欢自己绰号的同学去讨论这个问题。

（2）请没有绰号的同学讨论这个问题：叫别人绰号或给别人起绰号会造成怎样的后果？

从被起外号者和自身两方面去分析讨论，每个小组依次汇报。

归纳总结应对方法。

师：现在，如果你意识到自己曾经给别人起绰号或叫绰号，而伤害了某位同学，下课后可以找他道歉或者用其他方式表达你的歉意。

总结：通过刚才的讨论我们认识并感受到：叫同学恶意、侮辱性的绰号会让当事人感到愤怒、尴尬、苦恼，在心灵上造成一定的伤害，面对恶意的绰号我们要勇敢地对绰号说"不"。

我们不难发现，给别人起绰号或叫他人绰号不仅让你的同伴心里难受，而且他会远离你，不愿意和你交朋友，你可能会变成一个不受欢迎的人。面对我们朝夕相处的伙伴，我们只有互相尊重，真诚，友好，才能成为真正的好朋友。

沙盘游戏在中小学心理辅导中的个案研究

研究背景

作为小学心理辅导教师，笔者在学校心理辅导过程中发现，来接受心理辅导的学生主要有两类，一类同学是被班主任或任课教师带来的，他们没有主动求助的意愿，沟通起来会有一定的困难，所以辅导效果有限。而另一类是主动到咨询室寻求帮助的学生，由于他们的认知与语言表达能力还不是十分完善，经常不能够很好地表述自己的感受，尤其对小学低年级的学生来说更是如此。因此，仅仅通过语言沟通进行心理辅导是不够的，迫切需要结合使用非言语的表达性艺术治疗或者是游戏治疗的方式。

游戏是儿童的天性，也是儿童主要的活动形式和探索世界的桥梁。儿童是以自我为中心的，他们大部分时间都在关注自己的内心世界。

由于沙盘游戏由玩具、沙和沙箱组成，辅导过程又具有游戏性，所以孩子们对它有着天然的喜爱，一点也不会抗拒，能够很快进入游戏过程之中，使潜意识意识化。儿童非常富有情感和创造力，通过创造一个属于自己独特世界的形式，激发其内在自我成长的能量，解决自身的心理问题。儿童可以通过沙具、沙子和水的运用，驰骋自己的想象力与创造力，在积极想象的过程中，自我的各个方面逐渐整合，获得心灵成长。

沙盘游戏的独特之处在于：它融合了东西方的智慧，整合了荣格分析心理学理论和东方哲学文化之精髓，通过创造的意象和场景来表达自己，直观显示内心世界，从而可以绕开咨询中的阻抗。是一种不用言语、不用指导来表达自我的心理治疗方法。沙盘游戏作为一种成熟的心理治疗技术，既可作为游戏玩具，又可用于心理辅导、心理治疗，近年来在国内迅速发展，在心理咨询与辅导、家庭教育、压力管理、行为矫正、个人成长等众多领域都得到广泛的应用。

教育情境下，一些儿童因为各种生理、心理等诸方面的原因不能很好地用语言表达自己的观点或情绪体验，也很难与他人交流。这些儿童的心理辅导也因此不适用于仅用言语面谈的方式开展。通过沙盘游戏这一工具可以在辅导教师的陪伴下，有效帮助这些儿童用象征的、非言语的方式呈现其心理内容，实现自我整合与修复，获得心理的成长。

学习和考试焦虑是当前学校心理辅导的主要课题之一。沙盘游戏是一种集认知重构、情绪表达、感觉统合、心理动力等于一体的心理临床方法。通过玩沙子、玩具模型，可以宣泄自己的消极情绪，让个体得到放松，重构自己的意识或潜意识认知。沙盘作品制作过程提高了个体的创造力，进一步提升了他们的自信和自尊，有助于他们减轻焦虑和压力等。

注意力不集中、多动属于儿童外化的行为问题，主要表现为注意困难、多动、易冲动、容易激怒以及无法容忍满足的延迟等。运用沙盘游戏能帮助儿童将注意力集中于一种可具体感知到的、自我主导的活动。沙子和玩具的可触性、可移动性能通过触觉与运动觉作用于个体的大脑神经，从而使他们的注意力集中于具体的物件和活动。此外，沙箱是一个有边界限制的空间，将个体的注意集中于这一有限的空间内，也有助于对他们注意力的训练。

人际关系是体现一个人情商的重要指标，是影响个体主观幸福感的主要因素之一，并可能进一步影响个体的学习、生活质量，所以如何正确处理与他人的关系至关重要。团体沙盘游戏在促进团体成员协作能力、增进团体整合、提高人际交往技能、确立自我概念等方面具有非常显著的效果。通过团体沙盘游戏辅导，能有效培养学生的同理心、沟通能力、提升人际交往能力，促进团体凝聚力。

在团体沙盘游戏中，成员或个体以虚拟而又注入真情实感的角色扮演的方式展开人际互动，并在沙盘游戏的帮助下调整社会认知系统，从与其他成员人际交往的成功行为中习得社交适应行为。

综上所述，在中小学个体心理辅导或团体心理辅导中运用沙盘游戏，可以有效地帮助学生表达心理内容、改善心理行为问题，学会处理人际关系，还可开发学生潜能，促进人格发展。

目前在学校心理健康教育工作中，标准化心理辅导室都按要求配备了沙盘，但是沙盘游戏作为学校心理辅导的一种新技术、新工具，才刚刚起步，且培训费高昂，大部分心理教师没有接受过沙盘游戏辅导专业培训，对沙盘游戏辅导方法了解不够。本研究旨在为教育行政部门在中小学推广沙盘游戏辅导提供借鉴经验，为学校的心理健康教育实践提供新的思路与方法，为一线心理辅导教师灵活运用不同的心理辅导工具提供参考和启发，使沙盘游戏可以发挥出更大的、更富有创造性的作用。

沙盘游戏概述

一、核心概念的界定

沙盘游戏是由瑞士分析心理学家朵拉·卡尔夫于 20 世纪五六十年代在分析心理学基础上，借鉴了"世界技法"的心理治疗技术，融合了世界技法和东方道家思想创建的心理治疗技术。在这个技术中，来访者利用沙子、玩具在沙箱中制作一个场景，以呈现其潜意识内容。通过意识与潜意识的沟通，以及展现集体潜意识原型促进原型的发展，实现来访者心灵成长及对心理问题的疗愈。

　　沙盘游戏治疗是一种以荣格心理学原理为基础，由朵拉·卡尔夫发展创立的心理治疗方法。沙盘游戏采用意象的创造性治疗形式，在所营造的"自由和受保护的空间"（治疗关系）气氛中，把沙子、水和沙具运用在富有创意的意象中。一个系列的各种沙盘意象，反映了沙盘游戏者内心深处意识和潜意识之间的沟通与对话，以及由此而激发的治愈过程和人格发展。

　　沙盘（内壁）长 72 厘米、宽 50 厘米、深 8 厘米，其内壁四边和底部都被染成淡蓝色。把沙子拨开，蓝色就可以作为场景中的水域，也可以把水加到沙中，让沙子塑形，做成来访者想要的形状。沙盘附近的沙架上摆放着沙具，反映出现实生活和幻想中方方面面的内容。来访者也可以利用各种材料设计制作自己所需的沙具。

　　治疗师会鼓励来访者在沙盘中制作任何他（她）想做的内容，而不会做进一步的指导。当来访者在沙盘里工作时，治疗师会坐在附近，记录来访者制作的内容、所说的话及行为等。治疗师会勾画出沙盘的草图或分布图以备日后回顾参考使用。当沙盘制作结束后治疗师会拍照记录。制作完成一个沙盘看似简单，其实这是一种错觉。在这看似简单的沙上图景创作背后是深刻的心理历程，而这一历程才是沙盘游戏疗法真正关注的对象。

　　沙盘游戏疗法的理论基础源自荣格的以下观点：人的心灵具有自我疗愈和趋于整合的倾向（Jung，1960/1981）。这一倾向在适当的条件下会被激活。在一系列三维沙盘图景的创造过程中，来访者潜意识中的冲突通过象征的形式表现出来，与此同时，对其混乱的心理内容进行有益的整合，从而实现心灵的疗愈和转化。

　　呈现在沙盘中的象征形式可以是单个沙具、沙具组合或是整个沙盘，而同一来访者制作的一系列沙盘则被称为一个沙盘历程。在沙盘游戏历程中，来访者会逐渐意识到根植于他（她）心灵深处真正的自己。

　　在建立起安全的咨访关系的前提下，沙盘游戏能够使来访者超越意识的限制，激发心灵的成长，继而迈向更完整、更具创造力的生活。治疗师不会对来访者就其沙盘内容进行任何分析或解释，直到整个历程结束。

这个过程中，治疗师为来访者提供安全的心理环境，理解和接纳来访者潜意识浮现的内容，与此同时，来访者的心灵不断整合并逐渐将象征性的内容意识化。

一个称职的沙盘游戏治疗师需要经过专业培训，且自己有参与沙盘游戏的体验，经历完整的沙盘游戏的历程。如果治疗师本人没有完整地经历过一次沙盘游戏历程，就对来访者进行沙盘游戏治疗或辅导，是根本无法做到对来访者深层心灵作品的包容和接纳的。

二、沙盘游戏的发展

自朵拉·卡尔夫创立沙盘游戏疗法之后，该疗法迅速在西方国家发展起来。美国沙盘游戏治疗家目前拥有许多地方组织，每两年举行一次大会，每年出版两期《沙盘游戏》。基础理论研究向纵深发展，致力于研究沙盘游戏与荣格分析心理学的联系。沙盘游戏不再局限于儿童治疗，已广泛应用于成人心理治疗中，如夫妻治疗、家庭治疗等。

1962年，日本心理学家河合隼雄跟随卡尔夫学习沙盘游戏并将其引入日本，和日本文化相结合后命名为箱庭疗法。可以说，日本是世界上最盛行这一疗法的国家。

20世纪90年代，张日昇教授将沙盘游戏引进到中国并实践。沙盘游戏传入中国之后，迅速传播开来。目前华南师范大学，以申荷永、高岚等为代表的一批研究者正致力于沙盘疗法的理论和应用研究，并开始探索沙盘疗法与东方思想的联系。魏广东等一批学者，正致力于将理论成果转化到现实应用阶段，推广沙盘游戏在学校心理健康教育中的运用。

三、沙盘游戏适用范围

沙盘游戏既适合于成人，也适合于儿童。在中小学，沙盘游戏既适用于所有身心健康的学生，帮助他们探索自我、接纳自我，获得人格整合与发展，同时也适合有情绪、行为或者人际困扰的学生。

（一）沙盘游戏适用于语言交流障碍或自我表达不良的学生

沙盘游戏过程使得来访者没有言语表达的压力，没有做不出作品的自卑感。伴随着陪伴者接纳、共感、无判断的态度，来访者在这个"自由与受保护的空间"里能够完全投入地专注于沙盘作品的制作，将深埋心底的情绪表现出来。

（二）使用沙盘游戏可以改善学生人际交往困难的现象

如何正确处理与他人的关系是学生发展的重要课题，限定性团体沙盘游戏特别适用于人际交往能力的培养和训练。

（三）沙盘游戏可以缓解青少年的攻击性行为

攻击行为是青少年行为问题中普遍存在的现象，也是学校管理中棘手的问题。合理的情绪宣泄是有效减少攻击行为的方法。沙盘游戏除了可以使用替代性的游戏活动将长期累积的愤怒和被压抑的攻击性情感物化地表达出来，还可以为在压抑与爆发的冲突中煎熬的个体提供一个合理的情感建构的过程。

（四）沙盘游戏可以用于考试焦虑等情绪的调节

很多面临毕业的学生，都存在不同程度的考试焦虑现象。过度焦虑就会干扰听课，影响复习进度，尤其会妨碍考试时的良好发挥。沙盘游戏在调节焦虑情绪的过程中通过对沙子、沙具的应用，使个体身心得到放松，从而更好地觉察与接纳自己的情绪，把焦虑水平控制在正常范围内。

（五）沙盘游戏对注意缺陷的干预与调节

沙盘游戏的情境设置可以帮助注意缺陷学生在特定的时间内将注意力集中在一种完全自我主导的活动上，从而使学生的注意力集中于具体的物件和活动，以提高其注意力水平。

四、如何向儿童、青少年介绍沙盘游戏

（一）向儿童介绍沙盘游戏疗法

向儿童介绍沙盘游戏并非难事。游戏和图形对孩子们来说有着天然的吸引力的。可以这样告诉孩子：

这就是沙盘游戏。我们叫它沙盘。这里有干沙子也有湿沙子，它们的感觉是不一样的。

这些沙盘底部是蓝色的，例如可以用来构造湖泊，进行各种设计。你可以用这里的任何玩具在沙上制作一幅画。就像创造你自己的世界一样。

关于沙盘游戏，我这里只有一个规则：不要故意把沙子洒出沙箱。

向孩子介绍这些内容也是涵容的一部分，这既是许可又同时建立起某些边界。治疗师与孩子们进行这样的交流沟通是很重要的。

（二）向青少年介绍沙盘游戏疗法

向青少年介绍沙盘游戏时，治疗师要排除他们可能会觉得沙盘游戏太小儿科或者是小孩子玩的游戏的疑虑。治疗师可以这样说：

这是沙盘游戏。它既用于成年人，也用于儿童。沙盘游戏疗法是一种深层心理疗法，不过，孩子们会认为他们只不过是在玩而已。这是一种很好的工作方式，我们不需要说话，也不需要去理解正在做什么。

来辅导的时候，你随时都可以做一个沙盘。让我来给你示范一下怎么做。

这是沙盘。这种方法叫做沙盘游戏疗法。你可以动沙子；沙盘的底部是蓝色的，如果你想制作一条河流、一个湖泊或者做其他的设计，就可以拨开沙子。

你还可以移动沙子把它们堆起来，做成你想要的形状。湿沙比干沙更容易成形，干沙更松软。然后，你可以到沙架旁，拿起任何吸引你注意的、你需要的沙具，把它放在沙盘中。

当你这样做的时候就会形成一个场景、一个小世界。当然，你也可以什么都不做。这不是什么艺术比赛，这不过是让我们内心的一些信息、无法言说的那些内容，呈现出来的一种方式。

当你做这些的时候，我会安静地坐在旁边，记录你所做的内容。不用担心动乱了周围的东西，结束后我都会整理好的。

当你做好了，可以示意我。我会过来和你一起看你的作品。我可能会问你在做这些的时候想到了什么。我会记下这些，然后拍照存档。在整个咨询彻底结束后一段时间，我们可以再来一起浏览一下你所有的沙盘照片，理解这些作品的内容。到那时，你或许就能告诉我它们的含义了。

就是这样。这些沙盘的内容会留存在你的心里。

你现在想做一个沙盘吗，还是下次再说？

有些青少年会对做沙盘游戏犹豫不决，治疗师要尊重他们的选择。

研究目标

一、了解学生的心理现状，利用沙盘使学生释放创造力，探索内在感觉、知觉和记忆，进行扩展性的体验。达到全面了解学生心理，促进人格发展的目标。

二、通过个案辅导，帮助学生从潜意识到意识、从内在世界到外在世界、从非语言到语言，减轻防卫心理，自发游戏促进自我探索和自我整合，达到对心理和行为问题矫正的目的。

三、开发潜能。让学生在自由创作的沙盘世界中充分积极想象，培养想象力、观察力、语言表达能力和自我觉察能力，充分开发学生潜能。

四、通过结构性团体沙盘游戏辅导，培养学生同理心，提升人际互动以及沟通合作能力。

五、通过实践研究总结沙盘游戏在中小学开展个案辅导、团体辅导和社团活动的经验，为心理辅导教师提供借鉴。

研究成果

本研究属于实践研究，在心理辅导实践中长期连续开展沙盘游戏社团、个体沙盘游戏辅导和团体沙盘游戏辅导的个案研究，取得了显著的辅导效果。

成果一：团体沙盘游戏心理辅导社团

一、社团概况

儿童是在游戏和互动中学习和提升人际交往能力的。儿童天生喜欢玩沙子、水以及各种小玩具，团体沙盘游戏让小学生在玩中激发情感体验，在玩中学会观察、在玩中探索自己并学会和其他伙伴交流与合作。

二、社团目标

1.帮助学生探索自我，接纳自我，获得心灵成长；2.培养学生同理心，学会从别人的角度看问题，理解尊重他人，学会表达、学会倾听；3.提升学生人际沟通、团队合作的能力；4.培养学生想象力。

三、社团实施

（一）实施过程

本社团采用团体沙盘游戏的形式进行，是封闭式团体，成员固定。每周活动一次。人数不超过 12 人。团体成员按照抽签或猜拳决定的顺序分轮次进行沙盘的制作，所有的成员轮完一次即为一轮，整个过程中不允许成员间进行任何语言的交流和互动。

作品制作完成后进入讲述故事阶段和分享阶段，本阶段可以充分交流。辅导教师是见证者和促进者，记录制作过程和讨论过程。辅导教师给每个成员无条件的积极关注，使他们感到包容、受保护，可以按自己的想法自由表达。

1.辅导教师介绍规则。我们每个人都有想和别人交流的想法，也都有遇到的问题，但有时我们用言语不太容易表达得清楚，现在让我们用这些玩具在沙箱里共同做个作品。这不是心理测试，所以不需要考虑好坏对错问题，只要将自己想放的玩具放上，将自己的想法表现出来就可以了。摆放的顺序由抽签决定，每人每次只能放一个玩具或完全相同的几个玩具，不许拿走他人已摆放的玩具，但可以挪动，成员之间不能进行任何形式的交流。2.全体成员抽签决定游戏顺序。3.成员依次参与沙盘游戏，在这个过程中不能有任何交流，是静默的过程。辅导教师在旁边陪伴、认真记录每一个成员所放的沙具，成员的动作、表情，以及是否遵守规则，但不做任何干预指导。4.成员依次讲述故事和自己的意图，以及对别人摆放的沙具的感受。5.每个成员给沙盘作品命名，然后集体表决作品名称。6.成员依次分享参与沙盘游戏过程的感受与收获。7.辅导教师总结、回顾、引导、提升。

团体沙盘游戏是人人参与、机会均等的辅导形式。团体会经历以下五个阶段：

【阶段一】"各自为政"、冲突阶段

团体成员各自摆各自的，不顾他人。虽然在同一个沙盘中进行制作，但从作品中能明显地感觉到彼此的界限和区域非常分明。初次沙盘作品经常有玩具很多、很杂乱、区域分割、主题分散等情况。

【阶段二】"察言观色"阶段

成员每摆一轮都非常谨慎和小心，他们会考虑自己摆的东西是否与他人摆的相协调，是否与作品的整体风格相协调，他人是否接受自己，会不会影响到他人等。每一轮用的时间都逐渐延长，成员拿着玩具思考和犹豫的情况出现得越来越多。

【阶段三】调整、沟通阶段

成员在制作完成后的交流加深，他们开始开诚布公地谈自己的想法和感受，谈自己的困惑与矛盾，以及对团体的期望。有时争论得很激烈，但大家都会感觉很安全。

【阶段四】协调共感阶段

团体成员都感到有了默契，他人摆放的玩具正是自己想要摆的，他人对自己所构造的场景的修饰也符合自己的意图，自己对他人所摆放的东西的修饰也能得到他人的认同，整个团体都达到了一种共感。整个制作过程中大家都在用心感悟彼此的心声，对彼此的摆放都非常关注。作品的协调性增强，主题更加明确，玩具数量减少。

【阶段五】整合阶段

整合性是团体沙盘游戏发展到最后阶段的特点，此时作品主题明确、流畅整合。对于这一阶段的作品，成员们都非常珍惜，舍不得拆除，总希望将这一美好的瞬间永远保留下来，他们会一起和作品合影，在欢声笑语中回顾、欣赏制作过程。

团体转换到了最后的整合阶段时，意味着本次团体沙盘游戏圆满完成了目标，可以结束了。这需要一个较长的过程。

（二）实施成效

自 2014 年以来，我校每周二下午开展一次团体沙盘游戏社团活动，学生自愿报名参加，每期团体沙盘游戏以一学年为期限。参加辅导的学生普遍在人际交往方面有所进步，能表达自己的感受，能理解和倾听他人的想法，人际交往能力获得提升。

1.学会合作。在团体沙盘游戏刚开始的时候，成员之间还没有默契，都只顾摆自己的，不懂得去观察别人摆了什么，所以摆出来的作品是混乱的。慢慢随着默契的建立，成员会渐渐学会与别人合作，摆出的作品也就变得和谐。

小王同学是一个安静的四年级男孩，不善于和同学交流，总是独自一个人玩。他在最初几次参加团体沙盘游戏时不管别人摆什么都摆上很多辆不同的车。有一天，一位同学忍不住说这些车太挡路。小王很不服气，辩解说没有挡路，自己是要运送物资。这时，其他同学也纷纷说不喜欢小王摆的车。小王听了后很生气，他大声说："为什么我摆的东西每次都获得差评？"笔者适时对小王说："站在你的角度看这些车的确有自己的用途，你试着站在其他同学的角度看看有什么感受？因为站的角度不一样，你们对同一件事有不同的看法。"小王若有所思。后来的活动中，小王不再执着于只摆车了，他开始观察沙盘中需要什么，其他同学的意图是什么，伙伴们也开始频频给他摆的玩具点赞。就这样，小王在游戏中自己领悟到了怎样和别人沟通与合作，怎样与伙伴和谐相处。

2.敢于表达。在团体沙盘游戏的交流阶段，辅导老师鼓励每位成员勇敢说出自己内心的真实想法和感受，老师和其他成员用心聆听并给予理解和支持，这样即使比较内向胆小的学生也会打消顾虑，勇敢表达。小师同学是一个腼腆的六年级女孩，在参加了一段时间的团体沙盘游戏后，她不再沉默，开始和伙伴们交流了，她开心地说自己终于敢在课堂上举手发言了。

3.学会倾听。在人际交往的过程中，会倾听比会说更重要。小学生往往以自我为中心，都着急想说自己的感受，却没有耐心听别人讲话。因此，在辅导过程中，当有成员发言时，辅导老师要求其他成员要专注倾听，努力理解说话者的感受，不打断和插话，有话也要等对方说完才能讲。小魏同学经常和同学发生冲突，他一直苦恼于和同学的关系，总说同学爱欺负他。辅导教师通过观察发现他在别人发言的时候不看对方，显得漫不经心，还总爱打断别人的发言，并进行反驳，引起发言人的不满。辅导教师引导他在别人讲话时学会耐心和专注倾听，等别人说完自己再说，渐渐地，小魏和同学的冲突少了。

沙盘游戏团体成员相当于一个小社会，反映了每个人在日常生活中是怎样和他人互动的，通过老师和同伴的帮助，在沙盘游戏中学到的人际交往能力可以内化于心，外化于行。

实践证明，沙盘游戏可以帮助儿童了解自己的内心世界，在游戏中培养儿童与其他人友好相处的能力，让儿童学会以适当的方式关怀别人，学会和他人合作。团体沙盘游戏能有效培养小学生人际交往能力，帮助小学生认识自我、学会表达、学会倾听、学会理解他人，学会合作，是一种有效的心理辅导方式。

四、社团评价

（一）评价方式

评价方式分为学生自评、生生互评和教师评价。既有过程性评价，也有终结性评价，既有质性评价，也有量化评价。

1.学生自评。每次活动结束后学生对自己的参与度，对自我的新发现、感悟和收获等进行分享。自评方式分为口头自评和书面自评。

2.生生互评。每次辅导结束前学生轮流分享哪个小伙伴的行动或说的哪些话让自己感觉温暖，或者受到启发和帮助。

3.辅导教师评价。辅导教师创设一个自由且受保护的空间，在陪伴倾听、支持的同时，观察每个成员参与社团活动的表现并即时反馈，比如学生遵守游戏规则情况，是否认真倾听其他成员分享，行为方式是否有改变等。辅导教师对学生的变化及时给予鼓励肯定。

4.班主任评价。辅导教师定期和学生所在班级的班主任交流，了解参加辅导的学生在情绪、人际交往和学习等方面的表现及变化，通过班主任的反馈评估辅导效果。

5.心理量表评价。在学生参加辅导前和辅导结束后分别进行前测和后测，对比得分情况来评估辅导效果。

6.书面报告评价。采用在辅导结束后学生上交书面心得感悟、总结的形式作为终结性评价。

（二）评价亮点

学生心理辅导的效果需要多种方式和多种维度相结合的综合性评估。首先是接受辅导学生的自我评估，比如学生认为自己原来害怕的事物现在不再害怕了，和朋友能友好相处，对自己有了新的认识等等；其次是学生社会生活适应状况改变的客观现实，比如家人、班主任、朋友等人观察反馈接受辅导学生与人交往、相处状况得到改善，学习效率提高等等；第三是学生接受辅导前后心理测量结果比较，自我评价是否更积极等；第四是辅导教师观察学生在情绪、认知和独立性等方面是否有进步、自我评价更积极，敢于面对困难等等。总之，评价主体多元，评价维度多元，评价方式多元。

五、社团故事

<h3 style="text-align:center">我的沙盘游戏社团故事</h3>

四年级一班　焦鸿志

今天是星期二，下午第一节课后，我就飞奔逸夫综合楼，因为我要参加曾老师的社团——沙盘游戏。这是这几年以来我参加过的最棒的社团，这是为提高我们的心理素质而创办的，非常有趣。

我和同班同学王克源最先到达，其他同学也陆续到齐了。社团活动开始了，我们用石头剪子布的方式决定参与游戏的顺序。第一轮我摆的是士兵，因为前面的同学已经摆了房子和总统，所以我想保护总统不受伤害。第二轮我摆的是密密麻麻的草坪，因为我想让房子隐蔽起来。第三轮，我摆的依旧是士兵，这次我摆在了一个印第安人的后面，因为他想要杀死总统，所以我摆在了他后面。第四轮，我还是摆了士兵，因为除了总统的房子，还有两座小房子不知道是敌是友，所以我让四个士兵去看着，只要总统一声令下，那两座房子就变为平地了。

没想到最后一位同学在微调时，挪动了我的士兵，把他们全部放在一个角落里。在分享的时候，她说这些士兵让她很不舒服，看来她不懂我的心。等我对她说出自己的意图后她才说原来这样啊。看来要想真正理解一个人心中真实的想法还需要面对面交流和沟通。

今天我受到了一个启发，做事不能只顾自己的想法，也要去看看别人的意图是什么。在别人做事之后，不要忙着下结论，多问问对方的想法，说不定还能改变对这件事的看法。

沙盘游戏真有趣，我期待下周二再来。

我的沙盘游戏社团

六（3）班 刘正扬

哈哈，我参加沙盘游戏社团了！！！我不禁高兴起来。沙盘游戏其实被很多人误解了，认为它只是一款依靠想象力创造自己的世界的游戏，像"我的世界"那种游戏一样建造自己的天地。其实，这是一个锻炼我们心理能力的游戏，让我们的心理更加健康。

小时候最爱玩沙子了，只要哪里有沙子，你就总会看见小时候的我在跟沙子"努力奋斗"的情景。我玩得不亦乐乎，有时候把正事忘了。蹲在沙坑里建城堡，挖河可高兴了！那时对沙盘游戏没有一个准确的概念，只是觉得十分有趣，所以以为它就是一个创造小游戏。没想到真是"小身材，大味道"啊！没想到一个看似简单而又平常的小游戏有这么大的作用。

进了沙盘游戏社团之后，我觉得自己好像有了一点变化，会关心别人了，会照顾别人了，会体贴帮助别人了。同时，也学会了人与人之间的交往与关爱，自己也懂得了关心同学，照顾同学，学会了体谅别人。

沙盘游戏不仅含义深刻，而且在我们游戏的时候，发生了许多有趣的事情。那天，我参与游戏的顺序比较靠后。于是，就先观察别人摆了什么再决定自己的下一步"走法"。第一位同学摆了一条火车轨道，但是后面的同学要开河，不知怎的，开河的同学把河里的"泥沙"排到了轨道上。于是，我将计就计，派了两辆挖掘机前去救援，本以为事情就这样过去，谁知道那名同学又要开湖，再一次弄到了轨道上，这意味着又有两辆挖掘机要工作了。好在那名同学认识到了自己的错误，并及时改正。在分享的时候，伙伴们都说我的挖掘机摆放得很及时，我特别开心！

哈哈，这就是沙盘游戏，这就是我的沙盘游戏，好玩吧！

成果二：个体沙盘游戏辅导案例

一、一般资料

（一）家庭基本情况

小Y，男，汉族，6岁，兰州市某小学一年级学生。小Y和母亲一起生活，父亲没有参与小Y的生活。父母家人均无人格障碍和其他神经症性障碍，无重大躯体疾病史，家庭无精神疾病史。

（二）个人成长史

小Y系独生子，足月顺产，母亲身体健康，孕、产及哺乳期未服用特殊药物。从出生一直与母亲及姥爷姥姥一起生活。母亲工作繁忙，经常出差。姥姥姥爷很爱干净，怕外面不卫生，很少带他去户外玩。4岁上幼儿园，基本不与其他小朋友一起玩，也不说话，整天跟在一位老师身边。6岁进入小学。

（三）在校基本情况

小Y入学后在学校几乎不说话，既不主动回答问题，也不和同学在一起玩，即使下课也不见他出去活动，只是安静地坐在自己的座位上。老师让他回答问题时，只见他张嘴却听不见声音，班主任老师建议心理辅导教师给小Y做心理辅导。

二、辅导者初始印象

来访者衣着干净整齐，皮肤白皙，眨眼频率较高，不说话。

三、辅导过程

第一次辅导

第一次辅导，由于了解到小Y在班级一言不发，为了减轻他的心理压力，辅导教师请班主任张老师陪他一起来心理辅导室。走进沙盘游戏室后，他始终保持沉默，面无表情，似乎一点兴趣也没有，不像别的孩子一来到这里就会说："这么多玩具啊！"并且会主动去摸沙子。辅导教师邀请他玩沙盘游戏，他也没有一丝反应。怎么办呢？辅导教师灵机一动，就邀请张老师先玩，他饶有兴趣地在一边静静观察。张老师讲述完她摆的沙盘内容后，辅导教师问小 Y："你想在里面添点什么吗？"他没有说话，走到沙具架前挑选了一只小鸟放在了树上，还放了一只乌龟和几条鱼。

辅导教师：这是什么呢？

小 Y 小声说：鸟。

尽管只说了一个字，辅导教师却很欣喜，毕竟小 Y 开口说话了。

辅导教师：这只鸟在做什么呢？

小 Y：歇脚。

辅导教师：青蛙在干什么呢？

小 Y：游泳。

辅导教师：它要游到哪里去？

小 Y：随便游。

之后，无论问他什么，他就是不再开口，就这样无奈地结束了第一次辅导。

通过观察，辅导教师初步判断小 Y 有可能是选择性缄默，表现为儿童在家中往往能正常主动说话，但在学校"拒绝"与老师或同学说话。为了进一步了解小 Y 的情况，更好地帮助他，笔者请班主任老师约小 Y 的妈妈来学校。

第二次辅导

一周后，辅导教师去教室问小 Y 愿不愿意去玩沙盘游戏，他点点头，跟着辅导教师去了沙盘游戏室。到达后，他坐在沙发上一言不发。过了几分钟后，小 Y 开始投入到沙盘游戏中。

以下是初始沙盘：

对话实录：

辅导教师指着大片水域问：这是什么呢？

小 Y：河。

辅导教师指着小片水域问：这里呢？

小 Y：河。

辅导教师指着中间的沙带问：这是什么？

小 Y：公路。

辅导教师：这是一个什么样的场景？

小 Y：公路上有很多车，堵车了。这些是草，有两条河。

小 Y：（拿起自己摆的草）我觉得这个草的叶子像田七。

辅导教师：我不认识田七，你是怎么认识田七的？

小 Y：我有一次在饭馆里吃过这个菜。

辅导教师：你很善于观察。

辅导教师：这是什么地方？

小 Y：兰州。

辅导教师：这里呢？

小 Y：一个房子建在假山上。

小 Y 这时调转了一辆车的车头。

辅导教师：你愿意坐在哪辆车上？

小 Y：警车。

辅导教师：你摆了多少辆车？

小 Y 很快说：14 辆。

辅导教师：你是怎么数这么快的？

小 Y：我妈妈说现在一年级学的都是幼儿园小班学过的。

辅导教师：你在小班就学过了吗？

小 Y：我没有上过小班，我直接上的中班。

辅导教师：你在幼儿园有好朋友吗？

小 Y：没有

辅导教师：你现在在你们班有好朋友吗？

小 Y 摇摇头。

辅导教师：你希望和同学说话，一起玩吗？

小 Y：（摇摇头）不需要和他们说话。

接下来小 Y 再也不说话了。在沉默了几分钟后，辅导教师说："今天就到这里可以吗？下周我再邀请你来。"

反思：和第一次比，小 Y 有了较大的变化，和辅导教师有了较完整的交流。尽管他的语言和同龄孩子比显得简单，但比起第一次的单字和两字词语，这一次他已经可以使用短句子和辅导教师交流了。本次沙盘中没有人物出现。

和小 Y 妈妈的谈话：

第二天约小 Y 的妈妈来学校，对她讲了小 Y 在学校的表现。小 Y 妈妈也讲了自己的家庭情况。妈妈工作忙，经常出差。姥姥特别爱干净，不爱与人交流，很少让小 Y 与其他孩子一起玩。妈妈也发现小 Y 从上幼儿园开始就不和小朋友在一起玩，但没有采取任何改善措施。妈妈强调小 Y 在家说话一切正常，而且话还很多。为了更好地帮助小 Y，辅导教师让妈妈将他和家人对话的场景录下来。两天后，小 Y 的妈妈带着视频来到学校，从视频上看小 Y 在家时很活泼，说话声音洪亮，话也很多，和在学校判若两人。通过这些信息看小 Y 是选择性缄默的可能性很大，辅导教师建议妈妈带他去专业机构咨询，平时多带小 Y 和小伙伴一起玩，创造他和陌生人交流的机会。

一周后，辅导教师去教室找小 Y，邀请他去沙盘游戏室，他摇摇头表示不愿意去，辅导教师没有勉强他。

两周后，由于辅导教师开始给小 Y 班上心理健康活动课了，他渐渐对辅导教师熟悉了，当辅导教师再次邀请他玩沙盘游戏的时候，他显得很高兴。

第三次辅导

小 Y 表情愉悦地跟着辅导教师往沙盘游戏室走，路上辅导教师问他话时都有回应，只是声音很小，似乎像在说悄悄话。进了沙盘游戏室后，他坐在沙发上一言不发，没有立即开始游戏。

过了一会儿，小 Y 开始在沙具架上寻找，他说："我需要的一个工具不见了。"辅导教师马上明白他指的是一个清理沙子的刷子不见了，上次小 Y 用了那把刷子，可是后来在给其他学生做团体沙盘游戏的过程中不知道刷子被放到哪里去了。

辅导教师递给小 Y 一块小木板，说可以代替刷子。他拿起木板开始挖沙、堆山、开河，在沙盘的对角线上开了两条河，仔细将沙子抚平，搬运沙子再把河填平，接着又重新开河，摆上草坪和花，并往上面撒上沙子，覆盖大部分草坪和花。接着在角落里摆上一座房子，一辆红色跑车，往房子和车上撒上沙子。后来又摆了钢琴和小沙发、货车、两个洗脸池、台灯、小猫、水车、两座桥，最后在所有的沙具上面撒上沙子……

对话实录：

辅导教师：今天你摆的是什么场景？

小Y：有一天发大水了，把花草都淹没了，把桥也淹没了。Kitty猫在练钢琴，水把它的凳子和钢琴都淹了。这家人有两辆车，车也被淹了。这里是一座桥，旁边是水车，虽然也被水淹了，但是水车没有转。你知道为什么吗？水太浅了。洗脸池被水淹了，台灯也被水淹了，他们家的房子也被淹了，Kitty猫头上有水。

辅导教师：Kitty猫有危险吗？

小Y：（摇摇头）这两辆车没人开，里面也有水，发动机里也有水。Kitty猫的钢琴整个被水淹了，琴键也被淹了。

辅导教师：还有呢？

小Y：讲完了。

辅导教师：你今天玩得高兴吗？

小Y：高兴。

小Y这时又添了些沙子在水车旁，用手拨动水车。

小Y：现在水车能动了。

辅导教师：水车动了你看上去很开心，你每天在学校开心吗？

小Y点点头

辅导教师：你最开心的是什么呢？

小Y沉默。

这时，下课铃声响了，于是结束了第三次辅导。

四、感受与反思：

第三次辅导时小Y比较容易就开始了沙盘游戏，讲述也很流畅，只是声音很小，仿佛有意压低声音似的。明显变化的地方是首次出现了一个卡通人物，他能比较完整地讲述沙盘中的场景与故事，情绪看起来很愉快。

回顾小Y的沙盘历程，他第一次辅导时从最初的拒绝参与，到主动往沙盘中放入"鸟、乌龟和鱼"等沙具，虽然只开口说了"鸟""歇脚"，却毕竟是他首次开口说话，让辅导教师非常惊喜。

第二次辅导时，小 Y 主动制作了沙盘，有河，有很多排列整齐的车在马路上，显得有秩序感。这一次小 Y 用短句子和辅导教师讲述了他的沙盘，这也是明显的变化。在前两次辅导中小 Y 都在辅导室和辅导教师交流，一离开辅导室就一言不发了。说明他在放松的潜意识状态下能正常表达，而在其他时候面对不熟悉的人，他会不自主地紧张，说不出话来或者不愿意说话。

第三次辅导时，尽管小 Y 声音几乎小到听不见，但他可以在辅导室外也能和辅导教师交流了。他制作沙盘的过程非常仔细，富有创意，具有秩序感。他往自己摆的所有沙具上洒沙子的动作给辅导教师留下了深刻的印象，体现出他丰富、细腻的内心世界。他这一次非常投入地制作自己的沙世界，在讲述故事的时候内容也非常丰富，且有想象力。

走出沙盘游戏室的大门，小 Y 又一言不发了。欣慰的是，借由沙盘游戏辅导教师和他之间建立了信任的关系。他渐渐能在沙盘游戏室里和辅导教师自如地交流，讲述沙盘世界中的故事。辅导教师通过沙盘游戏走进他的心灵，润心细无声，是可喜的变化。

辅导教师建议班主任张老师在班里既要积极关注小 Y，又不要勉强他说话，等他再适应一段时间，自然会说话的。果然，一段时间后，张老师说小 Y 有时候也能回答问题了，只是他的声音非常小，似乎是有意控制着声音，但比起刚入学时已经有了较明显的进步。

选择性缄默症是一种精神障碍，是以患儿在某些需要言语交流的场合（如学校，有陌生人或人多的环境等）持久地"拒绝"说话，而在其他场合言语正常为特征的一种临床综合征。本病发病病因并不完全清楚，可能跟早年的经历有关，如遭遇创伤、父母离异、搬家迁徙等重大生活环境变故，也可能跟患者本身的语言发育迟缓等有关，多数患儿具有较敏感、胆怯、孤僻、依赖等个性特征。由于小 Y 的妈妈始终没有带他去专业机构评估，不能确定他是否属于选择性缄默症。

小 Y 的姥姥在照顾他时过度保护，他从小生活在比较封闭的环境中，在家里表达自如，从上幼儿园起就不和老师及小伙伴交流，却未引起家人的重视。

小 Y 入学后，富有经验的班主任张老师一下子就发现了小 Y 的与众不同。张老师说自己从教近 30 年从未遇到过像小 Y 这样的孩子。辅导教师通过查阅资料和张老师达成共识：对小 Y 进行一对一的心理辅导，同时对小 Y 的缄默不过分关注，不逼迫他讲话，多鼓励他参加集体活动。耐心陪伴，静待花开。在张老师充满爱的呵护下，耐心等待和鼓励下，小 Y 渐渐减少了对说话的紧张，从一言不发到小声回答问题，再到后来表达自如。小 Y 在三年级的时候完全融入班集体，可以和同学、老师自如地交流，学习成绩也非常好。这个结果令人欣喜。

沙盘游戏辅导有良好效果的重要原因首先是辅导教师和来访者要建立信任的关系，辅导教师要创设自由且受保护的空间，来访者才能放下防御、敞开心扉，自由表达。本个案也说明，对不善于言语表达的儿童，用沙盘游戏进行辅导有良好的效果。

成果三：小学生团体沙盘游戏辅导案例

团体目标：培养学生想象力、学会表达、学会倾听，帮助学生学会从别人的角度看问题。学生培养同理心，学会尊重别人，学会合作，提升人际沟通、团队合作的能力。

成员来源：招募，成员自愿报名参加。

成员构成：五、六年级学生 8 人。

团体性质：封闭性团体。

辅导频率：每周一次，每次 90 分钟。

辅导次数：共辅导 11 次。

团体沙盘游戏采用结构式，每次都由成员抽签决定游戏序号，按轮次依次参与，在摆放过程中成员之间不能用语言或手势交流，完成作品后成员分享意图和感受。

第一次辅导，孩子们很好奇，在老师讲完规则后迫不及待地开始了。由于团队刚刚组建，成员之间还没有默契，所以都是各摆各的，也不去观察别人都摆了什么。由于是第一次合作，所以还处在各自为政的阶段，互相之间的配合与默契很少。

第一次团体沙盘

主题：战争中的一小块和平

成员分享：

1.看似是简单的游戏，却教会我要观察别人的意图。

2.第一次玩，我觉得沙盘游戏很有趣，不过我对今天摆得不太满意。我明白了要想摆出满意的作品，就要会合作。

3.要和别人配合。

4.不能说话，就要仔细观察。

5.不能光顾着自己的想法，要尊重别人。

6.男孩和女孩喜欢的东西不一样。

学生参加辅导感悟

今天是我第一次参加沙盘游戏，我非常兴奋！在老师讲完规则，我们轮流摆完五次后，等待着老师的"最终测试"。就在这时，老师亲切温柔地让所有同学轮流说说自己摆的是什么沙具，自己怎么想的？又问对这次的游戏有什么感受？最后让我给自己摆的东西起了个名字。我给我的作品起的名字是

"超人展示会"，因为我摆了五个超人，所以给它起了这个名字。

讲完了这些，你们一定很疑惑，做这些对我们有什么帮助，似乎很无聊的样子，故事还没完。我带着跟你们一样的问题去问老师，老师告诉我，沙盘游戏可不只是干这些，它还可以在我们去分享感受时，锻炼我们的语言表达能力，每摆一次玩具，都是在述说着内心的故事，使我们的心智得到成长，真正实现了学中玩、玩中学，这样才能真正认识到自己。

说了这么多，你对我的团体沙盘感兴趣吗？那就欢迎你来参加，一起享受学习中的快乐吧！

辅导教师反思：

今天是初始沙盘，孩子们显然分成了两派，男生和女生。男生一律摆了战争的场景，女孩子则摆了生活家居场景，画面显得混乱而不和谐，分享的时候，孩子们互相对别人摆的表示不满意，这是典型的各自为政阶段。

一周后，孩子们按时来到了沙盘游戏室，抽签、重温了规则后，有序地开始了。

第二次团体沙盘

主题：新开发区

学生分享：

1.自己在这一次开始与别人有了配合。

2.我以前摆的是战争，现在我尝试了新的主题。

3.要学会站在别人的角度看问题。

4.每一次玩都有不一样的感觉、新的收获。

5.摆出来的作品与上次比较有很大的变化，没有战争，而是守卫、和谐统一。

学生感悟

今天的一些场景又让我有了一些感想。

首先，做任何事都要按规矩，适可而止。其次要学会尊重他人，不要进行人身攻击，或做一些不合适的动作。要学会换位思考和三思而后行。第三，在别人说的时候要仔细听，学会倾听，并要用心思考。第四，不要因为一件沙具或一句话来取笑他人，并且让他人难堪。第五，对待所有的沙具都要爱惜，要轻拿轻放，不能随意弄坏。

第三次团体沙盘

主题：沙漠中的绿洲

学生分享：

1.每个人性格不一样，所以摆的不一样。

2.本以为男生会摆战争场景，没想到不是。

3.别人和我配合很好，我的心情很好。

4.我更有想象力了。

5.我们虽然没有说话，但挺有默契的。

6.沙盘游戏很有趣，还能让我有所感悟，那就是与别人要有配合。

第四次团体沙盘

主题：为了美丽的梦想而奋斗

学生分享：

1.同学们比较熟悉了，更有默契，很高兴。

2.大家更配合。

3.信任同伴，配合能力提高了。

4.互帮互助，整体很和谐。

5.和谐、满意。

6.过去只顾自己，现在会和同学配合了。

学生感悟

今天，游戏一开始，大家就手忙脚乱去选沙具，以至于到谁了都不记得。所以只能犯规，偷偷做简单手语交流。因为每次可以摆放完全相同的沙具，所以大家都拿了很多。在我看来，这是一种贪图小便宜的做法。因此，今天我们摆出的成果一轮比一轮差，可能是因为放假有两周时间没有参加活动了吧！

最终，我们的作品右下角一片非常的乱。我觉得我和小雅的默契依然没有变，她似乎懂得我的心思，从一开始，我们的配合就一直很协调。

今天让我觉得不舒服的是 5 号同学摆的东西，使和谐的景色被无情的枪头破坏了，别的地方我都颇为满意。

第五次团体沙盘

主题：十全九美

学生分享：

1.自己比过去更会配合别人，今天的沙盘也有让自己不舒服的地方。

2.大家很默契，是一个世界。

3.6 号同学摆的挖掘机很及时，点个赞。4 号同学将沙子撒在铁轨上感觉不舒服。

4.我明白了以后不能只顾自己。

5.以后做事要有计划，做错事情要补救。

6.我今天不像过去只顾自己，而是观察，看看能做什么。

7.大家挺配合的，但是大货车看起来不太和谐。

学生感悟

我们每个人都摆完后，大家便指着火车附近笑起来，原来火车的前方和后方各有一个沙丘，在沙丘后面还有一头大象，这是怎么回事呢？原来两个沙丘是小雨开河时随手放在那里的，而大象却不知是谁摆的，不过还好有人放了个路牌，才没发生惨剧。

这也太可笑了，不过我知道了在方便了自己的时候，也要顾及他人的感受哦！

辅导教师反思：

今天 L 同学摆的挖掘机得到了其他成员的一致表扬，都说摆的太及时了，我也肯定了他对大家的关心。L 听了美滋滋的，他在分享的时候说，本来自己要摆别的东西，可是看到轨道被沙子埋了，就放弃了原来的想法，派挖掘机去救援。

过去 L 很少关注别人需要什么，今天是一个很好的改变，我也适时进行了鼓励和强化。

第六次团体沙盘

主题：百分之五十的和谐

学生分享：

1.也许是"十一"放假，大家有一段时间没在一起工作了，今天没有过去配合得好。

2.这次的默契程度下降了，看来只有和朋友多见面、多合作，才能合作得更好。

3.有些同学为了自己能多放一些沙具，就拿了很多完全相同的东西，却不考虑沙箱里是否太拥挤了，这是一种贪图小便宜、自私的做法。

4.我明白了做任何事，说任何话都要想想对别人是否有坏处，不要让自己随手的一个动作、一句话变成刀子，使人伤心。

学生感悟

游戏开始了，我第一轮放了几棵大树，我想要绿化一下环境。第二轮我放了一些小草，我想有树也应该有草。第三轮我想沙盘里只有河、树木、小草，真是太单调了！所以我选了两幢小房子放在沙盘上，一个放在河的左边，一个放在河的右边。

我觉得今天我们八个人配合得十分默契，我们的同学一个开河，一个放几棵树，还有人放了一台水车，我想我们八个人以后一定会配合得更好！

学生感悟

今天，又能玩我最喜欢的沙盘游戏了，真开心啊！

这一次，因为有一个同学没来，每个人摆的次数增加到了四次。第一局开始，我本来想要开一片海来放海洋生物增添生机的，正好前面的同学开了一片海，我立即抓起两只玩具鳐鱼放进了海里。而其他人又是摆草又是建房，刚一开始就出现了一片美景。

可第二轮就不一样了，我们好不容易摆出了碧海和绿地，就被两位同学摆的士兵和时空大穿越弄得碎了一地，我的心一下子降到了冰点。

后来的几局依然很糟，使我的心情晴转阴了。

可能是"十一"长假后很久没和社团的朋友见面，所以沙盘色彩变得十分糟，看来只有多和朋友合作见面，彼此之间才能建立默契，才能合作得更好。

第七次团体沙盘

主题：美丽的海景

学生分享：

1.我们更有默契了，看起来比较和谐。唯一不太和谐的是三辆车。

2.不满意轨道和车，做任何事要照顾他人的感受，要宽容，要认真遵守规则。

3.对同样的事，不同的人会有不同的看法。

4.做任何事要考虑后果，要想一想是否打扰别人，伤害别人。

5.要注意自己的说话方式，不要伤害别人，三思而后说。

6.人与人交往久了，即使不说话，也可以用心灵沟通，会懂得对方的心。

7.换位思考很重要，要宽容别人。

学生感悟

今天的活动让我深有感触，我们的作品非常和谐，我们还给它取了一个好听的名字，叫：美丽的海景。下面我就给大家讲讲这次活动对我的启发吧！

这次的活动，令我不太满意的是隧道，那条隧道是直通海洋的，所以我不太满意，小志好像意识到了这一点，作品完成之后，他的一个动作让我很感动，他从沙具里取出了一个路障牌，想挡在车前面，真是有心人啊！

这次活动让我明白了：做事前要三思而后行，不能匆忙做事，不光是玩游戏，在说话和做任何事的时候都要考虑后果，不能一意孤行。还要换位思考，站在别人的角度来对待同一件事情，同一件事情换别人会有不同的对待方法，所以做事时要考虑别人的感受。

第八次团体沙盘

主题：很不和谐的世界

学生分享：

1.今天玩得很轻松，很快乐，但有点开玩笑过度了，做事要见好就收，适可而止。

2.很好笑，这小部分使画面不和谐了。

3.我非常不轻松，为什么我每次摆的东西会获得差评？仔细一看，的确自己摆的东西不太和谐，很矛盾。

4.希望自己以后多观察别人的意图，学会换位思考。

辅导教师反思：

今天期中考试刚刚结束，孩子们终于有个放松的机会，大部分成员用开玩笑的心态摆了沙具，所以看起来不太和谐。

好几个成员一致说小源摆的大运输车让他们感觉不和谐、不舒服，引起了小源的思考。过去小源不太关注别人摆什么，他几乎每次都会摆各种不同的车，不管需不需要，他一直沉浸在自己的小世界里，今天同学们的批评让他有些恼怒。但是，在我看来，这是一个很好的契机，让小源审视自己参与游戏的角色，从而在以后的活动中学会观察别人的行动，学会和别人合作、互动，今天是小源成长的一个契机和开始。

第九次团体沙盘

主题：和谐美丽的家园

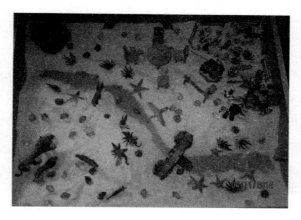

学生分享：

1.只要细心感受，会发现很多美的东西。

2.对同一件事会有很多种理解方式，当别人批评你时，可以试着从他的角度看看。

3.当你认为一件事是对的，而别人觉得是错的时候，想想为什么？也许自己真的妨碍到了别人。

4.每个人对同一件事的理解是不同的，可以换位思考。

5.一个人的力量是有限的，团队的力量却非常大。

6.今天我有了一个改变，学会了配合别人，不再执着于自己最想摆的。

辅导教师反思：

经历了上次的不和谐，本次团体沙盘游戏的动力有了一个新的变化。我明显感受到团队凝聚力的增强。每个人都用心观察别人的动作，齐心协力创造了一个"和谐美丽的家园。"尤其是小源同学，他首次放弃了自己最喜欢的车系列，学会了和别人配合，看到这样积极的变化，我非常欣喜。

第十次团体沙盘

主题：无主的世界

学生分享：

1.大家都用心摆了，很和谐。

2.我高兴的是今天的作品没有发生冲突，不满意的是我的同学今天心情不好，没有参与。

3.有时候机会少了反而会懂得珍惜，多了未必是好事。

4.我今天的感觉是非常快乐，因为我觉得我们大家摆得很和谐。

学生感悟

今天是既不高兴又高兴的一天，因为我今天不知道怎么回事，什么事也不想干，于是，我在沙盘游戏中当了一次观察员。

因为有几个同学要早点去校门口值周，这次我们一共摆了三次，有一个同学摆了一栋房子，还有一个同学在沙盘中开了一条"河"，另外一名同学立刻配合他在河里摆出了一艘渔船……今天的沙盘故事开始了：有一座房子长年无人居住，那里生活着很多动物，有鸭子、兔子、狮子、鹿等。有一天，一只大狮子去教小狮子捕猎，发现河那边有一只鹿正准备喝水，大狮子就让小狮子不要发出太大的响声，慢慢地靠近那只鹿，让小狮子自己找准时机捕捉那只鹿。就在这时，房子的主人乘船回来了，看到池塘里可爱的鸭子，再看看自己捕捞到的鱼，高兴地笑了。

观察完后，我的心情也变好了一些，这时，曾老师和我又谈了一会话，并且告诉我：每个人都有开心的时候，也会有不开心的时候；不开心的时候安静一会儿，心情慢慢就会好一些了。

辅导教师反思：

今天因为成员中有 3 人是值周生，为了保证活动全体都能参与，本次游戏的轮次减少为三轮。在这三轮的游戏中孩子们又有了不一样的感悟，从孩子们的分享和沙盘游戏日志来看，团体动力和凝聚力越来越强了。今天小源心情不好，他没有参与到游戏中，而是自愿当一名观察者，之后他作为观察者谈了自己的感受，我们大家也关心了一下他，让他说一说心里的不快。最后，我和他单独进行了谈话，他终于看起来轻松了，脸上又重新露出了笑容。

第十一次团体沙盘

主题：宝石岛的 HAPPY 旅程

学生分享：

1.今天我非常开心，看到这么多宝石很开心，有时配合别人也是很好的选择，我行我素会破坏大局。

2.我发现自己更有耐心，和伙伴们更有默契了。

3.在玩沙盘游戏的过程中要观察，自己摆的东西要符合大局。

4.一个小小的创意会有想不到的效果，学会包容别人的人以后会更成功；不会包容别人的人，成就不会大。

5.今天玩得特别放松，今天有很多好笑的地方。

6.要站在别人的角度看一看，批评一个沙具放的不和谐时，要想想它有没有别的好处，说话要考虑到别人的感受。

辅导教师反思：

今天，是本学期最后一次团体沙盘。从本次沙盘作品看，绝大多数成员之间已经形成了默契，有了较好的合作，彼此能懂对方的心意，能互相配合。团体气氛也很融洽，大家在放松的同时积极参与，真诚分享。

本次团体沙盘辅导截至目前共进行了11次，团体经历了各自为政冲突阶段、察言观色阶段、调整沟通阶段，逐渐在向协调共感阶段迈进。从每个孩子的表现来看，每个人或多或少都有了改变。孩子们反映自己在和同学的交往方面有了较大的变化，和同学的关系比过去融洽了，能理解别人了，学会站在别人的角度看问题了。

希望通过我用心的陪伴，让孩子们有新的收获，未来更加自信，能更好地与他人沟通交流、合作，更加适应社会，获得心灵的成长。

沙盘游戏辅导效果及反思

一、沙盘游戏辅导效果

本研究中辅导的案例通过辅导前和辅导后对学生自尊水平的测试发现，80%的学生自尊水平在参加连续的沙盘游戏辅导后有提升。此外，通过班主任和家长的反馈，证明辅导是有效的，孩子们有了明显的变化，人际关系有明显改善。接受辅导的学生认为自己更自信，学会了和他人沟通，以下是学生的自我报告。

学生自我报告一：

今天的沙盘游戏让我想道：一是自己做的任何事或说的任何语句要看看对别人是否有坏处，不要让自己随手的一个动作、随口的一句话变成一把刀子，使人伤心。二是在别人说话时不要随意打断他，如果有意见可以等别人说完后，举手补充或纠正。三是其实有时候别人并不是故意的，但你却一直提起这件事，这样也不对。四是当你不完全理解对方的语句时，不要肯定地说，并且不允许对方怀疑或改正。五是别人想理解你很难的，所以对方为你做的任何事都要表示感谢。

学生自我报告二：

今天，我又兴奋地参加了沙盘游戏。

我第一轮放了两栋房子，我想只有一条河太孤独了。第二轮我放了三棵树，我想有房子没有树也不行。第三轮我放了一个拿着望远镜的小女孩，我想有了房子和树没有人也不行。第四轮我放了一只蝉，我看其他人都在一个士兵头上放这种动物。

我觉得今天玩沙盘游戏十分轻松、快乐。但是，我们大家也要换位思考一下，一个问题或一个游戏都要从别人的角度想，不能只想自己的。

学生自我报告三：

沙盘游戏其实被很多人误解了，认为它只是一款依靠想象力创造自己的世界的游戏，就像"我的世界"那种游戏一样建造自己的天地。其实，这是一个锻炼我们心理能力的游戏，让我们的心理更加健康。

二、辅导教师反思

小小"沙游"，润泽心灵

游戏是儿童生活和学习的重要方式。沙盘游戏由瑞士心理学家卡尔夫创立。传入中国后，进行了本土化的研究完善，并发展出了团体沙盘游戏，开始运用于中小学生心理健康教育中。

本学期，我校尝试开展团体沙盘游戏辅导。每周二下午，固定的八个孩子会准时来到沙盘游戏室，参加团体沙盘游戏。成员当中，七人是自主报名的，只有 L 是被校领导推荐来的。我了解到，L 与别的同学经常发生激烈的冲突。

第一次活动，我讲清楚规则后，孩子们就安静有序地开始创造他们的"沙世界"了。由于大家还没有建立默契，每个人只顾自己，各自为政。女孩子们不约而同摆了房子、小女孩、草坪、花等。男孩子们则在另一边摆了士兵、堡垒、汽车。除了 L，其他成员都能遵守规则。摆完后进入了分享故事阶段，L 在别的同学分享时，频频打断、插话，引起了其他成员的不满，而他自己似乎没有意识到。我只好再次强调要认真倾听，不能打断别人的发言。我意识到 L 不太善于和别人合作或相处，在后面的活动中，我不得不多次提醒 L 要遵守游戏规则。

渐渐地，孩子们开始有了一些默契。当然，时不时还会有一些冲突出现。在一次活动中，一个男孩子摆了环形轨道，另一名女孩子接着在旁边开了一个大大的湖，她的动作幅度很大，把沙子抛撒到了轨道上，部分轨道被掩埋了。我看到那个男孩露出了焦急的神色。轮到 L 了，他的手里本来拿了一幢房子，意外的是，他放下房子，去挑选了两辆完全一样的挖掘机放在了被掩埋的轨道旁救援。他的举动赢得了孩子们的掌声。在分享的时候，大家一律夸他做得好，他得意地笑了。这是 L 第一次开始关注别人摆了什么，过去他一直都是完全按自己的想法摆。总结的时候，我也对 L 在这次活动中体现出的团队精神进行了肯定。

有一天，主管心理健康教育的副校长来找我，说孩子们特别喜欢沙盘游戏，还说一个孩子写的活动心得特别好。原来，学校调查了学生对心理辅导活动的满意度，让部分学生写了参加团体沙盘游戏的感受。

恰好 L 写了一篇。他写道："沙盘游戏不仅含义深刻，而且在我们游戏的时候，发生了许多有趣的事情。那天，我参与游戏的顺序比较靠后。于是，我就先观察别人摆了什么，再决定自己的下一步'走法'。第一位同学摆了一条火车轨道，但是后面的同学要开河，不知怎的，开河的同学把河里的'泥沙'撒到了轨道上。于是，我派了两辆挖掘机前去救援。在分享的时候，伙伴们都说我的挖掘机摆放得很及时，我特别开心！来到沙盘游戏社团之后，我觉得自己好像有了一点变化，会关心别人了，会照顾别人了，会体贴帮助别人了。同时，我也学会了人与人之间的交往与关爱，自己也懂得了关心同学，照顾同学，学会了体谅别人。"

就在我为 L 的变化高兴时，一天早晨，L 的班主任来找我。她说 L 在前一天犯了错误，老师批评他时，他不仅不承认还顶嘴。还反映 L 在家里根本不听妈妈的话，爸爸很着急，知道他喜欢沙盘游戏，想让我重点关注一下他，做一下辅导。我对班主任说了 L 的变化，也决定在下次活动结束后单独和他谈谈。

又一个星期二到了，孩子们如约来到沙盘游戏室。这次孩子们将沙盘作品命名为"十全九美"。大家都感觉配合非常默契，分享的时候积极踊跃，非常热烈。我在总结的时候说："今天是一个新阶段的开始，每个人都发生了变化，会观察了，会配合了，会站在别人的角度思考了。"我让每个成员说说自己的变化，之后又让大家说了 L 的变化，孩子们一致说 L 会遵守规则了，会关心人了。因为 L 是唯一的一名六年级学生，我也对 L 说："你在我们这个团队起到了很重要的作用，你现在和大家合作得特别好，相处特别融洽，就像一个大哥哥一样。我期待你在班里和家里也能与同学、老师、爸爸妈妈很好地相处。"L 肯定地点点头。

后来，我在听课的时候遇到了 L 的班主任，就讲了 L 的变化，请她表扬一下 L。班主任老师听了以后也很高兴，说："我今天就找他谈谈。L 最近的确有了一些变化，各方面都有一定进步。"

在参与了十一次团体沙盘游戏后，L 出现了可喜的变化。不再急躁，学会了耐心等待，学会了观察和配合，能友好地与伙伴们相处，会主动帮助人了，我真为他高兴。

沙盘游戏帮助儿童了解自己的内心世界，在游戏中培养儿童与其他人积极相处的能力，学会以适当的方式关怀别人，学会和他人合作。老师借助小小的游戏可以走进孩子的心灵，小游戏中有大智慧。

不足之处及今后的研究设想

在本课题的研究中，研究者倾注了大量的心血，用两年的时间连续做个体和团体沙盘游戏辅导，认真记录辅导实录，用心总结和反思，多次督导案例，最终顺利完成了研究，并取得了明显的效果。然而研究者学习沙盘游戏辅导的时间较短，缺乏实践经验，本研究是边学习边实践的过程，限于水平，对学生沙盘的理解还不到位，对案例的整理和记录尚不规范。

本课题虽然暂时告一段落，但对沙盘游戏辅导的探索和实践才刚刚开始，今后研究者会继续学习、实践并研究沙盘游戏。

中小学生心理危机预防与干预案例

疫情结束复学后五年级某班班主任李老师发现本班一位男生小Z连续两天没来上学，就主动联系家长了解情况。得知小Z这几天把自己锁在房间不出来，情绪很激动，又哭又闹，还用小刀划伤自己的胳膊。李老师得知小Z的情况后很担心、很着急，就把情况反映给了心理老师。

发生了什么呢？该如何应对？

经心理老师初步判断，小Z可能处于危机的状态，立即报告校领导启动了危机干预预案，和班主任老师共同商定了干预方案。

李老师立即和小Z的妈妈进行了电话联系，让她努力稳定小Z的情绪，保证他的安全。李老师在第一时间到达小Z家，用温暖、共情、耐心的倾听，取得了小Z的信任，他终于打开了房门……这起危机得到了妥善的处理。

原来，一个月前小Z的家庭出现了变故，他的父母正式离婚，姐姐由爸爸抚养，他由妈妈抚养，家庭的变化让他不能接受和适应，出现了情绪问题。

李老师了解到小 Z 的妈妈患有抑郁症且在服药，和心理老师商议后，决定联系小 Z 的爸爸，让爸爸多陪伴支持小 Z。爸爸通过和小 Z 一起爬山，一起吃饭等方式改善了父子关系，再加上班主任李老师的多次关心、家访，一周后小 Z 终于来上学了。李老师发现小 Z 带着双层帽子和口罩，把自己捂得严严实实，竟然一时没认出他来。为了帮助小 Z 更好地适应学校生活，心理老师继续对小 Z 跟进辅导。

对中小学生心理危机进行有效预防和干预，是中小学生健康发展的安全保障，也是学校专兼职心理辅导教师的专业职责之一。《中小学心理健康教育指导纲要（2012 年修订）》将心理辅导教师"在应急和突发事件中及时进行危机干预"，作为心理健康教育的目标和原则之一。心理辅导教师需要了解危机预防和干预的基本知识，明确学校危机干预工作的流程、厘清自己在危机干预工作中的职能，确保学生生命安全。

一、心理危机概述

我们的生活不总是一帆风顺，难免会有一些困难或者挫折发生，如果不幸遭遇重大意外和挫折，难以承受，就可能陷入危机当中。

心理危机是指个体面临重要生活目标受阻或逆境（如亲人去世、天灾人祸、婚姻破裂等）时，既不能回避、又无法用常规解决问题的方法来解决时出现的心理失衡状态。也就是说心理危机是个体运用惯常应对突发意外的方式或机制，不能有效处理内部或外部危险与困难时，出现的一些身心反应。

心理危机的另一个定义是，每个人都在不断努力保持一种内心的稳定状态，保持自身与环境的平衡和协调，当重大问题或变化使个体感到难以解决、难以把握时，平衡就会打破，正常的生活受到干扰，内心的紧张不断积蓄，继而出现无所适从甚至思维和行为的紊乱，进入一种失衡状态，这就是心理危机状态。

上述对危机的理解包含以下三个要素。

破坏性事件

危机与当事人遭遇破坏性事件密切相关，这类事件导致个体遭遇重要生活目标的阻碍或逆境。共性的破坏性事件有地震、泥石流、疫情、亲人离世、恋爱或婚姻关系破裂、严重的疾病等；个别性的破坏性事件是当事人核心追求受阻。例如，一个认为只要自己没考第一名就失败的孩子，如果考了第三名可能就无法接受，有可能跳楼。因此，同样的事件对有些人不算什么，对另一些人可能会成为危机事件。

常规方式无法解决

个体在成长的过程中，总会遇到一些不如意和挫折，当一个人遇到这些困难和挫折，他会采取一些行动来缓解压力或应对这些问题，从而逐渐习得一些应对挫折的方式。危机的发生，是当事人遇到的挫折或阻碍超出他的经验，当事人相信自己无法克服这些困难和阻碍。

心理失衡状态

遇到危机事件时，当事人产生害怕、震惊、悲伤、无助、绝望等情绪，感到无能为力，无法主宰自己的生活。

根据上面危机的三要素可以看出，危机是指个体对破坏性事件的身心反应，而不是指破坏性事件本身。

心理危机是一种混乱和解体的主观状态，分为四个维度。

一是认知维度，认为不好的事情就要、正在或已经发生。当事人出现认知混乱，如闯入性的可怕图像、过度警觉而多疑、反应迟钝而头脑一片空白、注意力涣散、难以做决定、做噩梦、责备外界等。

二是情感维度，总体上是一种难以承受的痛苦，如情绪化地否认负性事件的发生，具体表现为恐惧、害怕、惊慌、焦躁、沮丧、悲伤、绝望、抑郁；或爆发性失控，充满愤怒、敌意等。

三是行为维度，首先是接触或回避行为：如过度接触带来伤害的事物的行为，总是抱着亲人的遗像、整理遗物等；或者绝对回避带来伤害的事物的行为，如不能看到、听到、接触到任何相关事物。其次是过度或减退行为，如行为古怪、食欲增加或木讷不语、食欲减退等。此外还有社会行为改变，如改变和他人的交流方式，或拒绝沟通，甚至出现反社会行为等。

四是躯体维度，表现为血压升高、心跳加速、呼吸困难、肌肉颤动、头痛、眩晕、胸痛、恶心、呕吐，出现僵直、晕厥、休克等症状。

危机状态是不正常状态下的正常反应。危机状态有些是外显的，可以被观察到；有些是内隐的，当事人不表达，难以观察到。当一个学生说不想活了，或者活着没意思时，老师和家长一定要高度重视，不要仅仅以为是小孩子随便说的。

二、心理危机发展阶段及结果

心理危机发展可以分为六个阶段：

1.个体遭遇到一个关键的突发事件；

2.个体对该事件做出负性的解读，并被自己感知到；

3.个体出现一定的混乱与解体状；

4.这种状态随着程度的增加，逐渐超越了个体常规的应对能力，又缺乏外在的支持、帮助性资源；

5.个体混乱与解体状态程度继续增加，达到一种必须改变的临界点；

6.个体内在和行为上超越常规的应对，得以恢复到此前状态，或达成一种新的自我重建。

危机是危险，也是机遇。重点是要化危为机。危机的结果大致可以分为以下三类。

1.成功应对

个体充分调动自己的复原力，做出新的选择和采取新的行动，包括主动寻求帮助，从而有效地应对危机，并从中获得经验和成长。个体产生了积极的变化，自己变得更为强大，寻求帮助又使自己更为亲近社会，危机成为个人成长的机遇。这种变化是最为理想的，生活中许多在逆境中成长起来的个体的故事就是例证。

2.回避性度过

个体已将危险及其后果排除在自己的认知之外，没能真正面对问题和有效地解决问题，以回避的方式度过危机，从外在看似乎恢复到危机前的状态。

这种方式的危险在于，个体以后在生活中如果再遇到类似事件，还会出现不良反应，并且程度上会更严重。

3.崩溃反应

一些个体可能迅速进入临界点，看上去从一开始就崩溃了；也有些个体经历了一段时间的挣扎后也崩溃了。崩溃有两种情况，一是陷入严重的心理病态，二是采取自杀或者杀人等方式伤害自己或者他人。无论哪种反应都是极为危险的。

三、预防心理危机应关注的重点对象

1.遭遇突发事件而出现心理或行为异常的学生，如家庭发生重大变故（尤其密切关注离异家庭、单亲家庭的孩子）、遭遇性危机、受到自然或社会意外刺激的学生。

并非离异家庭、单亲家庭的孩子一定容易有心理问题，如果父母处理好关系，孩子也会接受、适应。很多夫妻没有友好地分手，没有处理好关系，而是互相攻击，让孩子在中间无所适从。如果父母离异后能理性友好地共同抚养孩子，孩子也能顺利成长。

2.学习压大过大，学习困难而出现心理异常的学生。尤其中学生在考试后容易出现危机事件。

3.个人感情受挫后出现心理或行为异常的学生。

4.人际关系失调后出现心理或行为异常的学生。

5.性格过于内向、孤僻、缺乏同伴的学生。

6.严重环境适应不良导致心理或行为异常的学生。

7.亲子关系不良甚至严重冲突、没有支持的学生。（青春期遇上更年期，父母教育方式简单粗暴等）

8.身体出现严重疾病，个人很痛苦、治疗周期长的学生。

9.患有严重心理疾病或精神障碍，如抑郁症、恐怖症、强迫症、癔症、焦虑症、情感性精神病等疾病的学生。（医院就诊，遵医嘱服药）

10.由于身边的同学出现个体危机状况而受到影响，产生恐慌、担心、焦虑、困扰的学生。

心理辅导老师和班主任需要有专业的敏感度，观察孩子们情绪、行为的变化，及时了解学生家庭的变故，随时谈心疏导。发现有严重情绪、行为的孩子可以及时和心理老师联系，如果发现危机学生有生命安全的问题，要立即启动危机管理应急预案，第一时间向校领导汇报。

尽管我们做了细致的预防工作，危机也难免会发生，这就需要心理辅导老师和班主任具备基本的危机干预技能。

四、心理危机干预的实施步骤

从心理危机的发展阶段可以看出，当事人处在危机中时，如果有他人提供支持和帮助，就有可能成功地度过危机。危机干预就是专业人员对处于危机中需要帮助的人进行必要的帮助和心理教育，使之重新适应生活，转危为安。

（一）中小学生危机干预的基本目标

1.保证危机学生安全；

2.稳定情绪、减轻痛苦；

3.调动资源，增加自我控制感；

4.支持、陪伴学生采取有效行动，应对适应不良；

5.维护班级与校园稳定，恢复正常教学秩序。

（二）中小学生危机干预的实施步骤

吉里兰德和詹姆斯提出的危机干预的两个阶段、六个步骤较为具体，可操作性强。

第一阶段：倾听稳定阶段。

这一阶段的主要工作是以共情、真诚、尊重、无偏见和关心的态度倾听，与受助者建立起相互信任、安全的关系，同时注意观察、理解受助者的状况，并做出支持性的回应，让受助者感到安全，协助他们感受和发掘自己的力量和资源。具体包括以下三个步骤。

步骤一：确定问题。从受助者的角度，了解受助者的危机境遇，确定和理解他们认识到和面临的问题，并获得他们的认同，作为此后工作的重点。

步骤二：保证受助者安全。无论什么情况，保证受助者的安全是第一位的目标，要注重稳定受助者的情绪，将受助者的身心及自我的危险性降至最小。在整个过程中，保证他们的安全都是一个首要的关注点。

步骤三：给予支持。依据受助者的状况给予到位的心理支持，让他们意识到干预者是心甘情愿又能够提供关心和帮助的人，并接受和信任干预者。

第二阶段：行动干预阶段。

这一阶段的主要工作是干预者在保持倾听和支持的同时，注重调动受助者自身的力量和资源，根据其需要和环境的支持条件，协助其采取更具建设性的行动，并能有继续行动的保证和承诺。具体包括以下三个步骤。

步骤一：提出并验证可变通的应对方式。澄清受助者已经采用的一些方法，肯定其力量，协助受助者看到自己和环境中可能的多种选择，主要在三个方面：环境支持、已用和可能的应对方式、建设性思维方式。

步骤二：制订计划。与受助者一起制订行动计划，主要在于保护自己与恢复平衡，调动既往功能，必要时还需重建一些新的功能。无论采用哪种干预方式，都要注意要让受助者感到计划是自己的计划，不是干预者要求的，是在听干预者的话。

步骤三：得到承诺，采用积极的应对方式。在受助者已能自己应对的前提下，考虑结束危机干预，此前要从受助者那里得到诚实、直接、明确和适当的承诺，受助者愿意也能够继续以积极的方式去应对。

危机干预的阶段和步骤不是绝对的，比如，始终都要重视安全和支持，而危机干预者共情、尊重、真诚、无偏见和关心态度下的倾听在任何时候都是前提，受助者在行动过程中有反复很正常。

除了对处于危机中的个体进行干预外，也要对相关人员依据关系远近、是否同样经历危机事件或目睹危机事件的当事人进行团体干预，下面介绍台湾心理师黄龙杰总结出的语言模式心理危机减压团体辅导和危机干预辅导班会。

五、黄龙杰语言模式心理危机减压团体辅导

干预的时机在危机发生三至七天进行为佳，成员七至十二人，招募成员，自愿参加。需要两名带领者（带领者和协同带领者），只辅导一次。

（一）心理危机减压团体辅导目的

1.借助语言表达，理解自己的压力反应，并学习用平常心接纳；

2.强化应变能力或问题解决技巧，度过危机；

3.预防 PTSD (创伤后应激障碍)；

4.筛查需要进一步帮助的人，追踪辅导。

（二）心理危机减压团体辅导流程

1.开宗明义

（1）介绍团体目的、规则和步骤；

（2）邀请轮流自我介绍（包括与当事人的关系）。

自我介绍时不是自愿发言，而是轮流讲——增加参与者的秩序感、控制感。

2.还原现场

（1）轮流叙述怎么知道危机事件的；

（2）自己的第一反应（念头或想法）。

3.压力反应

（1）吐露经历冲击后的身心行为反应或症状；

（2）主要目标是宣泄情绪及产生普同感（并不是自己一个人这样，大家都这样）。

要点：让成员轮流说出危机事件后的身心反应。情绪反应强烈时指导其深呼吸，不做身体接触。

4.机会教育

（1）接纳成员的身心行为反应，并用表格归纳身心反应（身体、情绪、认知、行为）；

（2）介绍心理创伤知识，说明心理创伤的特殊性，成员能客观了解，用

平常心自我接纳。

5.行动计划

（1）分享应付压力的办法、绝招，调动团体资源；

你是怎么撑过来的？是什么帮助了你？

你做了些什么让自己好过些？你还会做些什么来帮助自己？

接下来的一个星期你比较担心什么？打算怎么办？

（2）注意接纳多元文化的影响。

6.重新出发

逆向思考，从危机事件中找到正面的意义和学习、成长的契机。

7.后续服务

（1）筛选需要者；

（2）转介后续药物或心理治疗。

特别注意：

在经过上述危机团体干预后，若发现成员仍然表现出现行为失控、退缩、精神涣散、注意力不集中或不明原因的生理病痛等，可以请当地的精神医疗或心理治疗专业人员提供进一步的协助。

来不及告别的永别

——校园危机事件应对的案例报告

宋芬芬（甘肃省兰州市第七中学，兰州　730000）

摘要：目前，发生校园危机的原因更加多样化，预防和处理校园危机的难度增加，国内关于校园危机的研究现状及了解程度落后于校园危机发生的现状，校园危机的预防和干预面临新的挑战，尤其是高中生面临高考的压力，处于人生重大选择点，这关系到国家的未来和希望，牵动着无数高中生家长的心，他们更加需要一个安全稳定的校园环境。甘肃省兰州市某中学在一次校园危机出现后，及时启动干预方案，有序、有效地进行危机事件的干预，保障了全校师生内心的安全稳定，对进一步探索危机干预方案提供了一定的借鉴价值。

关键词：危机干预；校园危机；团体辅导；班级辅导

在一个和往常一样的周末，太阳依旧耀眼，路上依旧车水马龙，这座城市依旧和以前一样的周而复始，只是有一个年轻的生命却再也不能目睹这份耀眼，不能享受这份喧嚣了。在这个周六的早上，一名高二的女孩子，和同学一起乘公交车去补习班的路上突发疾病猝死，这条鲜活的生命就这样永远地定格在 16 岁，令人扼腕叹息。事情发生的时间是周末，发生的地点是在校外，但是全校通过家长和班主任很快就知道了这件事情，接到通知的当天，我所在的甘肃省兰州市第七中学就启动了危机干预方案。

危机后相关学生和教师的反应

这个事件发生在周末，所以除了班主任之外，很多老师不太知道，但是学生们已经在自己的班级群里进行了讨论。经了解，许多班级群当天炸锅，很多学生出现了消极、怀疑、不信任、痛苦等负面情绪，学生的第一反应是难以接受，否认事实，大家都在全力揣测这名同学的状况。经了解，情绪反应比较大的同学有这么几类：一是该生的好朋友；二是刚刚和该生发生过矛盾的王某；三是该生周围的同学。这三类同学必须尽快给予心理支持。

随着班主任知道该事件之后，任课老师渐渐也都知道了此事，老师们情绪也比较低落难受。其中一位老师和该生关系很好，该生从高一开始就是该老师的课代表，这位老师明显情绪低落很多，需要给予更多支持。

干预过程

校园心理危机的干预需要及时、具体、有效，还要根据具体的情况作出相应的调整，所以我们立刻启动危机干预程序。

首先对此次危机程度进行评估，我校危机程度分为三个等级，经危机干预小组讨论，此次危机发生在校外、周末，并且属于意外事件，出现了生命的丧失，不属于最高等级的危机，判定此次危机等级为二级，当即启动二级危机处理方案。

（一）公开信息，澄清事件，避免学生过度猜测

周一一开学，老师刚到班上，就发现大家都在讨论 ** 同学离世的事情，有些同学说此刻正在医院接受治疗，大家都围着和该生同路的同学们追问情况，这几个孩子明显情绪痛苦，不愿意提及此事，一时间同学人心惶惶，都被死亡的恐惧情绪笼罩着，整个班级氛围很低落。危机小组决定让班主任告知本班学生该生离世的真实情况，并且及时安抚学生的情绪，缓解他们对死亡的恐惧。

"本周六早上，** 同学在去上辅导班的路上，在公交车上突发疾病，后经医生判断是心脏病。当时公交车司机发现同学晕倒抽搐，及时将车开至医院，车上同行的同学也及时拨打了 120 电话。但是非常遗憾的是，** 同学还是没能战胜死神，生命定格在 16 岁。接下来的日子，** 同学不能再陪伴我们一起迎接高考，但是人生就是这样，总会有这样或者是那样的意外发生，总会出现丧失和获得，所以我们活着的人要好好珍惜生命，因为生命总是美好的，在有限的生命时间里尽自己最大的努力，让我们的生命过得更有价值。"

（二）对此次危机事件作为初级受害者和次级受害者的学生进行团体心理辅导

危机事件发生后，需要干预的对象分为三类：（1）初级受害者：亲历了危机事件的人（如灾难幸存者、自杀未遂者等）；（2）次级受害者：目击危机事件或危机事件中的救助者（如置身现场的人或警察等救援者）；（3）三级受害者：遭受危机事件非直接影响的人（如受害者家属、同学）。对于第一类和第二类受害者，需要进行小团体心理辅导，在此次危机事件里和该同学同行的几位学生以及有情绪反应学生，需要进行团体心理辅导。

对这类学生进行团体辅导干预时，我们主要使用的是台湾黄龙杰提出的危机干预模式。我们将这十位同学带到团体活动室，围成一圈。

第一步：明确关系。首先判定团体人员与当事人的关系。

第二步：还原现场。让大家分别描述一下目睹这个事件时的第一反应，以及怎样知道这个事件和知道事件后的情绪反应。

第三步：身心反应。按照顺序，分别讲一讲这两三天的情况以及自己有什么身心反应。

第四步：机会教育。接纳成员的身心行为反应，并说明心理创伤的特殊性，从而让成员能客观了解，并且用平常心自我接纳。创伤后反应分为：生理反应、认知反应、情绪反应、行为反应四类，将成员的描述归纳分类，并告知这些都是创伤后的正常反应。

第五步：行动计划。可以这样问一问成员，这两三天面临这么大压力，你是怎样度过的？怎样熬过来的？接下来的一个星期，你比较担心什么？打算怎么办？通过这样的问话，可以调动现场的资源，让大家看到对方是怎样处理自己的情绪的，从而借助团体的力量习得更多处理方法。（此处要多加注意多元文化对大家的影响，接纳大家的多元文化的处理方式。）

第六步：重新出发。鼓励成员逆向思考，整理这些天的学习和成长，找出这次意外给自己的意义和启迪。我们可以这样询问团体成员：这次意外很不幸，但是对自己有什么重大的启示和宝贵的经验吗？有什么值得学习的吗？从反面来看，有什么心得和反省呢？学生们在思考这些问题的时候，就会重新整理自己的思路，逆向思考这个问题从而获得不一样的收获，更加有力量感和希望感。

第七步：后续服务。对于一个月后仍然没有恢复正常学习生活的学生，要提供后续的个体咨询服务。这个阶段尤其重要，如果没有对后期未恢复的同学提供服务，会让该生产生强烈的被欺骗感和被抛弃感，甚至会是潜在的新的危机。

（三）对身心反应强烈的个别老师进行个体咨询活动

此次危机事件，老师们没有目睹，属于危机事件的非直接影响人，属于三级受害者，可以采用讲座宣传的形式进行干预。但是对于个别身心反应强烈的老师，比如和学生关系很好的任课老师，采用了个别咨询的方式。在咨询的过程中，首先采用共情的方式，感受他的感受，接纳他的情绪，之后用肌肉放松和冥想的方式对这位老师进行放松训练，帮助老师重新建立安全感和力量感。

（四）主题班会：我还有话说

周一下午，经学校专职心理老师和班主任商量，两位老师一起走进该班级，为全班同学开展了一场主题为"我还有话说"的告别班会。心理老师是辅助者，班主任老师是主要的带领着，希望通过班会能够及时帮助学生走出悲伤和恐惧的情绪，尽快恢复正常的学习生活。

1.再次澄清事件

班主任再次将该生在公交车上突发疾病送至医院医治无效离世的事件在全班描述，全班鸦雀无声，有几名同学偷偷抹眼泪。

2.表达情绪，接纳情绪

班主任请大家说一说："听到这个消息的时候，你是什么反应？产生了哪些让你觉得不太舒服的感受？我们一起来表达一下，大家一起来面对这些不好的感受。"

学生们开始表达自己的感受，有的同学说："感觉生命好假，前两天还有说有笑的同学，今天就没有了，人生太假了。"有的说："以前天天一起进班级一起玩的好朋友，说没就没了，感觉这些事情很不真实，就像她请了几天假一样，这两天自己也有点腾云驾雾的感觉。"还有学生说："其实还有点害怕，我觉得我现在都不太敢一个人在班级待着。"还有同学表达，前两天不应该和这个同学拌嘴，本来想道歉了，现在没有机会了，要是能早一点放下面子道歉该多好，现在好后悔。说着说着大家都被各种各样的情绪感染，很多同学哭了出来。此时我们给了学生们足够的时间和空间，让学生们宣泄内心的情绪。在学生们表达的过程中，心理老师将学生们说的中心词语提炼出来，写到黑板上，并且对这些词语进行了分类，分为四类：生理反应；认知反应；情绪反应；行为反应。并且告诉学生们，出现这些反应都是一种正常的现象，任何人遇到这样的事情都会有这样的反应，但是我们每个人面对创伤的时候也都是有复原力的，只是需要一些时间，我们就会慢慢地好起来，慢慢地恢复到和以前一样，让大家都能接纳自己此时此刻比较消极的情绪。如果过了一个月仍然不能恢复，可以去心理咨询室寻找心理老师接受专业的支持。

3.完成告别，不留遗憾

这个阶段我们准备了两个活动。第一个活动是：我们告诉学生，一会我们可以把你没来得及对逝者说的话写在给大家准备的纸条上，对于这些纸条的处理办法，最后经与学生商量讨论决定，收集起来之后，交到逝者亲属的手里，让大家的话和逝者的尸体一起火化，这样逝者就能够看到每一位同学对他想说的话了。教室里静悄悄的，大家都在认真地写下对逝者最后的告别话语。（当时大家讨论出来的处理方法包括直接在教室烧掉，对着逝者的座位读出来，以及带给逝者的家人，最后大家决定，要带给逝者家人，和逝者的尸体一起火化）

第二个活动是：我们给班上的同学发了一束菊花，在该生的座位上开一个小小的告别仪式。大家轮流把手里的菊花摆到该生所在座位上并鞠躬告别。

4.重新出发

人生之路就是这样的崎岖和意外重重，我们每时每刻都在不断地失去，不断地获得，每个人都不能确定意外和明天哪个先到来，所以在有限的生命里我们更要珍惜，将我们该做的事情认认真真地完成，不要等生命戛然而止那一刻才发现自己有好多梦想没有实现，还有，在遇到困难、失去希望的时候，我们要时刻记住，我们不是一个人在战斗，我们有家人、朋友、老师、同学，他们永远和我们在一起，支持我们，温暖我们。

5.处理该同学的座位

关于逝者的座位，也是一个比较重要的环节，通过前面的活动环节，当大家将悲伤、遗憾、思念等情绪都予以表达之后，班主任和学生们商量要怎样处理逝者的座位问题，给出了两个方案让学生们自己来选择：一是重新变换座位将逝者的座位移出；二是保留该座位一个星期。经商量，大部分同学选择第一种处理方法，最后我们就将该同学座位移出，对全班同学再次重新调整座位，尽量让学生恢复正常的学习生活。

效果评估

最后的效果评估主要是通过观察的方法获得的，最主要是对学生的状态进行评估。通过班主任及任课教师对学生的观察描述发现：学生状态稳定，之前压抑的气氛有很大的缓解，尤其是参与小团体辅导的几位同学情绪明显好转很多，能够正常学习。

反思

随着近些年来校园危机事件的增多，学校领导及老师们都特别重视校园心理安全，一旦出现危机，立刻启动危机干预小组进行危机评估，采取干预措施。此次我校危机事件的处理过程也比较及时和全面，但仍有很多做得不够细致的地方。针对本次危机事件的处理，做了如下反思总结：

1.把握好危机干预的"黄金72小时"

此次危机发生在周末，当我们收到消息之后，就在周末紧急召开了会议，启动了危机干预小组，制定了详细的干预方案，也确定了需要重点干预的学生群体，所以才能在周一到校后对学生的各种不良情绪积极地鉴别、接纳和处理。

2.团体辅导很精准

准确地筛选出此次危机的次级受害者及二级受害者之后，及时进行了团体心理辅导，避免了隐藏危机的发生。

3.班级辅导很全面

在进行班级辅导时，我们考虑到班主任是所有老师里面和这个班级最亲密的人，所以采用心理老师出方案并做协助者、班主任来进行带领的方式开展班级辅导。事实也证明，这个选择是正确的，班主任的带领给孩子们带来了更多的稳定感，效果更好。

4.信息透明公开很重要

面对学生的猜测和对同行学生的追问，如果老师没有及时给出一个准确的正面回应，那么，其一，会让孩子们在私底下有更多的猜测和顾忌，之后的干预工作很难开展；其二，也会给原本需要更多关注的同行同学带来巨大的压力，他们会被迫不断去回忆当时发生的一幕又一幕。

5.细节处理得不是太满意

针对此次危机，还存在很多细节处理不是特别完美的地方，一是对学生进行辅导时，在学生们写给逝者话语的处理上，虽然提供了两种方案，但是大家选择不一样，我们就按照大部分人的意见处理了，是不是应该更多地尊重学生，让他们每个人按照自己的方式来处理这个信件，老师不做要求；二是座位的处理，虽然大部分学生都同意将座位重新调整，但是对个别不同意的学生，后期要给予更多关注，共情他们的感受。

通过本次危机的处理，我也学到了更多的经验，更加明白理论学习的重要性，以后要在专业胜任能力上更多地投入和加强，时刻做好准备，为孩子们的心灵健康成长保驾护航。

附

录

主要参考文献

[1]罗伯特·费尔德曼.发展心理学[M].苏彦捷,邹丹等译.北京:世界图书出版公司,2009.

[2]马丁·赛利格曼.持续的幸福[M].赵昱鲲译.杭州:浙江人民出版社,2012.

[3]马丁·赛利格曼.教出乐观的孩子[M].洪莉译.北京:北京联合出版公司,2017.

[4]陶新华.教育中的积极心理学[M].上海:华东师范大学出版社,2017.

[5]卡尔·罗杰斯.论人的成长[M].石孟磊等译.北京:世界图书出版公司,2017.

[6]孟万金.积极心理健康教育[M].北京:中国轻工业出版社,2008.

[7]张日昇.箱庭疗法[M].北京:人民教育出版社,2012.

[8]高岚、申荷永.沙盘游戏疗法[M].北京:中国人民大学出版社,2012.

[9]申荷永.荣格与分析心理学[M].北京:中国人民大学出版

社,2012.

[10]申荷永.沙盘游戏中的疗愈与转化[M].北京:中国人民大学出版社,2012.

[11]魏广东.沙盘游戏疗法——游戏中的心灵疗愈[M].北京:中国石化出版社有限公司,2015.

[12]Barbara A·Turner.沙盘游戏疗法手册[M].陈莹、姚晓东译.北京:中国轻工业出版社,2016.

[13]陶勑恒、郑洪利.小学生心理辅导[M].北京:高等教育出版社,2018.

[14]Richard K·James,Burl E·Gilliland.危机干预策略:七版[M].肖水源、周亮等译.北京:中国轻工业出版社,2019.

[15]萨尔瓦多·米纽庆.家庭与家庭治疗[M].谢晓健译.北京:商务印书馆,2018.

[16]海姆·G·吉诺特.孩子,把你的手给我[M].张雪兰译.北京:京华出版社,2007.

[17]孟馥、姚玉红、刘亮等.从出生到独立——写给父母的养育心理学[M].北京:人民邮电出版社,2021.

[18]维克多·弗兰克尔.活出生命的意义[M].吕娜译.北京:华夏出版社,2012.

[19]丹尼尔·戈尔曼.情商2[M].魏平、张岩、王乾译.北京:中信出版社,2015.

[20]曾莉.情商15课[M].北京:中信出版社,2013.

[21]泰勒·本－沙哈尔.幸福超越完美[M].倪子君、刘骏杰译.北京:机械工业出版社,2011.

[22]郭元祥.教师的20项修炼[M].上海:华东师范大学出版社,2012.

[23]马志国.做一个心理健康的教师[M].北京:教育科学出版社,2013.

[24]Brian Luke Seaward.压力管理策略健康和幸福之道[M].许燕等译.北京:中国轻工业出版社,2020.

[25]卡罗尔·德韦克.终生成长[M].楚祎楠译.南昌:江西人民出版社,2020.

[26]侯登强.做一个有故事的教师[M].北京:教育科学出版社,2015.

[27]钟志农.心理辅导活动课操作实务[M].宁波:宁波出版社,2007.

[28]蒋薇美.怎样上好心理课[M].上海:上海科技教育出版社,2016.

后记：坚持的力量

这本书记录了我近十年来的心理健康教育实践和反思。小学心理老师的工作总是琐碎而繁忙，我利用晚上、周末、寒暑假记录着我和孩子们的故事、在心理辅导实践的反思以及对教师专业发展的思考。由于缺乏写作功底，我写得很慢，自己也并不满意。好在，我坚持了下来。正如《犟龟》中的一句话："开始了就慢慢走，总会遇到隆重的庆典。"

因为热爱，所以坚守。任教近三十年以来，我始终坚持在教学一线。我的理想是像于漪老师那样，学而不厌，勇于实践，胸中有书，目中有人，一辈子做老师，一辈子学做老师。

教师是需要用一辈子来学习的职业。回顾自己的专业成长历程，我庆幸自己没有虚度光阴，选择了一条少有人走的执着进取之路。我是勤勉的：多少个夜晚，我放弃娱乐，选择了读书；多少个双休日，我放弃休闲，选择了充电；我是幸福的：我在自己热爱的事业中找到了自己的价值，为孩子们的成长贡献了力量；我也是幸运的：在成长的路上不断有榜样激励我，有朋友帮助我。

1993 年，踏上教坛之初，作为非师范毕业的中专生，我曾在迷茫中找不到自己的位置和方向，我不知道该怎样讲好课，甚至怀疑自己是否入错了行，我有一种强烈的自卑感。然而，不甘落后的我开始勤奋学习，实现了从中专到大专、大专到本科，再从本科到硕士的飞跃和成长，拓展了视野，提升了教育教学理论水平。罗曼·罗兰曾说，"没有人是为了读书而读书，而是在书中读自己，在书中发现自己，或检查自己。"通过持续不断地充电和大量阅读心理学著作，我对自己的优势和不足有了清晰的认识，获得了全面的成长。近年来，我持续学习团体辅导、沙盘游戏、绘画心理技术，接受心理专家的定期督导，不断提升专业胜任力，成为中国心理学会注册心理师。

2014 年，我听从自己内心的声音，放弃原学校政教主任的岗位，调入水车园小学做专职心理教师，在这个优秀的团队中获得了新的成长。在校领导的支持下，我开发了《情商训练营》心理健康校本课程，开展了沙盘游戏辅导社团，有效地进行心理辅导工作。由于工作扎实有效，学校 2016 年被评为甘肃省中小学心理健康教育特色学校，2017 年被评为全国中小学心理健康教育特色学校。2019 年，学校成为西北师范大学心理学院实习基地。

我深知要成为真正的名师，除了具备超强的学习力和教学能力，还必须成为一名研究者。为了解决教学和心理辅导中的困惑，我开始做实践研究，在行动中反思和提升。2009 年，正在读教育硕士的我在导师周爱保教授的指导下开始尝试做自己的第一项研究《家庭教养方式对小学低年级学生学习适应性影响的调查研究》。课题立项后，我开始着手收集研究工具，可是却怎么也找不到学习适应性量表。我试着从网上搜索量表开发者华东师范大学周步成教授的信息，并找到了一个电话。多次拨打电话都无人接听。有一天终于打通了，接听者正是周教授。周教授告诉我买一套量表软件需要 3000 元，我坦诚地说明自己是一线老师，这是自己的第一个研究，学校没有经费支持。周教授被我的执着打动，免费给我邮寄了一套纸质量表和评分办法，保证了研究的顺利进行。这次经历，我感悟到"只要肯去做，办法总比困难多"。

　　从 2014 年起，我也在教学和心理辅导的过程中不断总结经验，积极撰写论文和教育随笔，经过近十年的积累终于得以结集出版。这些都是坚持的力量。

　　新教育的发起人朱永新教授说："行动就有收获，坚持才有奇迹。教师专业成长的必由之路是专业阅读和专业写作。"庆幸自己终于走在了这条路上。毕竟，只有认识到一件事的真实价值，才会付之以踏实的行动。

　　感谢兰州市教育局对金城名师总结教育教学经验和反思的督促与支持！感谢学校领导对我的鼓励和帮助！感谢家人，你们是我坚强的后盾！感谢工作室团队的丁艳芬、杨悦、宋芬芬、张琼、沈茜、吴涓、王文君、别平丽等老师帮我阅读、校对文稿，提供支持。